■『ビジネス図解 不動産評価のしくみがわかる本 』正誤表

下記に誤りがありました。お詫びして訂正いたします。

2021.8.16

ページ	箇所	誤	正
85	所得税・住民税・復興特別所得税の計算式	税率 短期…20.315% 長期…39.63%	税率 短期…39.63% 長期…20.315%

同文舘出版株式会社

ビジネス図解

不動産評価のしくみがわかる本

不動産鑑定士・公認会計士・税理士　冨田 建

同文舘出版

はじめに

不動産の価格は、得体の知れないものです。筆者自身も、一般の方に比べたら理解は深いとは思いますが、不動産の価格や、それに付随する税務について「わからないことだらけ」というのが本当のところです。

２０１５年１月に前著『弁護士・公認会計士・税理士のための不動産の法令・評価の実務Ｑ＆Ａ』（税務経理協会）を上梓した時、高いご評価をいただいたのも、そのような背景があったからと思います。

その後、多くの不動産鑑定や、不動産に付随する税務案件を担当させていただいたり、講演や雑誌・ネット記事の寄稿・監修をさせていただく機会がありましたが、「こういう話を皆様は求めているのか」と、改めて気づきを得ました。

本書では、不動産評価の基礎知識から、不動産の価格の本質、不動産に関する法令や税務、鑑定評価の実務、相続や立退きなどの問題と解決策まで、不動産鑑定士であり、公認会計士・税理士の資格も有する筆者の経験から得た豊富な実例を交えながらお伝えしています。

本書の「ためになる知識」をご活用いただき、不動産評価のノウハウが必要な様々な場面で、読者の方が幸せを得てくだされば、筆者としてこれに勝る喜びはありません。

不動産鑑定士・公認会計士・税理士　冨田　建

ビジネス図解　不動産評価のしくみがわかる本◉もくじ

3章 相続の時の不動産評価

4章 不動産を売却・取得した時の税金のしくみ

5章 立退料の鑑定評価

6章 不動産の役所調査の心得

7章 不動産の法務局調査・現地調査の心得

8章 知っておいて損のない不動産知識

巻末付録　不動産評価に役立つ実践ヒント

装丁・DTP　春日井恵実

1章

不動産評価の基礎知識

❶なぜ、不動産評価が必要なのか？

❷そもそも、不動産の評価とは？

❸不動産の公正価値には幅がある

❹不動産の公正価値の専門家、不動産鑑定士

❺不動産鑑定士と宅建士の違いとは？

❻不動産鑑定評価書とは？

❼土地の「一物四価」とは？

❽不動産の価値を求める３手法

1　なぜ、不動産評価が必要なのか？

◆不動産の価値は簡単に把握できない

不動産の評価とは、**不動産の価値を判断する**ことです。それでは、どんな時に不動産の価値を考える必要があるのでしょうか？　まずは、この点を整理したいと思います。

不動産の特徴のひとつに**個別性**があります。例えば日用品なら、スーパーに行けば同じような牛乳や卵があり、日常的に買いますから、消費者も相場感を知っています。ところが、不動産はそうはいきません。土地を好きな面積で切ったり、建物も建築主の好みの建物を建てたり等、個別性が強い上に、多くの人にとって「不動産を売買するのは一生に一度、あるかないか程度」です。さらには、土地の所在によって「その土地を欲しい人」の量も異なります。量が多いと、より高い値段を提示できる人が購入することになるので、その地域では高い値段でしか不動産を購入できないこととなります。

ですので、その不動産に関する利害関係者は、日用品と異なり、「その不動産がどの程度の額で売買できるか等に基づく価値の目線」は、簡単に把握できないことが通常です。

しかし、社会生活を営んでいると、その不動産に関する利害関係者は目線を必要とする場合もあります。もちろん、売買する場合もですが、例えば親御さんが亡くなって遺産配分をする際に、その不動産の価値を把握できれば「もっと遺産をくれ」とか「いやいや、これはもらいすぎ」などと言えるでしょうし、税務署に対しての納税に際しても「この不動産はこの程度の価値だから、この税額」と主張できる場合もあります。つまり、実際に売ったり買ったりしなくとも、不動産の価値を把握する必要がある局面も存在するのです。

ただ、専門知識も経験もない人が唐突かつ闇雲に「この不動産の価値はこの程度」と言っても、誰も信用しません。そのため、その不動産に関する意思決定に供する際の価値の把握には、「**世間一般から信用を得られる形で社会的な観点から把握する**」、すなわち、「鑑定評価を行う」行為が必要となるのです。

不動産評価はなぜ必要か？

不動産の価値を知りたい時

例
- 不動産の売買
- 相続
- 家賃や地代の値上げ交渉
- 立退き
- 適切な税務署対策
- 不動産の賃料を把握したい ほか

▼

不動産は個別性が強い

面積、建物の新しさ、地域性、その他

日常的に買うものではない

価値の目線を知るのが難しい

▼

「不動産の価値」を考える=不動産の評価を行うことが必要

信用に値する社会的な目線

▼

不動産の価値を知ることで実現したいと思っている経済行為ができるようになる

不動産評価の意義

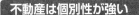

2 そもそも、不動産の評価とは？

◆意思決定に際しては公正価値を検討しよう

前項で「不動産の評価」が必要な局面があると述べましたが、それでは、具体的に評価とはどのような行為なのでしょうか？

今、あなたの友人が東京の新宿駅徒歩5分の場所に位置する繁華性の高い１００㎡の更地である土地を持っていたとしましょう。

そして、その友人は、その１００㎡の土地を第三者に10万円で売ろうとしています。

あなたはその友人に対して、どのように働きかけますか？

①「よい話なので、ぜひ売りなよ」と推奨する

②「そもそも、その価格で売るのって法律的にできるの？」と聞く

③「それはちょっと安すぎるのでやめなよ」と止める

筆者が講演等で聴講者に問いかけると、大概は③と解答されます。しかし、「なぜ、安すぎると感じるのか」と問うと、5~6割程度の方は解答に窮してしまう傾向にあります。

なぜ、新宿駅徒歩5分の１００㎡の土地を10万円で売ろうとすることを安く感じるのかというと、「世間一般から見て妥当と判断される価格より安い」からです。

実際、新宿駅徒歩5分の１００㎡の土地であれば、数億円で買いたいという人はあるでしょう。

つまり、世間一般の目線では数億円とかで売れるのに、10万円で売ろうとするから、安く感じて「やめなよ」となるのです。

不動産売買等で「損をしない」ためには、「世間一般から見て妥当と判断される価格」、すなわち、「**公正価値**」を把握し、これと売買等をしようとする額を比較して不利か否かを検討するとよいのです。

言い換えれば、不動産の評価とは、独りよがりの主張ではなく、この「公正価値」を把握することと言えるのです。

公正価値と実際の売買価格との関係

不動産は、合意があればいくらで売買しても自由。

ただし、その価格が「公正価値」とは限らない

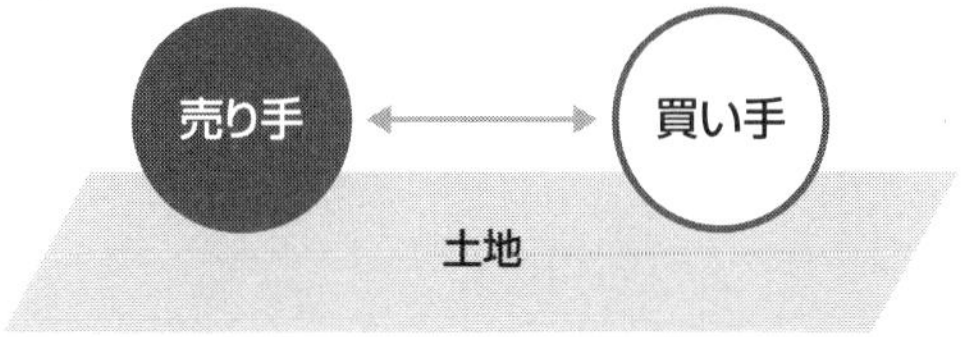

取引価格が公正価値とあまりに離れた価格であると、税金の問題が生じる場合があるので要注意（詳しくは4章8項）。

3 不動産の公正価値には幅がある

◆不動産の価値には幅がある

不動産の公正価値には「唯一不変の絶対額」があるのでしょうか？

結論から言うと、**公正価値には、唯一不変の絶対額はありません**。

例を提示しましょう。ある標準的な１００㎡の土地の公正価値を求めるに際して、地域の土地の取引事例を調べたとしましょう。その際、「全ての取引事例の取引水準が等しく50万円／㎡」という事態はあり得ません。

地域の環境等が概ねその土地と同程度で、規範性のある最近の取引事例を探した場合、例えば取引事例Ａは45万円／㎡、取引事例Ｂは48万円／㎡、取引事例Ｃは53万円／㎡、取引事例Ｄは55万円／㎡というように、多少はばらけます。

これら取引事例Ａ～Ｄが全て標準的な土地かつ健全な取引で、他に適切な取引事例がない場合、公正価値は45万円／㎡～55万円／㎡ということができるのです。

この場合、土地の規模は１００㎡ですから、45万円／㎡×１００㎡～55万円／㎡×１００㎡、つまり、４５００万円～５５００万円が公正価値の幅ということができるのです。

ここでは土地の単価だけで考えてみましたが、不動産の評価の各段階にはこれ以外にも様々な局面があり、不動産の公正価値には「幅」があります。

したがって、例えばこの土地を売ろうとしている時に、買い手から「この土地の公正価値は４５００万円でしょう」と言われても、それを鵜呑みにするのは疑問です。

公正価値には幅があるため、買い手としては当然に「買い手に有利なように、公正価値の幅の中でもやや低めの水準の公正価値を主張してきている」ことになるからです。

それに押し流されず、売り手側でも公正価値を把握し、「いやいや、公正価値は５５００万円でしょう」と主張することも視野に入れた上で、様々な意思決定を行うことが肝要です。

公正価値のイメージ

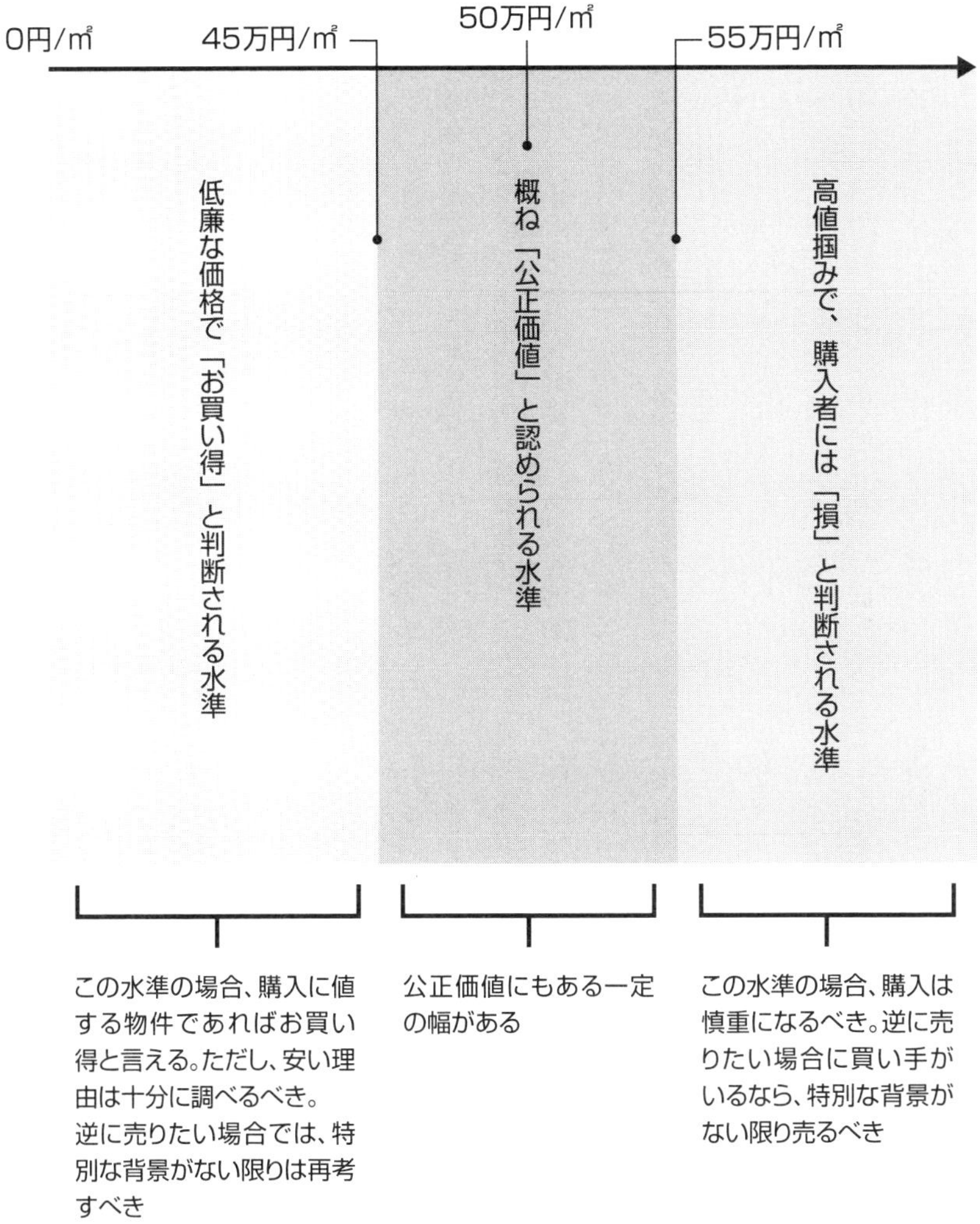
0円/㎡
45万円/㎡
50万円/㎡
55万円/㎡
低廉な価格で「お買い得」と判断される水準
概ね「公正価値」と認められる水準
高値掴みで、購入者には「損」と判断される水準
この水準の場合、購入に値する物件であればお買い得と言える。ただし、安い理由は十分に調べるべき。
逆に売りたい場合では、特別な背景がない限りは再考すべき
公正価値にもある一定の幅がある
この水準の場合、購入は慎重になるべき。逆に売りたい場合に買い手がいるなら、特別な背景がない限り売るべき

4 不動産の公正価値の専門家、不動産鑑定士

◆文系三大難関国家資格と呼ばれている

例えば、土地を売りたい時に不動産の公正価値を求めると言っても、具体的にどのように求めるのでしょうか。

①自力で「この不動産の公正価値はこの金額だ」と主張する意見書を作成する

②不動産業者（宅建業者）の色々な土地のチラシをかき集める

③不動産の公正価値の専門家に判定を仰ぐ

まず、①を検討してみましょう。それまで不動産を扱ったことのない人が、いきなり不動産価格の情報や専門知識を身につけるのは無理ですし、無理やり作ったとしても、それはあなたの主観であって、「世間一般から見て妥当と判断される」内容ではありません。

次に②ですが、不動産業者の土地のチラシは、「その不動産業者がこの価格で売れればよいな」と期待しているだけの価格であり、実際にはそれより低い価格で成約することも多々あります。また、そのチラシの内容はチラシに記載された土地についてのみ該当する内容ですので、あなたの売ろうとしている土地にチラシの内容がただちに流用できるとは限りません。

正解は③となります。不動産の公正価値は、「不動産の公正価値を求めるために世間一般から見て妥当と判断されると認められた基準」に基づき、不動産の法律や動向に詳しい専門家が決定した価値なのです。

そして、この基準に依拠して求めることで初めて「世間一般から見て妥当と判断される」説得力を持つこととなります。この「不動産の公正価値の専門家」として公に認められた国家資格が、不動産鑑定士で、その業務内容は左ページの通りです。また、「不動産の公正価値を求めるために世間一般から見て妥当と判断されると認められた基準」こそが国土交通省が定める不動産鑑定評価基準及び運用上の留意事項となります。

不動産鑑定士は司法試験（弁護士など）・公認会計士とならぶ文系三大難関国家資格と言われています。そのような高い専門性を有する不動産価値の専門家による公正価値の決定は、高い説得力があると言えるでしょう。

不動産鑑定士とは？

不動産の公正価値（世間一般から見て妥当と判断される価格）を求めるには、不動産の法規制や最新の取引情報、評価の手法等について詳しい専門知識が必要

▼

不動産の公正価値を決定する専門家=不動産鑑定士

不動産鑑定士等の登録者数	9,646名 （不動産鑑定士 8,446名、不動産鑑定士補 1,200名）
不動産鑑定業者の登録業者数	3,216業者 （大臣登録業者 75業者、知事登録業者 3,141業者）

（令和3年1月1日時点）参考：国土交通省「令和3年不動産鑑定業者の事業実績報告」

不動産鑑定士の業務

不動産鑑定業務・調査分析等業務

- 公的な鑑定評価
（「地価公示」「都道府県地価調査」「相続税路線価設定等のための評価」等）
- 公共用地の取得や裁判上の評価
- 売買に際してや税務目的、企業買収、担保評価目的等での資産評価 など
- 不動産の地代家賃等の水準の把握 など

コンサルティング業務

- 個人や企業を対象に不動産の有効活用、開発計画の策定の総合的なアドバイス など

5　不動産鑑定士と宅建士の違いとは？

◆公正価値の決定か、仲介等か

宅建業者（正確には「宅地建物取引業者」と言う）は、不動産の買い手や売り手を見つけてきて媒介の上で成約させ（一般的に「仲介」と言う）、その手数料を得ることを主な商売のひとつとする業者です（その他に賃貸関連の業務等も行います）。

不動産の法律等に関する専門知識を持っている宅建業者は、何らかの法規制で縛らないと「専門知識のない一般の方に対して自分たちに不当に有利な商売をしかねない」ので、これを規制する意味で、事務所等ごとに一定割合以上の宅地建物取引士（宅建士）という専門家の配置が義務付けられます。

宅建士は**買い手や売り手を見つけて成約をアシストすることにより、健全な不動産取引促進に貢献する**ことが主たる業務のひとつと言えます。

一方で、不動産鑑定士はあくまでも「不動産の公正価値を決定する」専門家であって、別途、宅建業者・宅建士登録をしていない限り、仲介等はできません。

このように両者には業務の違いがあるため、注意点があります。

宅建業者は、例えば売り手側の依頼を受けている場合、売り手は高く売りたいですから、「公正価値とは無関係に、高い価格で売却できる」ことが重要となります。すなわち、**宅建業者の仲介の際の成約価格は、「公正価値に縛られる義務」はない**のです。

このため、宅建業者に依頼している一般の方の目線としては、「宅建業者が話を持ってきたから、ただちに売買契約を締結」するのではなく、「宅建業者の持ってきた話であっても、公正価値と比較して、自分たちに不利ではないかを十分に検討して意思決定をする」意識が必要です。

もっとも、顧客に不利な話は止める誠実な宅建業者も多いので、結局は宅建業者を信用できるかが重要になるでしょう。

宅建業者とは？

宅地建物取引業

宅地もしくは建物（建物の一部を含む）の売買もしくは交換または宅地もしくは建物の売買、交換もしくは貸借の代理もしくは媒介※をする行為を業とする者。

※媒介＝取引の相手方を見つけてくる等を通じ、不動産売買・交換・賃貸を成立させること。俗に「仲介」と言う。

不動産に関する二当事者間の仲介等

宅建業者と不動産鑑定士の仕事内容の違い

宅建業者	不動産鑑定士
● 宅建業者の事務所等には一定割合以上の宅建士の配属や重要事項の説明等が義務付けられている →健全な取引を推進している ● 宅建業者による仲介等では、その取引価格等を公正価値（鑑定評価額）に縛る義務はない →売買当事者は常にその取引価格等と公正価値（場合によっては鑑定評価額）との比較検討をする意識が必要	● 公正価値（不動産鑑定士が決定した、その不動産の公正価値が「鑑定評価額」となる）の決定を通じて、その不動産についてしたい経済行為を促進する

6　不動産鑑定評価書とは？

◆公正価値を決定した意見書

本章4項で述べた通り、不動産鑑定士とは、国土交通省の監督の下にある、公正価値決定の専門家です。その職務は、民間での不動産の公正価値決定が必要な局面、例えば、

・公正価値を把握して、不動産の売買に役立てたい
・遺産争いや相続税申告に際し公正価値の把握が必要
・家賃や地代の値上げ交渉の際に適正な価値を判定したい
・立退きに際しての立退料を求めたい
・税務署対策で不動産の価値を把握して、適正納税を達成しつつ不動産の売買等をしたい

といった時に、不動産の公正価値の専門家として、その額の決定を行うこととなります。また、そこから派生し、各種の不動産のアドバイザリーを行うこともあります。

その他、一定の実績を認められた不動産鑑定士は公的な局面での不動産の公正価値の把握、後述する公示価格や都道府県地価調査基準地価格の決定、相続税路線価等を定めるに際しての鑑定評価等の公的な鑑定評価も担当することもあります。

ただ、いくら不動産価値の専門家だと言っても、合理的な根拠がないと利害関係者は誰も納得しません。ですので、公正価値を決定した根拠を書面に認める必要があります。それが「**不動産鑑定評価書**」です。

不動産鑑定評価書は、不動産鑑定評価基準やその運用上の留意事項の内容に従い、公正価値を決定する過程を表現したものです。

具体的には、記載が義務付けられている事項に加え、不動産鑑定士が説明に必要と判断した事項、その不動産の写真や地図、法務局備え付けの図面等を添付の上で、その過程を表現したものです。

ちなみに筆者は、不動産鑑定評価書は、一種のアート作品だと思っています。「その不動産の公正価値は、この価格である」ことの説明をいかに美しく描くかが、その不動産鑑定評価書の信用と価値を決めるからです。

不動産鑑定評価書の記載事項の例

- 鑑定評価額
- 鑑定評価を行った不動産鑑定士の署名押印
- 対象不動産の内容（種別・類型）
- 鑑定評価の対象となった権利
- 価格時点
- 依頼目的
- 鑑定評価の条件
- 鑑定評価を行った年月日
- 価格の種類
- 縁故または利害関係の有無
- 実地調査日、権利の内容を確認した日
- 鑑定評価額の決定の理由

※鑑定評価額の決定の理由は、その不動産の位置する地域の分析やその不動産自体の分析、鑑定評価方式の適用、試算価格の調整の過程を経て鑑定評価額の決定という流れをたどる
※通常は写真や地図、図面、その鑑定評価に関与した不動産鑑定士の業務の分担の状況、履歴管理票（不動産鑑定士協会の取引事例を使った場合の整理番号のデータ）などを巻末に添付する

鑑定評価額の注意点

公正価値には幅があるため、同じ不動産でも担当した不動産鑑定士の判断等によって鑑定評価額（公正価値）は違ってくる

▼

裁判や売買等の交渉の局面で公正価値の見解が分かれる場合、相手方から提示された不動産鑑定評価書は、「公正価値の幅の中で、相手方に都合のよい価格」を提示してきたものと推察される。これをのんでしまっては、本来は公正価値の幅のうち、もっと有利な価格を提示できたところ、不利な結果を甘受してしまうことになりかねない

▼

裁判や売買等の交渉等の局面で相手方と当方の利害が相反する場合には、相手方提示の鑑定評価額を鵜呑みにせずに、公正価値の幅の中で当方に有利な価格を把握し、主張・意思決定をすべき

▼

相手方の不動産鑑定士は「仕事として」鑑定評価を行ったにすぎないので、その不動産鑑定士の鑑定評価書が当方に不利な内容であったとしても、それでただちに不当な鑑定評価だということにはならない。

相手方の鑑定評価書が提示されたとしても、それは「相手方が主張したいことを専門知識を駆使して代弁している」程度に考えた上で、「最終的にいかに当方が満足のいく結果を得られるか」を前向きに考えるとよい

7 土地の「一物四価」とは？

◆不動産の価格は目的に応じて様々なものがある

実は、土地の価格は「公正価値」だけではありません。その他に、以下に説明する①～④の価格があり、「1つの不動産に対して4つの価格がある」との意味で、「**一物四価**」と俗称されています。

①実勢価格……実際の不動産市場での取引価格水準。

②公示価格等を規準とした価格……国土交通省が中心となって地域の標準的な土地の、毎年1月1日の公正価値の指標（公示価格）や、毎年7月1日の公正価値の指標（都道府県地価調査基準地価格）から比較検討して得た価格（規準価格）。

なお、公示価格や都道府県地価調査基準地価格は「土地」の公正価値の㎡単価の指標を示すのみであるため、建物それ自体については規準価格はない。

公示区域内の不動産の不動産鑑定士による鑑定評価では、公示価格等を規準とすることが義務であるので、そのごく一部のみを取り出した「土地部分の公正価値の概算値」と考えてよいが、公示価格等からの比較検討は一般の方にはやや難しいと考えられる面もある。

③相続税財産評価基準に基づく相続税路線価による財産評価額……相続人またはその代理人税理士が相続税計算を行うための相続税計算用の便宜的な財産評価額。逆に言えば、便宜的なものに過ぎないのでこれ自体は公正価値として扱うことはできない。

④固定資産税評価額……固定資産税や都市計画税、登録免許税や不動産取得税の計算のための便宜的な評価額。③同様、これ自体を公正価値と扱うことはできない。基本的には課税主体側が計算するものである。

なお、不動産鑑定士の鑑定評価額は、②の公示価格等を規準としつつ、実際の取引事例に基づく実勢価格を反映して求めますので、①と②をミックスして、さらにはその不動産の個別性や収益性等を考慮し求めた、真の意味での公正価値と考えてよいでしょう。

まずは、目的に応じたこれらの価格の違いを理解されるとよいと思います。

一物四価とは？

不動産に関する意思決定は本来は公正価値に基づきなされるべきであるが、目的に応じ、「便宜的なその目的用の評価額」がある

実勢価格（取引事例にある実際の成約価格）等に基づき、公示価格等を規準とした価格との均衡にも配慮して、さらにはその不動産の個別性や場合によっては収益性等にも配慮して、不動産鑑定士による鑑定評価額（公正価値）は決定される

1つの不動産

公正価値（鑑定評価額）
世間一般から見て妥当と判断される価格

①不動産市場の動向を反映した実勢価格

②公示価格等（公示価格・都道府県地価調査基準地価格）を規準とした価格

③相続税財産評価基準による財産評価額
あくまでも相続税計算用限定の価格なので、本来的には他の目的にそぐわない

④固定資産税評価額
あくまでも固定資産税・都市計画税・登録免許税や不動産取得税計算用限定の価格なので、本来的には他の目的にそぐわない
※結果的には、相続税財産評価基本通達の内容に基づき、建物は固定資産税評価額が相続税の財産評価額に流用されることが大半である

募集価格
売り手が言っているだけの売却希望価格。いくらで設定しても自由なので、説得力はない

8 不動産の価値を求める3手法

◆不動産ごとに、どの手法の価格が合理的かを判断

不動産鑑定評価基準上、不動産の価格を求める手法として**原価法**、**取引事例比較法**、**収益還元法**が定義されています。おおよそ以下のように考えればよいでしょう。

①原価法……その不動産を再度「造る」のにかかる負担に基づく考え方。ただし、土地については通常は「造る」という概念がないので、取引事例比較法の考え方で土地部分の価値を求めた後、建物の価値を加算し原価法による価格（**積算価格**）を求めることとなる。

②取引事例比較法……同様の不動産の実際の取引事例に基づき比較検討して求める考え方。ただし、「土地＋建物」の場合は、通常は建物の個別性が強いので、分譲マンションの1室のような例外を除き、適用しないことが通常。取引事例比較法で得られた価格を「**比準価格**」と言う。

③収益還元法……その不動産を賃貸等をした場合に、どのくらい稼げるかという投資採算価値としての価格を求める考え方。収益還元法で得られた価格を「**収益価格**」と言う。

詳細は左ページの通りですが、まずは不動産の価格を求める基本的な手法には3つある点をご理解いただければと思います。ここでのポイントは、**3手法各々の価格と、その不動産を「最も購入しそうな人（有力な市場参加者）」とマッチさせる点**です。

例えば、賃貸アパート等の「貸して稼ぐ物件」は、有力な市場参加者は「貸して稼ぐ」指向の不動産投資家でしょう。このような投資収益物件の公正価値の判断に際しては、通常は「貸してどれだけ稼げるか」といった目線である収益価格を重視すべきと言えます。

一方、戸建住宅（マイホーム）や工場等の「自分で使う系の『土地＋建物』の不動産」は、賃貸とは無縁ですから、積算価格に基づき公正価値（鑑定評価額）を求めることが通常と考えられます。

このように、不動産の公正価値を考える時は、「有力な市場参加者の購入意図に応じて、どの手法の価格を重視すべきか」を判断材料に意思決定をするとよいでしょう。

不動産の価格を求める3手法

不動産の価格

不動産鑑定評価基準に基づき、3手法の精度・説得力を考慮の上で、**適用結果(試算価格)**をウエイト付けをし結論を求める。

①原価法

本来は「その不動産を造るのに要する負担」に基づく価格。ただし、実務上は「土地+建物」の価格を求めるに際しては、土地の相場等に基づく取引事例比較法による価格と、経年減価等を考慮した建物の価格を加算し(さらに一定の調整をする場合あり)、不動産の価格を求める手法となっている。

②取引事例比較法

類似性の高い他の不動産の取引事例を直接比較検討して不動産の価格を求める手法。ただし、分譲マンションの1室以外の「土地+建物」については、建物の個別性が強すぎるため適用しないことが通常。

③収益還元法

家賃収入等の賃料等から諸経費等を控除した「その不動産の純粋な賃貸に基づく稼ぎ」を、投資収益物件の「価格と稼ぎの比率の相場」的な数値(還元利回り)で割り戻す等をして不動産の価格を求める手法。

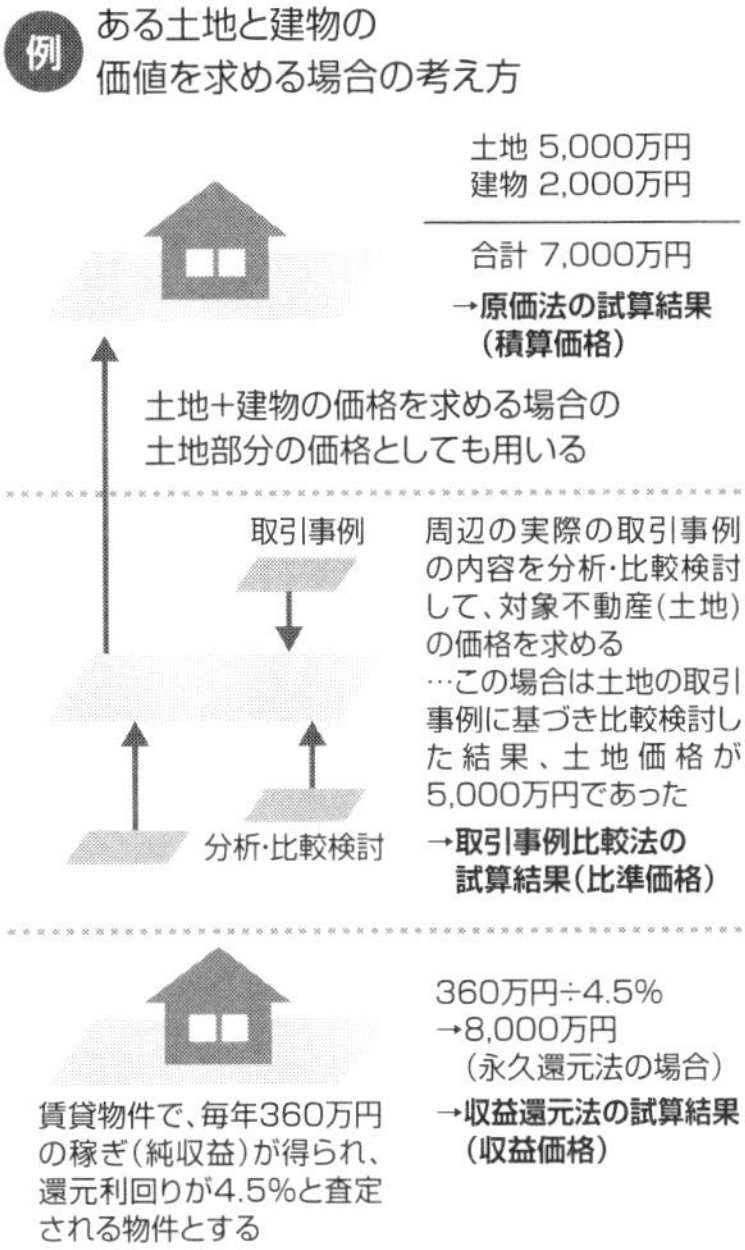
例
ある土地と建物の
価値を求める場合の考え方
土地 5,000万円
建物 2,000万円
合計 7,000万円
→原価法の試算結果
(積算価格)
土地+建物の価格を求める場合の
土地部分の価格としても用いる
取引事例
分析・比較検討
周辺の実際の取引事例の内容を分析・比較検討して、対象不動産(土地)の価格を求める
…この場合は土地の取引事例に基づき比較検討した結果、土地価格が5,000万円であった
→取引事例比較法の
試算結果(比準価格)
賃貸物件で、毎年360万円の稼ぎ(純収益)が得られ、還元利回りが4.5%と査定される物件とする
360万円÷4.5%
→8,000万円
(永久還元法の場合)
→収益還元法の試算結果
(収益価格)

仮に、積算価格が7,000万円、収益価格が8,000万円と試算された場合、その試算結果の精度・説得力等を勘案して、この物件が投資収益物件で高額の結論をご依頼者が求めていて収益価格を重視して差し支えない場合は、公正価値たる鑑定評価額を8,000万円と決定する。
逆に、投資収益物件であったとしても、積算価格はある程度の説得力があるが収益価格の説得力も無視はできない場合で、低額の結論をご依頼者が求めている場合は、公正価値たる鑑定評価額を、例えば積算価格と収益価格の中庸値である7,500万円と決定する。

※この他、面大地の不動産については開発法が適用される場合もある。

COLUMN 1

自宅は住み続けている限り価値の心配は無用

令和元年秋、税理士ドットコム㈱さんのご依頼でネット記事を寄稿したことがあります（「武蔵小杉のタワマン、下水や汚泥まみれになり大混乱…資産価値や税金への影響は？」https://www.zeiri4.com/c_1076/c_1078/n_852/)。タワーマンションについて触れた記事で、ありがたいことに反響も大きくご好評いただいたのですが、その時に響いたと思われるフレーズです。

「いつも思うのは、自宅は『住み続ける限りは換金価値がいくらでも関係ない』点です。変に相続税の節税目的で購入するのはいかがなものかと思いますが、タワーマンションを気に入っているなら、それは恵まれていることだと思います。目先の見栄にこだわらず、長い目で愛せる自宅を探すことこそ大切ではと、改めて問いかけたいですね」

このフレーズにある通り、所有者が住み続ける限りは換金はしないので、公正価値がいくらになろうと関係ないのです。

自宅探しの段階では、変に「将来の不動産の値上がりが……」とか「この地域、地価が下落しないか」と心配する前に、「自分が死ぬまでそこに住み続けたい」と思える自宅を探すスタンスこそが本来あるべき姿と思います。むしろ、価値が下がった方が固定資産税・都市計画税が安くなる、あるいは遠い将来に子供に相続させた際の相続税が安くなる場合すら考えられるのです。

第一、「将来の不動産の値上がりが……」とか「この地域の地価が下落しないか」などというのは、不動産鑑定士でも予測は難しいのです。マイホームを求める一般の方が、予測できないことを心配しても無駄です。

この本をご覧になっている方には、ご自身で自宅を探されている方や、戸建販売の不動産業者（宅建業者）の方もおられるでしょう。そのような方にお伝えしたいのは、マイホームを見つけるに際しては、「将来の値上がりや値下がりを気にせず、今、この額を払っても後悔せず、長い目で愛せる自宅であるか」という目線で意思決定すべきということです。

2章

不動産の価格の種類

1　公示価格・基準地価格とは？

◆地域の標準的な地価の目線把握に役立てよう

前述の通り、不動産の公正価値は、専門家である不動産鑑定士の鑑定評価で決定されると書きました。ただ、全ての土地に鑑定評価を行うことは現実的ではありません。一方、不動産には地域性がありますので、予め地域間の均衡にも配慮した公的な目線としての公正価値の指標を定めれば、幅広い不動産関連の意思決定に役立ちます。

そこで、公的な制度として、「**毎年、1月1日や7月1日に、一定の地域（都市計画区域内等）の標準的な宅地または林地の㎡単価の公正価値の指標を求める**」ことが定められています。

1月1日のものは国土交通省によるもので「**地価公示**」と言います。地域の標準的な土地を公示地と定めて、2人（地価公示法2条では2人「以上」とありますが、3人以上の地点を筆者は知りません）の不動産鑑定士がそれぞれ個別に鑑定評価書を作成し、これに基づき、国土交通省の土地鑑定委員会が地域の標準的な宅地ないし林地の㎡単価たる公的な指標としての公正価値である公示価格を決定しています。

同様に、7月1日のものは都道府県主導で各地点につき1人の不動産鑑定士が鑑定評価書を作成し、これに基づき地域の標準的な宅地ないし林地の㎡単価の公正価値の指標を決定しており、これを「**都道府県地価調査基準地価格**」（以降、「**基準地**」「**基準地価格**」と表現）と言います。担当する不動産鑑定士が2人か1人かの点と、地方の町村の中には公示地はなく基準地のみが存する場合がある点等以外、公示価格も基準地価格も内容としては変わらないので、一般的には「**公示価格の7月1日版が基準地価格**」と考えてよいでしょう。

実務的には、公示価格・基準地価格は、「何となくの、その地域の地価水準の目線の把握」「ある地域と別の地域の地価水準の比較」「過年度の公示価格等の推移の把握」を通じた「地域の地価水準が上昇傾向か下落傾向か」等の見当をつけるのに非常に有用と言えます。

公示価格等の基礎知識

公示価格

都市計画区域内等の一定の地域（公示区域）の標準的な宅地または林地の㎡単価の公的な指標としての公正価値を求める公的な制度。

	①地価公示価格	②都道府県地価調査基準地価格
評価時期	1月1日	7月1日
調査機関	国土交通省（土地鑑定委員会）	都道府県
評価方法	2人の不動産鑑定士がそれぞれ個別に鑑定評価書を作成	1人の不動産鑑定士が鑑定評価書を作成
指標	地域の標準的な宅地ないし林地の㎡単価	地域の標準的な宅地ないし林地の㎡単価

2　公示価格の鑑定評価書を見てみよう

◆インターネットで簡単に検索できる

平成31年以降の公示価格の鑑定評価書は、国土交通省が提供するサイト「**土地総合情報システム**」で開示されています。地域の状況の把握に有用なため、全国各地の土地の公正価値の把握に際し、公示価格の鑑定評価書を大いに活用できます。

ここでは、公示価格の鑑定評価書の検索の方法と見方を説明します。なお、公示価格の鑑定評価書は、通常の民間の案件の更地の鑑定評価書より合理化がなされた独特な形態となっていますが、基本的な構造は、通常の更地の鑑定評価書と同様です。

検索の方法は、左ページの手順となります。令和3年現在、公示地や基準地の番号の法則は次の通りです。

- **住宅地……「都市名－番号」（例・「小金井－8」など）**
- **商業地……「都市名5－番号」（例・「東京大島5－1」など）**
- **工業地……「都市名9－番号」（例・「大阪鶴見9－1」など）**
- **宅地見込地（農地等から宅地になりかけている土地）……「都市名3－番号」（例・「八王子3－1」など）**
- **市街化調整区域内の現況林地（公示価格のみ）……「都市名13－番号」（例・「茨木13－1」など）**
- **林地（都道府県地価調査のみ）……「都道府県名（林）20－番号」（例・「京都（林）20－2」など）**

地価動向を把握する際の大前提として、調べたい土地が住宅地であれば住宅地の地点を、商業地であれば商業地の地点を選択することが重要です。

なお、住宅地か商業地か等の土地の種別については、その土地の環境（周囲に店舗がたくさんあるか、純然たる住宅地かなど）や、都市計画上の用途地域（第6章2項を参照）等を勘案して判断すべきでしょう。

また、東京都不動産鑑定士協会のサイトでは、「**東京都の地価 Google マップ版**」と題して、Google マップに公示地や基準地を表示して、その価格も地図上に表示した全国の地図を一般に開示しており、こちらもお勧めです。

公示価格の鑑定評価書の検索方法

例 東京都西東京市の田無駅近辺の住宅地について知りたい場合

「西東京-1」という公示地を調べる場合の手順

①国土交通省の標準地・基準地検索システム「国土交通省地価公示・都道府県地価調査」で、「東京都」→「西東京市」を選択する

出典：「国土交通省地価公示・都道府県地価調査」
（https://www.land.mlit.go.jp/landPrice/AriaServlet?MOD=0&TYP=0）

②条件設定画面で「住宅地」を選択する（最新調査年以外を選びたい場合は年度も選択）
③西東京市内の公示地のリストから「西東京-1」の詳細を開く
⑤「詳細表示」をクリックすると公示価格の鑑定評価書が提示される

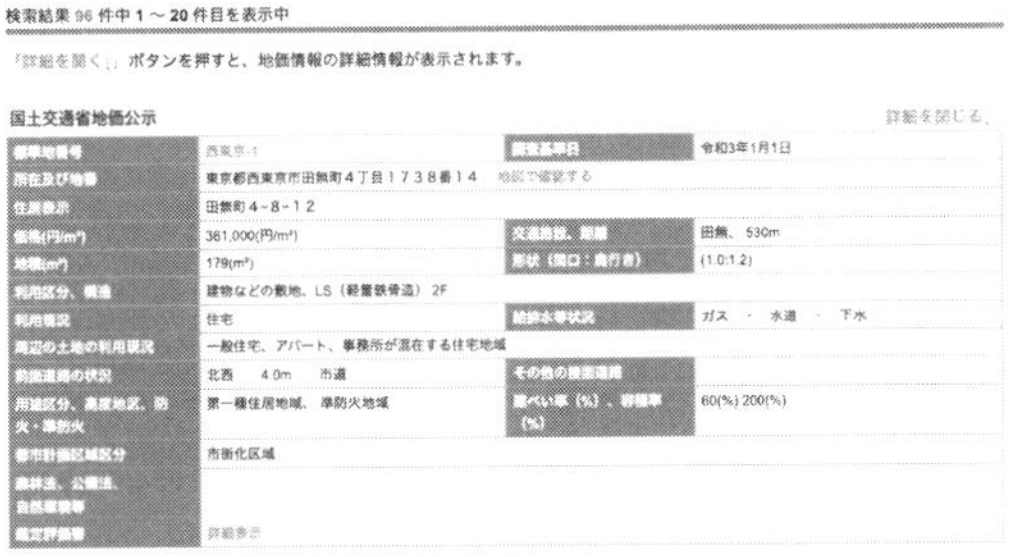

検索結果 96 件中 1 ～ 20 件目を表示中

「詳細を開く」ボタンを押すと、地価情報の詳細情報が表示されます。

国土交通省地価公示　　詳細を閉じる

標準地番号	西東京-1	調査基準日	令和3年1月1日
所在及び地番	東京都西東京市田無町４丁目１７３８番１４　地図で確認する		
住居表示	田無町４-８-１２		
価格(円/m²)	361,000(円/m²)	交通施設、距離	田無、530m
地積(m²)	179(m²)	形状（間口：奥行き）	(1.0:1.2)
利用区分、構造	建物などの敷地、LS（軽量鉄骨造） 2F		
利用現況	住宅	給排水等状況	ガス ・ 水道 ・ 下水
周辺の土地の利用現況	一般住宅、アパート、事務所が混在する住宅地域		
前面道路の状況	北西　4.0m　市道	その他の法令規制	
用途区分、高度地区、防火・準防火	第一種住居地域、準防火地域	建ぺい率（%）、容積率（%）	60(%) 200(%)
都市計画区域区分	市街化区域		
森林法、公園法、自然環境等			
鑑定評価書	詳細表示		

出典：「国土交通省地価公示・都道府県地価調査」
（https://www.land.mlit.go.jp/landPrice/SearchServlet?nccharset=183FC92A&MOD=2&nen_check=new&youtokubun=0&tounenkakaku_from=&tounenkakaku_to=&MOD=2&TDK=&SKC=13229&CHI=&YFR=2020&YTO=2021&YOU=0&PFR=&PTO=&PG=0&LATEST_YEAR=1）

公示価格の鑑定評価書の例

出典：「国土交通省地価公示・都道府県地価調査」サイト内の「小金井5-3」の鑑定評価書
(https://www.land.mlit.go.jp/landPrice_/html/2021/13/2021132100503.html)
※吹き出しは筆者が加筆。

1ページ目

※鑑定評価書は通常5ページ。一部の地点(純粋な住宅地や過疎地、工業地等)は収益還元法(土地残余法)という手法を適用しないため、5ページでない場合がある。

この地点の鑑定評価額。通常は公示価格と一致するが、もう一人の不動産鑑定士の鑑定評価額が異なる場合は、公示価格と微妙にずれることもある

別記様式第一

鑑定評価書（令和 3 年地価公示）

標準地番号	都道府県	所属分科会名	住所	
小金井 5-3	東京都	多摩第1	氏名	不動産鑑定士　冨田　建

鑑定評価額	109,000,000 円	1㎡当たりの価格	547,000 円／㎡

1　基本的事項

(1)価格時点	令和3年1月1日	(4)鑑定評価日	令和3年1月12日	(6)路線価	[令和2年1月] 路線価又は倍率	440,000 円／㎡ 倍
(2)実地調査日	令和2年12月8日	(5)価格の種類	正常価格		倍率種別	
(3)鑑定評価の条件	更地としての鑑定評価					

2　鑑定評価額の決定の理由の要旨

(1)標準地							
①所在及び地番並びに「住居表示」等	小金井市本町1丁目1858番5外 「本町1－6－17」				②地積(㎡)	199 (　　)	⑨法令上の規制等
③形状	④敷地の利用の現況	⑤周辺の土地の利用の状況	⑥接面道路の状況	⑦供給処理施設状況	⑧主要な交通施設との接近の状況		近商 (80, 300) 準防 **(その他)** 高度地区3種 (90, 300)
1:2	店舗、事務所兼共同住宅 S3	店舗、マンション等が混在する近隣商業地域	北7.3m市道	水道、ガス、下水	武蔵小金井 300m		

(2)近隣地域								
①範囲	東　15 m、西　50 m、南　0 m、北　20 m				②標準的使用	中高層店舗付共同住宅地		
③標準的画地の形状等	間口　約　10.0 m、奥行　約　20.0 m、規模　200 ㎡程度、形状　長方形							
④地域的特性	特記事項	特にない	街路	7.3m市道	交通施設	武蔵小金井駅南東方 300m	法令規制	近商 (90, 300) 準防 高度地区3種
⑤地域要因の将来予測	小金井市はコロナ禍でも人口微増傾向で自粛後の不動産取引件数も回復傾向にあり、地域では一定の商業収益性も認め得る。コロナ禍の社会情勢もあるが駅前の再開発も勘案すると地域の価格水準は横ばいと予測される。							

この公示地の地域の状況が書いてある

(5)鑑定評価の手法の適用	取引事例比較法	比準価格	560,000 円／㎡
	収益還元法	収益価格	493,000 円／㎡
	原価法	積算価格	/　円／㎡

(6)市場の特性	同一需給圏の範囲は小金井市及び近接する多摩地区東部各市の商業地域ないし商住混在地域を中心にその周辺地域を含む範囲全般と判定する。需要の中心は自用または賃貸併用の店舗兼共同住宅等を求める個人や中小法人である。地域の中心価格帯は取引毎に価格水準に開差があるが土地については50万円／㎡台中盤程度。コロナ禍の一方、取引件数こそ少ないものの市内の商業地の取引動向や再開発事業の状況等を勘案すると地価水準は概ね横ばい傾向と判断された。

・検証及び鑑定評価額の決定の理由	価格に依拠する傾向が強いと判断される。以上に基づき、本件では比準価格を標準に収益価格を比較考量の上で、コロナ禍の影響や代表標準地等の価格との均衡も踏まえ鑑定評価額を決定した。

(8)前年公示価格等からの検討

①■代表標準地　□標準地 前年標準地番号 [　小金井 5-2　]	②時点修正	③標準化補正	④地域要因の比較	⑤個別的要因の比較	⑥対象標準地の規準価格(円／㎡)	⑦内訳	
[前年代表標準地等の価格] 514,000 円／㎡	[100.0]／100	100／[100.0]	100／[92.7]	[100.0]／100	554,000	標準化補正	
						街路	0.0
						交通・接近	0.0
						環境	0.0
						画地	-1.0
						行政	+1.0
						その他	0.0
						地域要因の比較	
						街路	+5.0
						交通・接近	-3.0
						環境	-9.0

⑧-1対象標準地の検討
■継続　□新規
前年標準地の価格
547,000 円／㎡
⑧-2標準地が共通地点（指定基準地等と同一地点）である場合の検討
□指定基準地　□基準地
指定基準地等番号
[　　]
前年指定基準地等の価格（半年前）
/㎡

⑨変動率　年間　0.0 %　半年間（指定基準地等）　%

⑩価格形成要因の変動状況
[一般的要因]　コロナ禍の一方で小金井市は人口も微増傾向で商業地での不動産需要を認め得る点を勘案すると、その価格水準は概ね横ばい傾向にあると判断される。
[地域要因]　地域要因の変動要素はないが、コロナ禍の一方で再開発事業の進捗や不動産取引動向を勘案すると地価水準は当面は横ばいで推移すると予測された。
[個別的要因]　価格形成に影響 要素は認められ 関し特記事項等

この地域の標準的な土地について、下記①～④を中心とした想定される市場の動向が書いてある
①その不動産と代替競争関係にある不動産の存する範囲(鑑定に際し採用する取引事例が存する範囲。「同一需給圏」と言う)
②有力な市場参加者(想定される購入者)
③中心価格帯
④地域の状況を踏まえた将来の予測

前年度のその地点の公示価格からの変動率。この場合は「+0%」のため、横ばい傾向であることがうかがえる

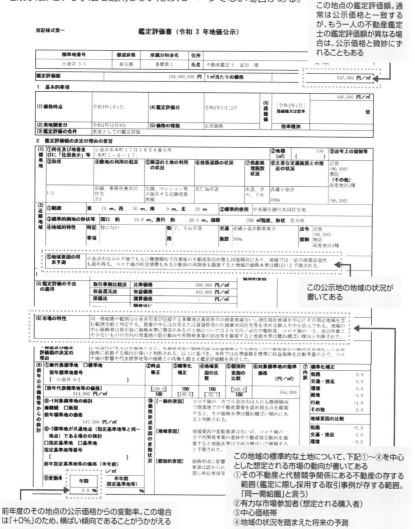

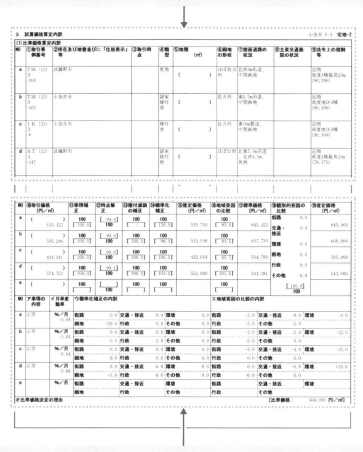

2ページ目 取引事例比較法の試算段階

当該公示地に対して規範性がありそうな実際の取引事例の概要(個人情報保護のため取引事例の内容は概要の記載にとどまっているが、国土交通省提出段階では実際には詳細な内容が記載されている)

3 試算価格算定内訳 小金井 5-3 **宅地-2**

(1) 比準価格算定内訳

NO	①取引事例番号	②所在及び地番並びに「住居表示」等	③取引時点	④類型	⑤地積 (㎡)	⑥画地の形状	⑦接面道路の状況	⑧主要交通施設の状況	⑨法令上の規制等
a	TM(公) 3 -104	武蔵野市		更地	( )	ほぼ長方形	北西4m私道、中間画地		近商 高度3種最高23m (90, 200)
b	TM(公) 3 -103	小金井市		貸家建付地	( )	長方形	東5.5m市道、中間画地		近商 高度地区3種 (90, 300)
c	IK(公) 3 -6	小金井市		建付地	( )	長方形	東16m都道、中間画地		近商 高度地区3種 (90, 300)
d	AT(公) 3 -147	武蔵野市		貸家建付地	( )	ほぼ台形	北東7.3m市道、北西4.5m、角地		近商 高度2種最高23m (78, 175)

NO	⑩取引価格 (円／㎡)	⑪事情補正	⑫時点修正	⑬建付減価の補正	⑭標準化補正	⑮推定価格 (円／㎡)	⑯地域要因の比較	⑰標準価格 (円／㎡)	⑱個別的要因の比較	⑲査定価格 (円／㎡)
a	( ) 645,422	100 / [100.0]	[99.6] / 100	100 / [/]	100 / [120.0]	535,700	100 / [83.0]	645,422	街路 0.0 交通・接近 0.0	645,000
b	( ) 505,286	100 / [100.0]	[99.6] / 100	100 / [100.0]	100 / [98.0]	513,536	100 / [84.5]	607,735	環境 0.0	608,000
c	( ) 434,341	100 / [100.0]	[99.6] / 100	100 / [100.0]	100 / [100.0]	432,604	100 / [85.7]	504,789	画地 0.0	505,000
d	( ) 574,752	100 / [100.0]	[99.1] / 100	100 / [100.0]	100 / [103.0]	552,990	100 / [101.6]	544,281	行政 0.0 その他 0.0	544,000
e	( )	100 / [ ]	[ ] / 100	100 / [ ]	100 / [ ]		100 / [ ]		[100.0] / 100	

NO	ア事情の内容	イ月率変動率	ウ標準化補正の内訳			エ地域要因の比較の内訳		
a	正常	%／月 -0.05	街路 0.0	交通・接近 0.0	環境 0.0	街路 -5.0	交通・接近 -8.0	環境 0.0
			画地 +20.0	行政 0.0	その他 0.0	行政 -5.0	その他 0.0	
b	正常	%／月 -0.04	街路 0.0	交通・接近 0.0	環境 0.0	街路 -2.0	交通・接近 -2.0	環境 -12.0
			画地 0.0	行政 -2.0	その他 0.0	行政 0.0	その他 0.0	
c	正常	%／月 -0.04	街路 0.0	交通・接近 0.0	環境 0.0	街路 +5.0	交通・接近 -4.0	環境 -15.0
			画地 0.0	行政 0.0	その他 0.0	行政 0.0	その他 0.0	
d	正常	%／月 -0.08	街路 0.0	交通・接近 0.0	環境 0.0	街路 0.0	交通・接近 -6.0	環境 +15.0
			画地 +3.0	行政 0.0	その他 0.0	行政 -6.0	その他 0.0	
e		%／月	街路	交通・接近	環境	街路	交通・接近	環境
			画地	行政	その他	行政	その他	

オ比準価格決定の理由 [比準価格： 560,000 円／㎡]

上記の取引事例の内容を比較検討して公示地の比準価格を求めている。この比較検討のプロセスは公示価格特有のものではなく、通常の鑑定評価書でも概ね同様になされる

4〜5ページ目　土地残余法（土地上に投資収益物件建築を想定した場合に期待できる価値〔収益価格〕を求める手法）の試算段階

土地残余法で想定している建物の構造・用途

小金井 5-3　**宅地-4**

(3)-2　想定建物の状況

			④延床面積　(㎡)
店舗兼共同住宅	96.62	RC7	506.22

用途地域等	基準建蔽率等	指定容積率	基準容積率等	地積	間口・奥行	前面道路、幅員等
近商 準防 高度地区3種	90 %	300 %	300 %	199 ㎡	11.0 m x 19.7 m	前面道路：市道 7.3 m 特定道路までの距離： m

⑥想定建物の概要	1階は店舗、2階〜7階は各戸が平均で38㎡強程度の住宅を想定した。	⑦有効率の理由　94.5 %	共用部分を考慮したため。

(3)-3　総収益算出内訳

階層	①用途	②床面積 (㎡)	③有効率 (%)	④有効面積 (㎡)	⑤1㎡当たり月額支払賃料 (円)	額支払賃料 (円)	⑦a保証金等(月数)	⑧a保証金等 (円)	⑦b権利金等(月数)	⑧b権利金等 (円)
1〜1	店舗	96.62	95.9	92.	3,700	342,694	6.0	2,056,164	1.0	342,694
2〜2	住宅	80.49	95.0	76.	2,700	206,523	1.0	206,523	1.0	206,523
3〜3	住宅	80.49	95.0	76.	2,800	214,172	1.0	214,172	1.0	214,172
4〜5	住宅	80.49	95.0	76.	2,850	217,997	1.0	217,997	1.0	217,997
6〜7	住宅	43.82	90.9	39.	2,900	115,478	1.0	115,478	1.0	115,478
計		506.22	94.5	478.22		1,430,339		3,143,809		1,430,339

⑨年額支払賃料		1,430,339 円 × 12ヶ月 = 17,164,068 円
⑩a共益費（管理費）		円/㎡ × 478.22 ㎡ × 12ヶ月 = 0 円
⑩b共益費（管理費）の算出根拠		
⑪その他の収入（駐車場使用料等）	円／台	台 × 12ヶ月 + = 円
⑫貸倒れ損失（算出根拠、金額）	保証金等にて充当と想定し	円
⑬空室等による損失相当額 (⑨+⑩a)x空室率A(%)+(⑪x空室率B(%))	+	17,164,068 円 × 5.0 % 円 × % = 858,203 円
⑭以上計　⑨+⑩a+⑪-⑫-⑬		16,305,865 円
⑮保証金等の運用益（空室損失考慮後）	3,143,809	円 × 95.0 % × 1.00 % = 29,866 円
⑯権利金等の運用益及び償却額（空室損失考慮後）	償却年数 1,430,339	4 年）　運用利回り（ 1.00 %） 円 × 95.0 % × 0.2563 = 348,266 円
⑰その他の収入に係る保証金等の運用益（空室損失考慮後）		円 × % × % = 円
⑱総収益　⑭+⑮+⑯+⑰		16,683,997 円 （ 83,839 円/㎡）

(3)-4　1㎡当たりの月額支払賃料の算出根拠　（　）内は支払賃料

NO	①事例番号	②事例の実際実質賃料 (円/㎡)	③事情補正	④時点修正	⑤標準化補正	⑥建物格差修正	⑦地域要因の比較	⑧基準階格差修正	⑨査定実質賃料 (円/㎡)	⑩標準地基準階の賃料
a	TM（公）3賃 -10	2,551 (2,495)	100 / [100.0]	[100.0] / 100	100 / [100.0]	100 / [90.	100 / [110.0]	100 / [100.0]	2,577	対象基準階の月額実質賃料 2,771 円/㎡
b	TM（公）3賃 -29	2,808 (2,778)	100 / [100.0]	[100.0] / 100	100 / [100.0]	100 / [100.	100 / [95.0]	100 / [100.0]	2,956	月額支払賃料 (2,700 円/㎡)
c	IK（公）3賃 -18	2,674 (2,639)	100 / [100.0]	[100.0] / 100	100 / [100.0]	100 / [95.	100 / [98.0]	100 / [100.0]	2,872	基準階　2 F　B

地域の資料水準の指標として活用できる（ただし、建物の古さ等の問題で活用しづらい場合もある）

小金井 5-3 **宅地-5**

(3)-5 総費用算出内訳			
項 目		実額相当額	算 出 根 拠
①修繕費		690,000 円	138,000,000 × 0.5 %
②維持管理費		1,201,485 円	17,164,068 × 7.0 %
③公租公課	土地	205,300 円	査定額
	建物	1,152,300 円	138,000,000 × 50.0 % × 16.70 /1000
④損害保険料		138,000 円	138,000,000 × 0.10 %
⑤建物等の取壊費用の積立金		138,000 円	138,000,000 × 0.10 %
⑥その他費用		円	
⑦総費用 ①～⑥		3,525,085 円	(17,714 円／㎡) (経費率 21.1 %)

(3)-6 基本利率等			
②a：躯体割合(躯体価格÷建物等価格)	40 %	⑦na：躯体の経済的耐用年数	60 年
③b：仕上割合(仕上価格÷建物等価格)	40 %	⑧nb：仕上の経済的耐用年数	30 年
④c：設備割合(設備価格÷建物等価格)	20 %	⑨nc：設備の経済的耐用年数	15 年

(3)-7 建物等に帰属する純収益		
項 目	査 定 額	
①建物等の初期投資額	138,000,000 円	260,000 円／㎡ × 506.22 ㎡ × (100% + 5.00 %) 設計監理料率
②元利逓増償還率	0.0618	0.0476 × 40 % + 0.0607 × [illegible] % + 0.0926 × 20 %
③建物等に帰属する純収益 ①×②	8,528,400 円 (42,856 円／㎡)	

(3)-8 土地に帰属する純収益		
①総収益		16,683,997 円
②総費用		3,525,085 円
③純収益 ①－②		13,158,912 円
④建物等に帰属する純収益		8,528,400 円
⑤土地に帰属する純収益 ③－④		4,630,512 円
⑥未収入期間を考慮した土地に帰属する純収益 ⑤×α		4,319,342 円 (21,705 円／㎡)

(3)-9土地の収益価格	還元利回り(r-g)	4.4 %	
		98,166,864 円	(493,000 円／㎡)

土地残余法で想定した建物の躯体･仕上･設備の割合や各部分の耐用年数。同様の建物の積算価格の査定段階で、指標として活用できる

土地残余法で想定した建物等の初期投資額（建物を調達すると想定した際に想定される支出で、再調達原価と概ね同義）。延床面積あたりの㎡単価は、同様の建物の再調達原価査定の指標として活用できる

3 土地の実勢相場と公示価格等の関係

◆実勢相場と公示価格等の関係の傾向

公示価格や基準地価格（以降、両者の総称を「公示価格等」と表現）を見ていれば、土地については実勢を完全に把握できると考えがちですが、そうとも言い切れません。

なぜなら、公示価格は、単にある時点の地域の不動産取引の実勢「だけ」を無機質に反映しているものではなく、過去のその地点の動向や周辺の他の公示地や基準地の価格との均衡、税務目的との均衡を考慮する必要があり、**その時点の地域の実勢価格を完璧に反映しているとは言い難い**側面があるからです。

極端な例ですが、地域の実勢相場が実態として1年間で30%上昇したとしても、特別な背景（例・駅の開業や道路の新設、インバウンド需要等）がない限りは、公示価格の鑑定評価員の気持ちとして、公示価格も一気に30%上昇とするのは一考を要する面があります。その結果、仮に公示価格は1年間で10%上昇と結論づけたとすると、そこに20%の乖離が生じることとなるのです。

このような経緯が過去に累積された結果、もちろん公示価格自体は理論的な幅の中で許される範囲で価格を決定していますが、地域の実勢価格との比較との視点では一致しない場合も生じていると考えられます。

そして、建前では「公示価格等は市場価格を反映し、相続税路線価はその8割、固定資産税路線価はその7割」とされますが、公示価格と実勢価格が一致しない場合も多いため、令和3年現在、実勢価格と公示価格等、相続税路線価や固定資産税路線価の関係は概ね左ページのような関係ではないかという感覚があります。

なお、路線価は、相続税申告（相続税路線価）や固定資産税等の計算段階（固定資産税路線価）では、その水準に基づき、土地の価格を計算してよいという「便宜的な税額計算用の評価の目線」です。便宜的な評価額にすぎないので、相続税路線価や固定資産税路線価による価格それ自体は、不動産市場において利害関係者が考える公正価値とは言えない点も申し添えたいと思います。相続税路線価については、３章６項で詳述します。

実勢価格と公示価格・路線価の関係

公示価格・ 都道府県地価調査 基準地価格	●公示価格は毎年1月1日時点の、都道府県地価調査基準地価格は毎年7月1日時点の地域の標準的な土地の㎡あたりの市場価格の指標。取引の指標や不動産鑑定の際の規準として活用する。 ●実際には、東京や京阪神・名古屋等の主要都市の市街地等では実勢価格＝公示価格等×1.0～1.5程度の場合が多いが、一部の高度商業地・高級住宅地等では2.0倍以上のこともある。 ●逆に過疎地では、実勢価格が公示価格等を下回っている地域も存する。
相続税路線価	●相続税課税目的のために設定。毎年設定される。 ●市場価格の水準(公示価格等)の概ね80%。 ●実際には公示価格等自体が実勢価格より低い場合があるため、東京や京阪神、名古屋等では「実勢価格と相続税路線価」はもっと開差があることも多い。 逆に過疎地では、開差がもっと少ない場合等もある。
固定資産税路線価 ※標準宅地方式の場合もある	●固定資産税課税目的のために設定。3年に一度、全面的な見直しを行い、それ以外の年は一定の修正で対応。 ●市場価格の水準(公示価格等)の概ね70%。 ●実際には公示価格等自体が実勢価格より低い場合があるため、東京や京阪神、名古屋等では「実勢価格と固定資産税路線価」はもっと開差があることも多い。 逆に過疎地では、開差がもっと少ない場合等もある。

※令和3年時点での著者による見解

●相続税路線価は、国税庁が定める相続税申告に際し土地の評価をする局面で利用する指標。
●固定資産税路線価は、固定資産税等を課税する市町村や都税事務所が公表する固定資産税課税に際して土地を評価する局面で利用する指標。

4　不動産取引価格情報とは？

◆誰でも実際の取引情報を把握できる

国土交通省は、公示価格や基準地価格の開示を通じて「公正価値の指標」を提示する傍らで、個人情報に配慮した上で、「実際にあった取引事例の概要」もインターネット上で開示しています。

インターネットで「**不動産取引価格情報**」と検索すると、左ページの上段の画面が表示され、以下のように操作すると、実際の取引情報を見ることができます。

①「時期を選ぶ」で、過去2年など、検索する時期の範囲を選択

②「種類を選ぶ」で、「土地」「土地と建物」「中古マンション等」「農地」「林地」「（この5つの）すべて」の別を選択

③「地域を選ぶ」で、「住所から選ぶ」「路線・駅名から選ぶ」の別を選択の上で、市町村名等や最寄り駅等から選択

①で「ダウンロード」を選択すると、10数年以上前からのデータの検索もできます。こちらであれば、エクセルのＣＳＶデータでのダウンロードもできますので、フィルター機能を活用したい場合等はこちらを利用するとよいでしょう。

例えば、ある駅徒歩圏で新築戸建住宅を求めていて、周辺の新築戸建住宅の取引総額の動向を知りたい場合には、

①「土地と建物」を選択の上で「駅名」で希望の駅を選ぶ

②開いたページの「建物」の「建築年」部分の▼ボタンを押す

と、「建築年が新しい建物の取引データ」が上の行から順に表示されます。

これに基づき、最近2年以内程度に建物が新築された取引事例の「取引総額」の動向を把握した上で、お調べの地域の「新築戸建住宅」の総額水準の相場を判断するとよいでしょう。

このように、一般の方でも気軽に不動産の取引情報が得られますので、適宜ご活用ください。

「不動産取引価格情報検索」の検索画面

①「時期を選ぶ」で、過去2年など、検索する時期の範囲を選択
※「ダウンロード」を選択すると、10数年以上前からのデータの検索もできる(エクセルのCSVデータのダウンロード可能)

②「種類を選ぶ」で、「土地」「土地と建物」「中古マンション等」「農地」「林地」「(この5つの)すべて」の別を選択

③「地域を選ぶ」で、「住所から選ぶ」「路線・駅名から選ぶ」の別を選択

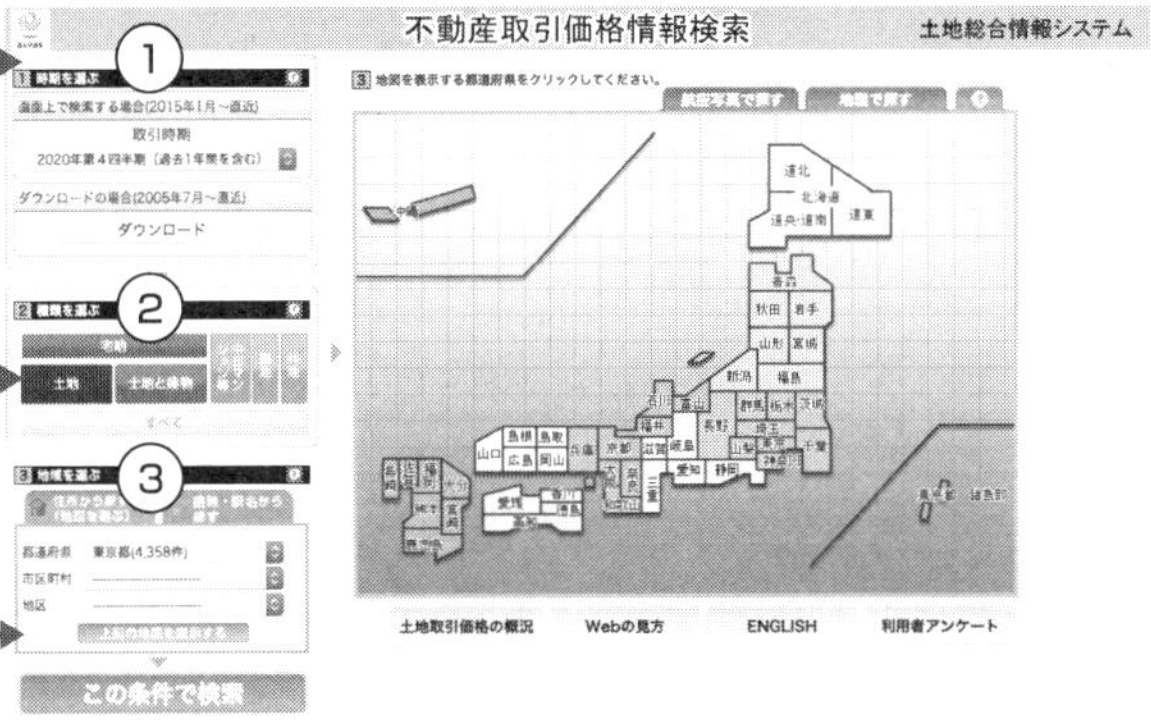

出典：国土交通省「不動産取引価格情報検索」https://www.land.mlit.go.jp/webland/servlet/MainServlet
※吹き出しは筆者が加筆。

「土地＋建物」の取引事例データ

不動産取引価格情報　土地と建物

土地取引価格の概況　ダウンロード

詳細表示	所在地	地域	最寄駅 名称	最寄駅 距離	取引総額	土地 面積	土地 形状	建物 延床面積	建物 建築年	建物 構造	建物 用途	今後の利用目的	前面道路 幅員	前面道路 種類	前面道路 方位	都市計画	建ぺい率	容積率	取引時期	取引の事情等
1	世田谷区 上北沢	住宅地	上北沢		25,000万円	420m²	台形	470m²	昭和64年	鉄骨造	共同住宅	住宅	3.5m	区道	西	1低住専	50%	100%	R02/07-09月	
2	世田谷区 上北沢	住宅地	上北沢	11分	7,800万円	140m²	ほぼ台形	105m²	令和2年	木造	住宅	住宅	4.0m	私道	西	1中住専	60%	200%	R02/07-09月	私道を含む取引
3	世田谷区 上北沢	住宅地	上北沢	4分	15,000万円	120m²	長方形	110m²	令和2年	木造	住宅	住宅	5.2m	区道	北	1低住専	50%	100%	R02/07-09月	
4	世田谷区 上北沢	住宅地	上北沢	6分	5,000万円	120m²	長方形	105m²	昭和43年	木造	共同住宅	住宅	3.5m	私道	西	1低住専	50%	100%	R02/07-09月	私道を含む取引
5	世田谷区 上北沢	住宅地	上北沢	7分	31,000万円	270m²	ほぼ長方形	450m²	平成3年	RC	共同住宅	住宅	4.5m	区道	西	1中住専	60%	200%	R02/04-06月	
6	世田谷区 上北沢	住宅地	上北沢	4分	7,600万円	90m²	ほぼ長方形	120m²	令和2年	木造	住宅	住宅	4.0m	私道	南東	1中住専	60%	200%	R02/04-06月	私道を含む取引
7	世田谷区 上北沢	住宅地	上北沢	7分	24,000万円	280m²	台形	310m²		鉄骨造	共同住宅	その他	5.2m	区道	西	1低住専	50%	100%	R02/04-06月	
8	世田谷区 上北沢	住宅地	上北沢	9分	5,700万円	80m²	袋地等	85m²	令和2年	木造	住宅	住宅	4.0m	区道	北東	2低住専	60%	200%	R02/01-03月	私道を含む取引
9	世田谷区 上北沢	住宅地	上北沢	10分	6,900万円	70m²	ほぼ長方形	100m²	平成31年	木造	住宅	住宅	4.0m	区道	東	1中住専	60%	200%	R02/01-03月	
10	世田谷区 上北沢	住宅地	上北沢	10分	1,700万円	35m²	台形	40m²	昭和57年	木造	住宅	住宅	4.0m	区道	東	1中住専	60%	200%	R01/10-12月	
11	世田谷区 上北沢	商業地	上北沢	1分	4,000万円	45m²	ほぼ長方形	80m²	昭和63年	鉄骨造	店舗	店舗	3.7m	区道	東	1種住居	60%	200%	R01/07-09月	
12	世田谷区 上北沢	住宅地	上北沢	2分	7,200万円	80m²	長方形	75m²	平成31年	木造	住宅	住宅	3.8m	区道	東	1低住専	50%	100%	H31/04-06月	
13	世田谷区 上北沢	住宅地	上北沢	4分	16,000万円	250m²	正方形	370m²	平成11年	鉄骨造	共同住宅	住宅	3.1m	区道	南	1種住居	60%	200%	H31/04-06月	
14	世田谷区 上北沢	住宅地	上北沢	6分	13,000万円	200m²	長方形	250m²	平成3年	RC、木造	住宅、駐車場	住宅	6.2m	区道	南	1低住専	50%	100%	H31/01-03月	
15	世田谷区 上北沢	住宅地	上北沢	8分	12,000万円	200m²	ほぼ台形	185m²	平成11年	木造	住宅	住宅	3.6m	区道	北東	2種住居	60%	300%	H31/01-03月	
16	世田谷区 上北沢	住宅地	桜上水	14分	6,400万円	100m²	袋地等	80m²	令和2年	木造	住宅	住宅	4.1m	区道	東	1低住専	50%	100%	R02/10-12月	
17	世田谷区 上北沢	住宅地	桜上水	14分	7,100万円	115m²	ほぼ台形	100m²	平成25年	木造	住宅	住宅	5.3m	私道	南	1低住専	50%	100%	R02/07-09月	私道を含む取引
18	世田谷区 上北沢	住宅地	桜上水	15分	3,600万円	80m²	長方形	75m²	平成16年	木造	住宅	住宅	5.0m	私道	北西	1低住専	50%	100%	R02/01-03月	
19	世田谷区 上北沢	住宅地	桜上水	13分	8,000万円	95m²	袋地等	95m²	平成31年	木造	住宅	住宅	5.0m	区道	北	1低住専	50%	100%	R01/10-12月	
20	世田谷区 上北沢	住宅地	桜上水	6分	6,000万円	65m²	長方形	95m²	平成31年	木造	住宅	住宅	3.7m	区道	北	1種住居	60%	200%	R01/10-12月	

出典：国土交通省「土地総合情報システム」https://www.land.mlit.go.jp/webland/
より、東京都世田谷区上北沢の「土地と建物」の最近2年以内を検索

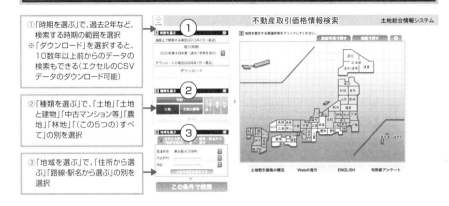

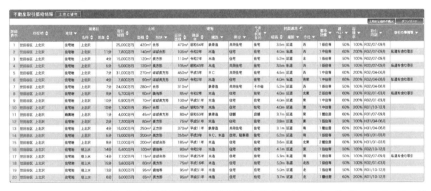

5 相続税路線価に基づく査定の実例

◆相続税路線価に基づく公正価値の概算で大損を回避

ある日、筆者にこのようなご相談がありました。いわく、妻の実家の隣の土地が売りに出ており、宅建業者からその土地の購入を持ちかけられ、「宅建業者は3700万円で売ると言っているから、この土地を買って隣に住みなよ」と妻の父、すなわち、義理の父親から言われたそうです。正直なところマスオさん状態は……というのもありましたが、何より直感的に高いと感じたので、どうすべきかとの相談でした。

その土地は西日本のある市に位置する、200㎡ほどの土地でしたが、相続税路線価は10万円／㎡でした。都心の繁華街や、ある程度高額な地価水準の住宅地等でしたら需要が活発なため、「相続税路線価÷0・8≪実勢価格」と判断される場合も多いですが、相続税路線価が10万円／㎡程度でしたら、そのように扱うのは評価が過分です。かと言って、「相続税路線価÷0・8＞実勢価格」というほどの過疎地でもありませんので、概ね「相続税路線価÷0・8＝実勢価格」と言ってよい状況でした。

さらに、前述の国土交通省の「不動産取引価格情報」で、その市の不動産取引の動向を調べても、概ね「相続税路線価÷0・8＝実勢価格」の水準にあると推測されました。

これを踏まえ、この土地の公正価値の概算額の㎡単価を計算すると、10万円／㎡÷0・8→12万5000円／㎡と判断されました。

本当は、200㎡は戸建住宅の敷地としては規模が大きいので、地積過大による減価を考慮する余地もあるのですが、それを考慮しない段階でも、12万5000円／㎡×200㎡→2500万円が公正価値の概算額と判断されました。

つまり、この宅建業者は、父が娘を近くに住まわせたいところにつけこんで、高値で売りつけようとしていたということです。筆者はただちにこの話を相談者にして、結果、夫はその高値掴みで大損しかねない土地の購入を何とか回避しました。このように、公正価値概算額を簡単に計算するだけでも、意思決定に有用と言えます。

公正価値概算額の計算で大損を回避した例

●路線価が10万円/㎡程度で、「相続税路線価÷0.8＜実勢相場」というほどの地価が高騰している地域とは言えない
●かといって、「相続税路線価÷0.8＞実勢相場」というほどの過疎地でもない

相続税路線価÷0.8=実勢相場と判断

➡10万円÷0.8×200㎡=2,500万円が公正価値の目線
(※戸建住宅用地にはやや規模が大きいので、さらに地積過大減価を考慮する余地もある)

3,700万円は明らかに高い

※売り手側の宅建業者の立場からすると、「公正価値に縛られずに高値で売却した方が彼らの仕事としては上出来」となるので、「ふっかけてきた要素」はあるものの違法な行為はない。ただし、こちらも適切な意思決定のためには、このように最低限、概算値としての公正価値の把握は必要となる。

6　土地価格と路線価の関係の実例

◆都心の高度商業地と過疎地の傾向を反映して鑑定

筆者が鑑定評価をした実例です。令和2年のある日、筆者は東京都心の高度商業地（相続税路線価１０００万円／㎡以上）の不動産を鑑定評価していました。

ポイントはその鑑定評価において採用した、やはり相続税路線価が１０００万円／㎡以上である取引事例地の「土地の取引単価÷相続税路線価」の水準です。そのレベルの高額取引は相対的に取引件数が限られるので、取引事例選択の余地が少なく、採用する取引事例は半ば自動的に決まりますが、その案件では１３０～２００％で、平均で１７０％強でした。結果、土地も相当な規模でしたので、鑑定評価額は数百億円と決定するに至りました。

しかし、同時期の別のお客様から依頼された、別の都心の区での高度商業地の相続税路線価が数百万円の不動産の鑑定評価では、やはり高額な取引単価の取引事例が限られていましたが、得られた取引事例の「土地の取引単価÷土地の相続税路線価」はほとんどは１２０～１４０％でした。結果、概ね「相続税路線価÷０・８」程度を土地の公正価値の単価と判断し、鑑定評価額を決定しました。このように、高度商業地でも「相続税路線価÷０・８」程度で土地価格や鑑定評価額を決定すべき場合もあるのです。

さらに、その1ヶ月後、西日本のある政令指定都市中心部の高度商業地の相続税路線価が百数十万円／㎡の不動産の鑑定評価をした際には、「土地の取引単価÷相続税路線価」が１６０～３００％で、平均で２３０％程度でした。

一方、中部地方のある県で固定資産税標準宅地価格（過疎地での固定資産税路線価の代替のようなもの）がわずか６０００円／㎡台の不動産の鑑定評価で採用した取引事例は、その半数以上は標準宅地の価格水準にすら届いていない状況でした。

このように、不動産市場の実態として、「相続税路線価÷０・８」等が土地の公正価値とは一律には言えない実態がある点と、その高低も一律ではなく地域によって開差がある点をご理解いただければと思います。

土地の取引単価と相続例路線価の関係の例

例① 対象不動産の土地の公正価値の単価も相続税路線価の倍以上とすることがむしろ妥当な場合

地域の取引事例の土地の取引単価につき、
- 「相続税路線価÷0.8」を下回る取引単価の取引事例がほとんどない
- 取引事例の取引単価自体がその取引事例地の相続税路線価の倍以上である

……等

例② 「相続税路線価÷0.8」程度が土地の公正価値の単価と判断される場合

地域の取引事例の土地の取引単価につき、
- 「相続税路線価÷0.8」を大きく上回るものがあまりない
- 取引事例の取引単価自体とその取引事例の相続税路線価の関係が、後者が前者の概ね80%前後の状況にある

……等

高度商業地や都心の高級住宅地の場合、相続税路線価の倍以上の取引単価が実勢価格ということも普通にある一方で、「相続税路線価÷0.8」程度を上限と判断することが妥当な場合もある

▼

機械的に「高度商業地だから、相続税路線価の倍以上」が土地の公正価値の単価水準などと考えず、不動産取引価格情報等の内容も勘案した地域の取引動向などを踏まえ、その土地の公正価値の単価水準を判断することが必要

- 「固定資産税路線価(標準宅地)=市場価格×0.7」が建前とされているが、相続税路線価が設定されていないほどの過疎地では、実態として土地の取引単価が「固定資産税路線価(または標準宅地の価格)を下回る取引」も多く見られる。
- 土地の取引単価については、不整形等の「土地固有の個別的要因」で取引単価が低い場合もある。逆に角地等の理由で取引単価が上昇する場合もある。「取引単価÷相続税路線価」はあくまでも一つの便宜的な指標であり、実際には「土地固有の個別的要因」も考慮に入れる。

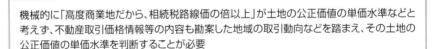

7 建物の価格の査定方法

◆建物の公正価値の査定方法の一般的目線を理解する

前項まで土地の価格について述べましたが、建物の価格の査定方法についても説明したいと思います。

建物の積算価格の考え方は、平成26年の不動産鑑定評価基準改正後、基本的に左ページの考え方となりました。

なお、「躯体・仕上・設備割合」は、通常の木造建物等であれば40%・40%・20%程度が、鉄骨造や鉄筋コンクリート造等であれば40%・30%・30%程度が標準的ですが、工場のように建物の大半が躯体で構成されている場合は躯体だけで50%以上の場合もあります。

また、「躯体・仕上・設備の耐用年数」は、平成31年に全面開示となった公示価格の鑑定評価書を見ると、躯体は木造・軽量鉄骨造で25〜35年程度、鉄骨造で35〜50年程度、鉄筋コンクリート造であれば50〜60年前後が多いようで、仕上は25〜35年程度（木造・軽量鉄骨造は15〜20年程度）が多く、設備は15〜20年程度が一般的です。

「観察減価率」は、不動産鑑定士が目視その他で感覚的に判断する査定で恣意性の余地はありますが、概ね以下の程度が一般的な目線と言えます（検査済証については、6章6項を参照）。

- **新築後10年以内程度の建築基準法上の検査済証のある建物……0〜10%（検査済証がないなら10〜30%）**
- **新築後10年超の建築基準法上の検査済証のある建物……5〜30%（検査済証がないなら20〜40%）**

検査済証がない場合、建物自体の価値も合法性が担保されていないとの意味で価値が下がりますが、金融機関の融資が得にくくなるため、不動産を購入する人の幅が狭まり減価が生じる面もあると言えるでしょう。

また、特に住宅の場合に注意したいのは**中古になることによる減価**です。その減価の査定は建物の状況にもよりますが、参考になるのは総務省の固定資産評価基準で、住宅用途の建物は「1年目であっても中古になったので、その建物を再度調達するのに要する価格の80%（つまり、経年減点補正を20%と扱う）」で査定しています。これを根拠に、「20%を中古になることに伴う減価の目線と考える」のもひとつの考え方です。

建物の積算価格の求め方

建物全体を躯体、仕上、設備の3つに分割して考える。

その上で、「その建物を仮に現時点で再度、調達することを想定した価格（再調達原価）」につき、躯体、仕上、設備ごとに耐用年数を査定し、観察減価率も考慮して査定する。

計算式

$$\text{再調達原価} \times \text{躯体割合} \times \frac{\text{躯体の耐用年数} - \text{新築時からの経過年数}}{\text{躯体の耐用年数}} \times (1-\text{観察減価率}) = \text{躯体部分の積算価格}$$

$$\text{再調達原価} \times \text{仕上割合} \times \frac{\text{仕上の耐用年数} - \text{新築時からの経過年数}}{\text{仕上の耐用年数}} \times (1-\text{観察減価率}) = \text{仕上部分の積算価格}$$

$$\text{再調達原価} \times \text{設備割合} \times \frac{\text{設備の耐用年数} - \text{新築時からの経過年数}}{\text{設備の耐用年数}} \times (1-\text{観察減価率}) = \text{設備部分の積算価格}$$

合計 → 建物の積算価格

※なお、それぞれの部分が耐用年数満了済の場合は、残価相当額として「再調達原価×それぞれの部分の割合×5%（0～3%等の時もある）」で決定することが一般的。

延床面積あたりの再調達原価の目線（令和3年現在）……あくまでも一般的な水準であり、この水準を逸脱するからといってただちに不当というものではない。ただし、極端に逸脱する場合は、要注意。

木造建築物	120,000～180,000円/㎡程度
木造建築物（純和風建築物）	200,000～300,000円/㎡程度
鉄骨造、軽量鉄骨造の建物	160,000～250,000円/㎡程度
鉄筋コンクリート造、鉄筋鉄骨コンクリート造の建物	200,000～350,000円/㎡程度
倉庫・工場・トイレ等の比較的構造が単純な建物	100,000～150,000円/㎡程度

- 地域性もあるので、ひとつの提案としては、平成31年以降に全面開示となった公示価格の鑑定評価書の土地残余法の適用段階で査定されている想定建物の内容を参考とするとよい。

  例 鉄骨造の建物の査定で、土地残余法の適用段階で鉄骨造の建物を想定している近くの公示価格の鑑定評価書の再調達原価（建物等の初期投資額）や躯体、仕上、設備割合、耐用年数を採用する等。

※巻末付録②の設例もご参照ください。

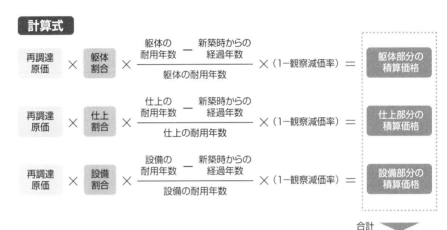

8 地域の新築戸建住宅の相場の調べ方

◆公示価格の鑑定評価書の「市場の特性」欄を見る

ある地域の新築戸建住宅の相場を把握したい場合、活用できる方法をご紹介しましょう。

豪邸等は別ですが、標準的な新築戸建住宅であれば、**「地域の新築戸建住宅の総額水準の相場」**という目線があります。

公示価格の鑑定評価書では、「市場の特性」の欄に「①その不動産と代替競争関係にある不動産の存する範囲（同一需給圏）」「②有力な市場参加者」「③中心価格帯」「④地域の状況を踏まえた将来の予測」が記載されると前述しました（32ページ参照）。公示地が住宅地の場合、通常は③の内容として「新築戸建住宅の土地建物取引総額の水準」が書かれています。

よって、地域で新築戸建住宅の購入を検討される場合は、近隣の規範性の高い公示地（相続税路線価が検討中の不動産と概ね同程度の公示地が望ましい）の鑑定評価書の「市場の特性」欄で「新築戸建住宅の土地建物取引総額の水準」をチェックすることを推奨します。

具体例を提示しましょう。例えば、令和3年度の東京都西東京市の公示地「西東京－1」は、市の中心の駅である田無駅から５３０ｍと近く、商業施設へも便利な立地ですので、市内でも最も人気が高い住宅地域の公示地と言えますが、総額は５０００万円台前後と書いてあります。

しかし、田無駅から１・２㎞のやや遠い住宅地の「西東京－６」となると、「西東京－１」ほど住宅地としての人気があるとは言えないため、総額は３０００万円台後半～４０００万円台と記載されています。

よって、例えば田無駅近辺で新築戸建住宅の購入を検討する場合は、この水準を頭に入れつつ、土地の規模や妥協できる条件等も踏まえて、予算とも相談しながら新築戸建住宅購入の際の判断に活用するとよいでしょう。

戸建住宅を探す際の意思決定の参考としても、公示価格の鑑定評価書の活用はお勧めです。

公示価格の鑑定評価書からの新築戸建住宅の総額の把握

別記様式第一

鑑定評価書（令和 3 年地価公示）

令和3年1月15日 提出
西東京 -1 宅地-1

標準地番号	都道府県	所属分科会名	住所		
西東京 -1	東京都	多摩第1	氏名	不動産鑑定士 冨田 建 印	TEL.

鑑定評価額	64,600,000 円	1㎡当たりの価格	361,000 円／㎡

1 基本的事項

(1)価格時点	令和3年1月1日	(4)鑑定評価日	令和3年1月12日	(6)路線価	[令和2年1月] 路線価又は倍率	290,000 円／㎡ 倍
(2)実地調査日	令和2年12月8日	(5)価格の種類	正常価格		倍率種別	
(3)鑑定評価の条件	更地としての鑑定評価					

2 鑑定評価額の決定の理由の要旨

(1)標準地	①所在及び地番並びに「住居表示」等	西東京市田無町4丁目1738番14 「田無町4－8－12」			②地積(㎡)	179 (　　)	⑨法令上の規制等
	③形状	④敷地の利用の現況	⑤周辺の土地の利用の状況	⑥接面道路の状況	⑦供給処理施設状況	⑧主要な交通施設との接近の状況	1住居 (60, 200) 準防 **(その他)** 高度地区2種
	1:1.2	住宅 ＬＳ2	一般住宅、アパート、事務所が混在する住宅地域	北西4m市道	水道、ガス、下水	田無 530m	(70, 160)

(2)近隣地域	①範囲	東 80 m、西 20 m、南 110 m、北 60 m　②標準的使用 低層住宅地
	③標準的画地の形状等	間口 約 12.0 m、奥行 約 15.0 m、規模 180 ㎡程度、形状 長方形
	④地域的特性	特記事項：特にない　街路：基準方位、北4m市道　交通施設：田無駅西方 530m　法令規制：1住居 (70, 160) 準防 高度地区2種
	⑤地域要因の将来予測	西東京市では人口は微増から横ばい傾向に推移しつつあるが、近隣地域は西東京市の住宅地の中でも生活利便性が良い立地であるため一定の需要も認め得る事から、コロナ禍でもその価格動向は横ばいで推移と予測された。

(3)最有効使用の判定	低層住宅地			(4)対象標準地の個別的要因	方位 +1.0
(5)鑑定評価の手法の適用	取引事例比較法	比準価格	361,000 円／㎡		
	収益還元法	収益価格	235,000 円／㎡		
	原価法	積算価格	/ 円／㎡		

(6)市場の特性	本件では同一需給圏を田無駅を中心とする西東京市内・西武新宿線沿線各駅を最寄りとする混在住宅地域を含む住宅地域全般と判定し、自用目的の住宅需要を有する個人を需要の中心と判断した。中心価格帯は土地は１００㎡程度で３，０００万円台後半前後、新築戸建住宅の取引は５，０００万円台前後。コロナ禍があるも市内の不動産取引件数は回復しつつあり、利便性に優る地域では需要は手堅いと思慮され、価格水準は横ばい傾向で推移と判断する。
評価額の決定の理由	の点を勘案し、信頼性・精度とも高いと判断された比準価格を重視し収益価格は参考に留め、コロナ禍の影響や西東京市の人口の動向、不動産取引件数も回復しつつある点を考慮の上で、上記の通り鑑定評価額を決定した。

(8)前年公示価格等からの検討	①□代表標準地 □標準地 前年標準地番号 [　　　]	②時点修正	③標準化補正	④地域要因の比較	⑤個別的要因の比較	⑥対象標準地の規準価格 (円／㎡)	⑦内訳 標準化補正 街路 交通・接近 環境 画地 行政 その他
	[前年代表標準地等の価格] 円／㎡	[　]／100	100／[　]	100／[　]	[　]／100		
	⑧-1対象標準地の検討 ■継続 □新規 前年標準地の価格 361,000 円／㎡ ⑧-2標準地が共通地点（指定基準地等と同一地点）である場合の検討 ■指定基準地 □基準地 指定基準地等番号 [西東京 -2] 前年指定基準地等の価格（半年前） 361,000 円／㎡	⑩価格形成要因の変動状況	[一般的要因] コロナ禍や微増傾向であった西東京市の人口が横ばいに転じつつある点を勘案すると、市内の住宅地域全般の価格動向は横ばいか微減傾向と思慮する。 [地域要因] 市内でも比較的住宅需要の高い地域であり、コロナ禍や市の人口の動向を勘案すると、地域の価格動向は概ね横ばいと判断する。 [個別的要因] 価格形成に影響を及ぼす画地条件の変動等の要素は特にない。このため、個別的要因に関しての特記事項等はないと思料する。				地域要因の比較 街路 交通・接近 環境 行政 その他
	⑨変動率　年間 0.0 %　半年間（指定基準地等） 0.0 %						

公示価格の鑑定評価書の「市場の特性」欄には「新築戸建住宅の土地建物取引総額の水準」が記載されているので、戸建住宅購入時の意思決定の参考とするとよい

出典：国土交通省「国土交通省地価公示・都道府県地価調査」サイト内の「西東京-1」の鑑定評価書
(https://www.land.mlit.go.jp/landPrice_/html/2021/13/2021132290001.html)
※吹き出しは著者が加筆。※巻末付録⑤の表もご参照ください。

9 投資収益物件の収益価格とは？

◆「稼ぎ÷還元利回り」という考え方を覚えよう

戸建住宅や工場等の、「その不動産を所有者が自分で使う」ことを前提とする建物及びその敷地は、通常、積算価格（土地の価値＋建物の価値）を標準に公正価値を決定することが一般的です。

しかし、世の中にはアパートや賃貸マンション、貸しビル等の「他人に賃貸して、賃料で稼ぐ」不動産もあります。このような投資収益物件については、積算価格のみならず、「投資採算価値」も勘案して意思決定されることが通常です。

このような投資採算価値を反映した試算価格を「**収益価格**」と言います。

収益価格の中で一番シンプルなものは、「その物件につき期待される年間の標準的な稼ぎ（純収益）÷その物件の標準的な還元利回り」で求める手法であり、これを「**永久還元法**」と言います。計算ロジックが異なりますので、積算価格や、相続税申告に際しての財産評価額とは全く異なる試算価格となることも少なくありません。

還元利回りは地域の不動産取引の動向、投資収益物件の成約動向やその内容、各種指標等を参考に査定することとなりますが、その物件の古さ、検査済証の有無、地域性等で異なり、その数値はリスクが高い（古い、地域の地価が低い、検査済証がない等）ほど大きくなります。左ページは、令和3年現在の投資収益物件の還元利回りの目安です。

なお、不動産業者（宅建業者）のチラシにある「利回り」とは募集価格ベースの表面利回りと言われるものです。通常は、「その不動産の年間の満室想定時に期待される家賃（経費控除前。言い換えれば、純収益＋年間経費等＋空室損失等）÷その売り手の売却希望価格」であって、分母も分子も永久還元法の式とは違いますので、混同しないよう注意してください。

例えば、宅建業者がお客様の投資収益物件の売買を扱う局面や、遺産配分に際し投資収益物件について検討する局面で、公正価値の概算に供する程度であれば、「純収益÷還元利回り」を算定するだけでも有用だと思います。

「土地＋建物」で構成される投資収益物件の還元利回りの目安

	新築時点	築年20年程度の時点
東京都心5区所在の新築物件である貸店舗・事務所等の通常の賃貸物件	3.5～4.0%前後	4.0～4.5%程度
東京23区うち、都心5区以外の18区所在の賃貸マンション等の通常の賃貸物件	4.0～5.0%前後	4.5～5.3%前後
京阪神、名古屋の市街地中心部所在の貸店舗・事務所等の通常の賃貸物件	4.0～4.5%前後	4.5～5.0%前後
京阪神や名古屋、関西や中京のこれら政令指定都市の周辺都市の市街地所在の賃貸マンション等の通常の賃貸物件	4.0～5.0%前後	4.5～6.0%前後
札幌、仙台、広島、福岡等の主要な政令指定都市・その周辺都市の通常の賃貸物件	4.5～5.5%前後	5.0～6.5%前後
数十万人規模の地方都市所在の通常の賃貸物件	5.0～6.0%前後	5.5～8.0%前後

〈注意点〉

- 検査済証がない場合……上記に＋1～3%程度
- 建物全体を単一テナントに賃貸する一棟貸しの場合……出ていかれた場合の賃料が得られないリスクが高いので上記に＋1%程度
- ホテル等、「自らの営業で稼ぐ系の不動産」の場合……不動産賃貸と異なり、稼ぎが乱高下するリスクが高いので上記に＋1～3%程度
- その他、特殊事情でリスクが高まったり低くなったりする場合は適宜加減算

※令和3年時点

※上の表は特記ない限り、建物内に数テナントが入居可能かつ検査済証が適法に取得されている通常の賃貸に基づく投資収益物件を想定している。ただし、筆者の経験に基づく一般的水準であり、不動産の個別性・鑑定評価等の背景等である程度は上の表の幅と相違する場合がある。

- 建物が古い、地域の地価が低い、検査済証がない等、リスクが高いほど数値は大きくなる傾向にある（不動産の特殊性によって数値は上下する）。
- 景気低迷期は投資需要も弱まるため、上記の数値も大きくなる傾向にある。例えば平成23年頃は景気が悪かったため、上記の数値の概ね「＋1%前後」が当時の還元利回りの目安と言ってよい状況であった。

10 中古分譲マンションの価格を求めてみよう

◆積算価格はほとんど無意味

不動産の公正価値を語る上でもうひとつ、忘れてはいけないのが、「中古の分譲マンションの1室」の価値の話です。見た目には大して変わりがないように見えますが、マンションには2つの形態があります。

①1棟全体を単一の所有者が所有し、それぞれの部屋を賃貸する賃貸マンション……1棟の建物及びその敷地全体を1個の評価対象として、積算価格や収益価格を求め、説得力や精度を勘案して鑑定評価額を決定します。

②新築時に専門のマンションディベロッパーが1棟のマンションを建築した上で、各区分を分譲していく区分所有形態の分譲マンション……各区分それ自体が所有権の対象であるため、鑑定評価上も各区分それ自体を1個の鑑定評価の対象とします。その際、土地の使い方が特殊であるため、原価法による積算価格はあまり意味をなしません。その一方で、1棟のマンション内で各区分が取引されていることにより、区分それ自体の取引相場が形成されているため、区分の取引事例に基づく比準価格の説得力が高いことから、通常は取引事例比較法による比準価格に基づき鑑定評価額を決定します。ただし、区分がワンルームマンション等の投資収益物件である場合は、比準価格の他、収益価格も勘案して決定します。いずれにせよ積算価格は、通常は「事実上、ほとんど無視する」のが実態です。

このような特徴があるため、新築時の分譲ではマンションディベロッパーの分譲価格で購入することになることが通常ですが、「中古の分譲マンションの1室」の売買を検討する際は、棟内の取引事例を探すとよいでしょう。

具体的には、不動産取引価格情報で過去数年分を検索する設定にした上で、「中古マンション等」を選択し、所在地と建築年、最寄り駅からの距離が検討中の中古マンションと同じであれば、棟内取引事例と推定して差し支えないでしょう。面積が異なる場合は面積を補正した上で階層等も考慮し、その区分の総額の目線を概算で把握するとよいでしょう。

中古の区分所有形態の分譲マンションの価格の求め方

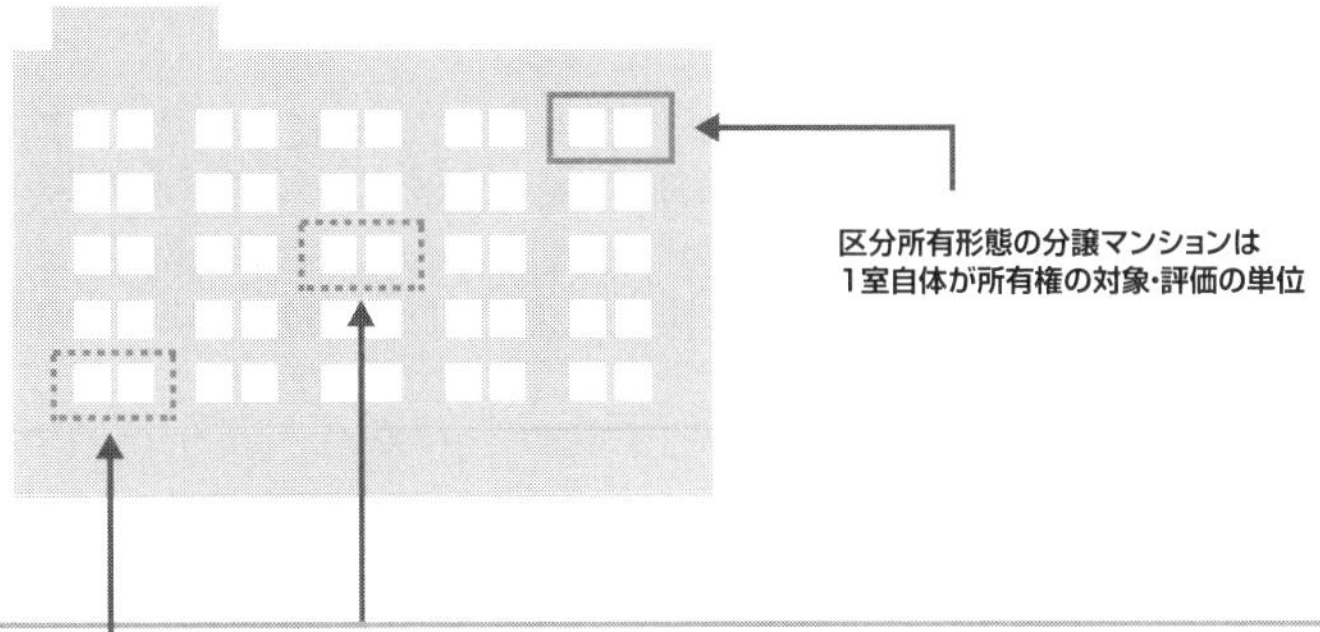
区分所有形態の分譲マンションは
1室自体が所有権の対象・評価の単位

棟内の取引事例

区分所有形態の分譲マンションの区分の1室は、公正価値も棟内取引事例に依拠する度合いが強い

区分所有形態の分譲マンションの区分の1室の公正価値を概算で把握したい場合

➡不動産取引価格情報を用いて棟内取引事例の相場水準を把握する

●相続税財産評価基準に基づく評価額や固定資産税評価額は、区分所有形態の分譲マンションの1室であっても原価法的な考え方（持分割合考慮後の土地価格+建物価格）で求められるが、実態としては取引事例に基づく相場よりはるかに低額なことが通常である。

このため、遺産争い等で「区分所有形態の分譲マンションの1室の評価額が高い方がこちらにとって有利」な場合で相手方が相続税財産評価基準に基づく評価額や固定資産税評価額での遺産配分を提案してきた時は、公正価値よりはるかに低額となり不公平であるとして強く否定をすべきである。

※ごく稀に公正価値の方が低い場合もあるが、それは築年30年以上で非常に古いなど例外的な中古マンションの場合である。

COLUMN 2

公示価格の鑑定評価を行う不動産鑑定士はどう選ばれる？

地価公示を担当する不動産鑑定士は、直近３年以内に一定以上の実務経験を有することを条件に、１年ごとに各不動産鑑定士からの申請に基づき国土交通省から委嘱され、担当することとなります。

そして、一定の範囲を管轄する分科会に所属し、分科会では所属する概ね十数人程度の不動産鑑定士が分担して、その範囲の公示地等の鑑定評価を担当します。分科会のメンバーは毎年、定年や新人の採用、他の分科会への転属等、数人の入れ替わりはありますが、実態としては、相当数の不動産鑑定士が前年と同じメンバーのため、管轄する地域に精通している不動産鑑定士が多いことも特徴です。

ちなみに、筆者は令和３年１月現在、東京都の多摩地区等のいくつかの市町を管轄する分科会に所属しています。その分科会では筆者は最年少の学年なのですが、経験豊富な先生方ばかりで、分科会のみならず、その後の宴席でも諸先輩方の経験や知識を教えていただくことも多く、公示価格以外の鑑定評価にも役立っています。

ある書籍で、「公示価格の決定の仕方は不透明であるが、どうせどこかの天下り先の団体が公示価格を決定しているのだろう」などと書いた下りを目にしたことがありますけれども、とんでもない間違いです。

3章

相続の時の不動産評価

❶ 民法上の遺産配分と不動産評価との関係
❷ 相続税の計算の仕方
❸ 小規模宅地等の特例とは？
❹ 相続税評価額と実際の遺産配分で考慮すべき価格の関係
❺ 公正証書遺言とは？
❻ 相続税申告書上の不動産評価額の調べ方
❼ 路線価の見方
❽ 相続税評価上のアパート等の貸家の評価の仕方
❾ 特殊な事情がある場合の相続税申告の注意点
❿ 特定路線価の実例
⓫ 相続税路線価による財産評価額での申告を弾かれた実例
⓬ 遺言を工夫した実例――都会の自宅と田舎の遊休不動産
⓭ 遺産配分でとんでもない土地の按分をして大損した実例

1 民法上の遺産配分と不動産評価との関係

◆不動産価値は公正価値で判断すべき

不動産価値について知りたいと思われる場面のひとつに、相続があります。まずは、遺産配分の基本的なルールについて説明しましょう。

民法では、**法定相続割合**を定めています。法定相続割合とは、「相続に際しての、特段の定めがない場合の各相続人が相続する財産の割合の目安」です。マニアックな場合は別として、左ページの表が一般的な法定相続割合となります。

ただし、有効な遺言がある場合は、そちらに記載されている割合が優先です。さらには、遺言があっても、相続人全員の合意がある場合は、その合意の内容で遺産分割がなされる場合もあります。

一方で、配偶者や子供（子供がいない場合は親も）が相続人である場合は、遺言の内容がどうであっても、その相続人が希望すれば、最低限、これだけは遺産として得られる「**遺留分**」の制度があります。

このため、遺言書を認める場合は、遺留分を無視すると、それが争いの原因となる場合があるので、自分が遺したい配分で認めることの他、**遺留分を侵害しないように認める**ことが重要となります。

もし、遺言を認める場合は、必要に応じて専門家のアドバイスを仰ぎながら、遺産全体の額の他、遺留分の額の概算も含めて、それぞれの財産の価値を考えた上で、認めるべきでしょう。

その際、不動産の価値については、基本的には公正価値に依拠すべきです。

相続税財産評価基準に基づく評価額や固定資産税評価額は、基本的には「これらの税金を算定するための便宜的な評価額」であって、公正価値ではありません。

相続発生後に相続人全員の合意で、これらの評価額に依拠して遺産配分をすることはなくはないですが、遺言を認める局面での遺産配分や遺留分算定への活用には不適切である点も申し添えたいと思います。

一般的な民法上の遺産配分の考え方（法定相続割合）

①　配偶者が存命で、子供がいる場合（例：子供2人）

亡くなった方の全財産	配分	子供の割合	遺留分（配偶者や子は法定相続割合の半分）
亡くなった方の全財産 →	1/2は配偶者へ →		法定相続割合の半分のため配偶者は1/4
亡くなった方の全財産 →	1/2は子供へ ※子供が複数いる場合は1/2を人数割り →	子供Aは1/4 →	法定相続割合の半分のため子供Aは1/8
		子供Bは1/4 →	法定相続割合の半分のため子供Bも1/8

②　配偶者が亡くなっていて、子供がいる場合（例：子供2人）

亡くなった方の全財産	配分	子供の割合	遺留分
亡くなった方の全財産 →	全て子供へ ※子供が複数いる場合は人数割り →	子供Aは1/2 →	法定相続割合の半分のため子供Aは1/4
		子供Bは1/2 →	法定相続割合の半分のため子供Bも1/4

遺産配分の優先順位の基本的な考え方

有効な遺言がない場合は、法定相続割合での遺産配分が原則

▼ **遺言がある場合**

有効な遺言がある場合は、法定相続割合によらず、こちらで遺産配分（ただし、遺留分は配慮する必要あり）

▼ **相続人全員の合意がある場合**

相続人全員の合意がある場合は、その内容で遺産配分
※ただし、相続人全員の合意があっても、遺言で配分内容を変更することを規制している場合等、例外的にそのような配分ができない場合もある。

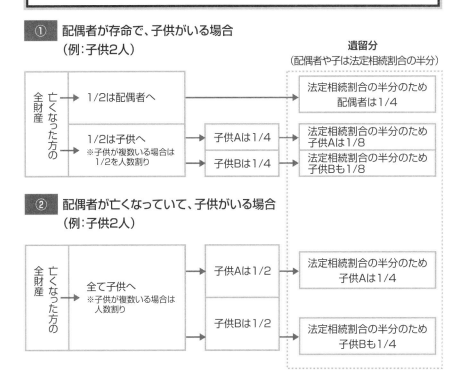

2 相続税の計算の仕方

◆5段階の計算の流れを理解しよう

相続で問題となるのは、遺産配分の他に相続税の問題もあります。ここでは、一般的な相続税の計算手法について説明したいと思います。

基本的には、左ページの①～⑤の段階を経ると考えれば十分でしょう。

ここでのポイントは①の段階で、財産の計算段階は「**相続税財産評価基本通達**」の内容に従えば相続税申告に際しては通常は問題ないとされます。

その中で、宅地（一部例外がありますが、住宅地や商業地等の、農地・林地・原野等に該当しない土地とお考えください）は、原則として「**相続税財産評価基準に基づく路線価**」に基づき、一定の補正をして財産評価額と扱うとされる点です（一部過疎地は倍率方式という「固定資産税評価額に予め定められた倍率」を乗じて得られる価格によるとされています）。

ちなみに、実際の税理士による相続税申告書作成段階では、専用ソフトによって精緻に財産評価額を計算しますが、相続税に強い税理士であれば、概算の相続税額程度なら数分あれば電卓で算定できます。

例えば「相続発生前の資金繰りの準備として、相続税を概算したい」という場合などは、簡単な相談ベースで税理士に概算を委ねるのもよいでしょう。

なお、相続税申告書は「**相続の開始があったことを知った日」から10ヶ月以内**（相続税法27条）に管轄税務署に提出するとされています。

通常は「知った日＝亡くなった日」ですが、中には「親との関係が悪く、相続発生から数ヶ月後に亡くなったことを知った」相続人が申告という場合等もあります。このような場合は、「知った日」から10ヶ月以内となります。

もっとも、「相続税申告書を作成する時間」が必要ですし、例えば、後から追加で相続財産が発見されたり、極端な例だと突然に隠し子が現れたり等、想定外の事態が生じたりすることもありますから、早めに税理士に相談した方がよいでしょう。

一般的な場合の相続税の原則的かつ基本的なイメージ

※特殊な場合を除く。また、詳細な局面では一部異なる場合が考えられる。

【段階①】 基本的には相続税財産評価基本通達に基づき、相続発生時の「相続税計算用の便宜的な財産価値(注1)」の合計額である課税価格を算出

【段階②】 段階①の課税価格から基礎控除を考慮し、課税遺産総額を計算(注2)

【段階③】 「法定相続人が法定相続割合で相続したとみなして」各法定相続人に帰属する課税遺産額を算出

【段階④】 予め定められた税率を適用して、各法定相続人に帰属する仮税額を計算。各法定相続人の仮税額を合計してその相続に関する相続税の総額(仮税額の合計額／2割加算・各種の税額控除考慮前)を計算

【段階⑤】 ④の相続税の総額を、各相続人が実際に相続した財産の割合で按分して、それぞれの相続人に帰属する申告納税額を算出(注3)

(注1) あくまでも「相続税計算用の便宜的な財産価値」のため、それらの財産の実際の相場等に基づく市場の実勢価格とは異なる。例えば、土地の価格は相続税計算上は相続税路線価ベースで計算ができるが、相続税路線価は実際の土地の「市場価格の8掛け」という建前(実態は前述の通り、地域により実勢価格に対する掛目が異なるのが実情)といった具合。
また、相続・遺贈で財産を取得される方が相続発生前3年以内に亡くなった人(被相続人)から贈与された財産がある時は、この財産も計算に含める。その一方で、一定の要件を満たす死亡保険金は「500万円×法定相続人の数＝非課税限度額」の範囲で非課税となる。

(注2) 基礎控除額は「3,000万円＋法定相続人の数×600万円」。

(注3) 被相続人の一親等の血族(代襲相続人となった孫〔直系卑属〕を含む／代襲相続人になっていない孫養子を除く被相続人の養子を含む)及び配偶者以外の人の場合は、控除前の税額の2割が加算となる。按分後・2割加算考慮後の額に各種の税額控除(未成年者控除や、「配偶者の場合は、配偶者の取得する財産のうち法定相続分相当額か1.6億円のどちらか多い額までは事実上相続税がかからないようになる」配偶者控除等)による控除額を控除して実際の各相続人の相続税額を算出する。(相続税法18条、19条～20条の2)

相続税の速算表 平成27年1月1日以後の場合

法定相続分に応ずる取得金額	税率	控除額
1,000万円以下	10%	-
3,000万円以下	15%	50万円
5,000万円以下	20%	200万円
1億円以下	30%	700万円

法定相続分に応ずる取得金額	税率	控除額
2億円以下	40%	1,700万円
3億円以下	45%	2,700万円
6億円以下	50%	4,200万円
6億円超	55%	7,200万円

※巻末付録に簡単な相続税の計算の設例があります。ご参照ください。

3 小規模宅地等の特例とは？

◆適用対象が複数ある場合の注意点

相続税の財産評価段階で頻出する重要な特例である「特定居住用宅地等の特例」を含む、小規模宅地等の特例について説明したいと思います。

平たく言うと、小規模宅地等の特例のうち、「**特定居住用宅地等の特例**」とは、配偶者や一定の要件を充足する親族が、亡くなった方（被相続人）が亡くなる直前の居住の用に供されていた宅地等を相続・遺贈で取得した場合で、**適切に税務署に申告等の手続を行っている場合には、本来の相続税財産評価基準に基づく評価額の２割で評価し、相続税の申告をできる**ものです。

また、小規模宅地等の特例のうち、「**特定事業用宅地等の特例**」とは、被相続人の事業の用に供されていた宅地等を一定の要件を満たす被相続人の親族が相続・遺贈で取得した場合には、**本来の相続税財産評価基準に基づく評価額の２割（一定の場合は５割、左ページを参照）で評価し、相続税の申告をできる**ものです。ここでは概略を述べるに留めますが、両方とも細かい適用要件があるため、特例の適用を受けて申告する場合は税理士と相談の上で申告するとよいでしょう。

相続税がかかるほどの遺産がない場合は別として、当然、特例の適用要件を充足する親族が該当する財産を相続した方が相続税額は安くなるので、その点に配慮して相続することが節税の観点からは重要となります。

もう一つ注意したいのは、これらの特例は適用面積の上限がある点です。特定居住用宅地等の特例は、上限は**３３０㎡**、特定事業用宅地等の特例は**４００㎡（一定の場合は２００㎡）**です。両方に適用する場合も一定の算式で上限が課せられます。

前述の通り、各人の相続税の額は各人が相続した財産評価額に連動します。このため、同じ遺産配分の内容でも、複数の宅地等に特例の適用が考えられる場合で全てには適用できない場合には、どれに特例を適用するかで各人の相続税額は異なるのです。このような場合、「特例の適用の仕方が自分に不利でないか」を意識し、遺産配分での配慮を求める等の対応が必要でしょう。

相続税申告の局面での不動産価値の考え方

小規模宅地等については、相続税の課税価格に算入すべき価額の計算上、次の表に掲げる区分ごとに一定の割合を減額する。

<table>
<tr><th colspan="3">相続開始の直前における宅地等の利用区分</th><th colspan="2">要件</th><th>限度面積</th><th>減額される割合</th></tr>
<tr><td rowspan="5">被相続人等の事業の用に供されていた宅地等</td><td colspan="2">貸付事業以外の事業用の宅地等</td><td>①</td><td>特定事業用宅地等に該当する宅地等</td><td>400㎡</td><td>80%</td></tr>
<tr><td rowspan="4">貸付事業用の宅地等</td><td rowspan="2">一定の法人に貸し付けられ、その法人の事業（貸付事業を除きます。）用の宅地等</td><td>②</td><td>特定同族会社事業用宅地等に該当する宅地等</td><td>400㎡</td><td>80%</td></tr>
<tr><td>③</td><td>貸付事業用宅地等に該当する宅地等</td><td>200㎡</td><td>50%</td></tr>
<tr><td>一定の法人に貸し付けられ、その法人の貸付事業用の宅地等</td><td>④</td><td>貸付事業用宅地等に該当する宅地等</td><td>200㎡</td><td>50%</td></tr>
<tr><td>被相続人等の貸付事業用の宅地等</td><td>⑤</td><td>貸付事業用宅地等に該当する宅地等</td><td>200㎡</td><td>50%</td></tr>
<tr><td colspan="3">被相続人等の居住の用に供されていた宅地等</td><td>⑥</td><td>特定居住用宅地等に該当する宅地等</td><td>330㎡</td><td>80%</td></tr>
</table>

面積要件の上限がある

特例により80%(50%)減額となるので、本来の相続税財産評価額の2割(5割)の評価で計算できるため、相続税負担が減少する

※出所：国税庁ホームページ「No.4124　相続した事業の用や居住の用の宅地等の価額の特例（小規模宅地等の特例）」
https://www.nta.go.jp/taxes/shiraberu/taxanswer/sozoku/4124.htm

参考

特定居住用宅地等と特定事業用宅地等がある場合の、上限面積の計算式

特例の適用を選択する宅地等	限度面積
特定事業用等宅地等（①または②）及び 特定居住用等宅地等（⑥） （貸付事業用宅地等がない場合）	（①+②）≦400㎡ ⑥≦330㎡ 両方を選択する場合は、合計730㎡
貸付事業用宅地等（③、④または⑤）及び それ以外の宅地等（①、②または⑥） （貸付事業用宅地等がある場合）	（①+②）×200/400+⑥×200/330 +（③+④+⑤）≦200㎡

※巻末付録①の相続税申告書の計算の設例で、「どの不動産に特例を用いるかで各人の相続税額が異なってくる」様子も説明しています。

4 相続税評価額と実際の遺産配分で考慮すべき価格の関係

◆「自分に不利でないか」に注意する

相続税申告の局面では、宅地については「相続税財産評価基準に基づく路線価」に基づき、一定の補正を施して財産評価額とすることが原則と述べました。

ただ、前述の通り、相続税路線価は公示価格の8掛けとの建前で、しかも公示価格の水準と実勢価格の水準が異なる場合は、さらにその格差が開く場合があります。すなわち、**相続税申告で用いる相続税財産評価基本通達に基づく土地や建物の評価額は「相続税算定のための便宜的な評価額」であり、「実勢価格」とは異なります。**

そして、民法上の遺産配分は、相続税法の「相続税算定のための便宜的な評価額」とは無関係ですので、本来的には実勢価格を反映した公正価値で判断すべき話となります。

もちろん、遺産配分は原則として全相続人の合意があれば、基本的にはその前提で話を進めることができます。ですので、例えば「相続税申告で用いた財産評価額で遺産配分を考える」「自治体から送付される固定資産税課税明細上の評価額で遺産配分を考える」というのも、全相続人の合意があれば原則として自由です。

しかしながら、それがある相続人にとって有利か否かは別問題です。実際、相続税申告書記載の不動産の財産評価額について、「税理士としては、それが妥当な評価額」とは言えても、所詮は「相続税算定のための便宜的な評価額」に過ぎませんので、「不動産鑑定士としては、この額は公正価値とは言えない」と感じることが通常です。ですので、遺産配分の局面で、仮に不動産について「相続税申告で用いた財産評価額で遺産配分を考える」「自治体から送付される固定資産税課税明細上の評価額で遺産配分を考える」という話になりかけた時に、遺産配分の内容に不満な場合は、弁護士あるいは弁護士経由で不動産鑑定士に相談するのも一案と言えます。

なお、遺産配分を鑑定評価額等に依拠したとしても、例外的な場合を除き、相続税申告上では相続税財産評価基本通達に基づく土地や建物の評価額に依拠した申告を行うことは、基本的には問題ありません。

通常の遺産配分の際の不動産価値の考え方

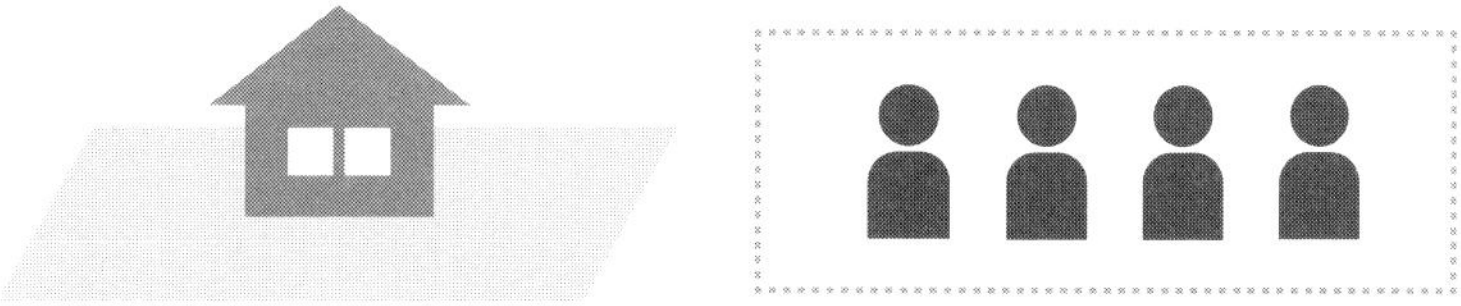

相続人全員が「相続税評価額」「固定資産税評価額」といった「公正価値ではない税額算定のための便宜的な評価額」で合意した場合

▼

通常は、公正価値ではない評価額で遺産配分をして差し支えない

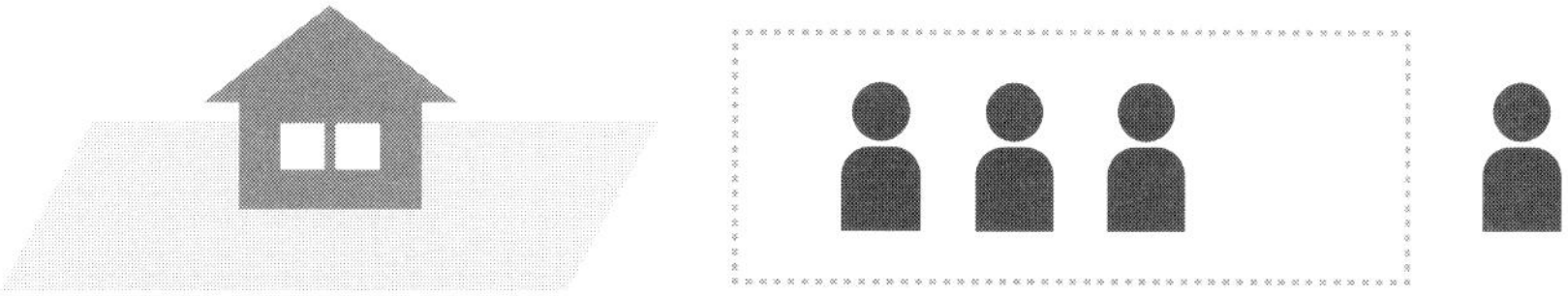

ある相続人にとって「公正価値ではない税額算定のための便宜的な評価額」で遺産配分を考えることが不利な場合

▼

公正価値で遺産配分を考えるべき
➡必要に応じて、弁護士経由で不動産鑑定士にも相談し、公正価値（鑑定評価額）で遺産配分を検討すべき旨を提案する。

5 公正証書遺言とは?

◆遺言を認める場合は公正証書遺言で

相続関連業務をしていると、遺言を目にすることがあります。実務上よく見かけるのは、**自筆証書遺言**と**公正証書遺言**です。

自筆証書遺言は、文字通り「自分で自由に書いた遺言」で、思いついた時に費用をかけず作成できる利点があります。

公正証書遺言は、遺言をする人の意思を公証人が聞き取り、その内容を踏まえ作成する遺言です。公証人とは「国の公務である公証事務を担う公務員」であり、判事や検事などを長く務めた法律実務の専門家です。

ただし、公正証書遺言作成に際しては数万円程度の負担と、公証人役場の予約等の関係で2~3ヶ月程度の時間が必要となります。

では、どちらの遺言が適切なのでしょうか?

これはあくまでも私見ですが、公正証書遺言が適切と考えます。なぜなら、自筆証書遺言は文章の書き方や遺産配分の内容等について、「遺言者という素人が作成しているため、文章の解釈や遺産配分の内容で争いが生じる余地」があるからです。

公正証書遺言であれば、経験豊富な公証人が作成しているため、このような争いが生じる余地がありません。

公正証書遺言で争いが生じるとすれば、その内容で遺産配分を行うと遺留分の問題が生じる場合がある程度で、それ以外の場合を筆者は知りません。

公正証書遺言を見た段階で、不動産の公正価値の概算を通じた遺留分の概算だけはしますが、その問題さえなければ、相続人が不満を持っていたとしても「反論するだけ無駄ですよ」と話すに留めるのが実態です。

なお、令和2年7月より「法務局における遺言書の保管等に関する法律」が施行され、**一定の形式に則った自筆証書遺言を法務局が預かる制度**がスタートしました。

実務的な面はこれから熟成してくると思われますが、「遺言の内容は審査しない」とされるので、公正証書遺言よりトラブルの発生確率は高いのではないかと考えられます。

公正証書遺言の例

二成□第□号　　正本

遺　　言　　公　　正　　証　　書

公証人□は，後記遺言者の嘱託により，証人□氏，同□氏の立会のもとに，遺言者の口述を以下のとおり記録して，この証書を作成する。

第1条〔□に相続させる財産〕　遺言者は，相続開始の時に次の各財産を所有するときは，これを遺言者の長女□に相続させます。――

(1)　□株式会社の株券　　全株――

(2)　□株式会社の株券　　全株――

(3)　□株式会社の株券　　全株――

第2条〔□に相続させる財産〕　遺言者は，相続開始の時に次の各財産を所有するときは，これを長男□に相続させます。――

(1)〔土地共有持分〕　遺言者は，相続開始の時に所有する次の土地の共有持分全部（遺言者の現在の持分4分の3）――

所　　在　　□一丁目――

地　　番　　□番□――

地　　目　　宅　　地――

6 相続税申告書上の不動産評価額の調べ方

◆土地についての相続税路線価の調べ方を理解しよう

相続税計算時の土地や建物の財産評価は、通常は「相続税財産評価基本通達」に基づいて判定がなされます。

具体的には、土地（宅地）については、相続税路線価を基礎として、その土地の個別性の該当がある場合は「予め定められた補正率表に基づく補正率」を考慮して得た「相続税評価用の土地の㎡単価」を算出します。

その上で、これを面積に乗じて、「相続税計算用の土地（宅地）の評価額」（特例適用前の自用地前提）を算出します。

なお、相続税路線価は国税庁が毎年定めており、「この道路（路線）沿いの補正要素のない標準的な宅地は、相続税計算上ではこの㎡単価で見る」という目安が、インターネット等で確認することができます。

ただし、前述の通り、路線価は実際の不動産取引の価格水準より低めに設定されているので、あくまでも「相続税計算用の価値の目線」と考えるべきでしょう。

なお、地方の過疎地の場合や一定の田・畑・山林（※）等の場合は、路線価の設定がないので、この場合は例外的な場合を除き、毎年、各市町村から送付される固定資産税課税明細の「固定資産税評価額」に、国税庁が公表している「倍率表」にある「その土地に該当の倍率」を乗じる方法によって「相続税計算用の土地の財産評価額」を算定します。この方式を「倍率方式」と言います（この他、市街地農地や市街地山林等の宅地化が見込まれる田・畑や山林等は別の評価手法に依拠することになりますが、本書では説明を割愛します）。

次に建物ですが、建物は固定資産税評価額をもって「相続税計算用の建物の価値」と扱います。

ただし、以下の注意点があります（詳しくは本章9項）。

- **その直後に不動産を売却した場合は、その売却額で評価することが妥当な場合がある**
- **場合によっては、不動産鑑定士による鑑定評価額に依拠した方が、相続税額も減額となる場合がある**

この場合は、税理士に相談の上で、どうすべきか判断しましょう。

相続税路線価の検索の仕方

例 東京都世田谷区上北沢3丁目の令和3年度の路線価を検索する場合

① 国税庁「財産評価基準書 路線価図・評価倍率表」(https://www.rosenka.nta.go.jp/)で調べたい都道府県(東京都)をクリック

② 「路線価図」をクリック

③ 調べたい市区町村(世田谷区)をクリック

令和3年分 財産評価基準書
東京都 (路線価図)

ご覧になりたい市区町村をクリックしてください。

ご注意

特別区				
足立区	荒川区	板橋区	江戸川区	大田区
葛飾区	北区	江東区	品川区	渋谷区
新宿区	杉並区	墨田区	世田谷区	台東区
中央区	千代田区	豊島区	中野区	練馬区
文京区	港区	目黒区		

あ	昭島市	あきる野市		
い	稲城市			
お	青梅市			
き	清瀬市			
く	国立市			
こ	小金井市	国分寺市	小平市	狛江市
た	立川市	多摩市		
ち	調布市			
に	西東京市			
は	八王子市	羽村市		
ひ	東久留米市	東村山市	東大和市	日野市
ふ	府中市	福生市		
ま	町田市			
み	瑞穂町	三鷹市		
む	武蔵野市	武蔵村山市		

④ 「路線価図・町丁名索引」で該当する路線価図(上北沢3丁目)が閲覧できる

ご利用方法 この市区町村の索引図ページへ

ご注意 この市区町村の評価倍率表を見る

名(町又は大字)	路線価図ページ番号
赤堤1	38047 38048 38056 38057
赤堤2	38048 38049 38057 38058
赤堤3	38047 38048
赤堤4	38025 38026 38037 38038 38047 38048
赤堤5	38025 38037 38047
池尻1	37039 37040 37052 37053
池尻2	37026 3
池尻3	37014 3 5 37026 37027
池尻4	37014 3 5
宇奈根1	39027 3
宇奈根2	39026 39027 39036
宇奈根3	39018 39027 39028
梅丘1	38049 38058
梅丘2	38058 38068
梅丘3	38058 38059 38068 38069
大蔵1	39005 39006 39012 39013
大蔵2	39004 39005 39011 39012
大蔵3	39003 39004 39010 39011
大蔵4	39011 39012 39019
大蔵5	39010 39011 39018 39019
大蔵6	39018 39019 39028
大原1	38016 38017 38028 38029

過疎地で倍率方式の場合の倍率表

「評価倍率表」の「一般の土地等用」を選択し、該当の市町村の該当の地域・地目の倍率を固定資産税評価額に乗じてその土地の財産評価額を求める。

例 東京都大島町元町1～4丁目にある固定資産税評価額が500万円の土地(宅地)の財産評価額を調べたい場合は、倍率は1.1のため、500万円×1.1⇒550万円と求める。

令和3年分 財産評価基準書
東京都 (評価倍率表<一般の土地等用>)

ご覧になりたい市区町村をクリックしてください。

ご注意

特別区				
足立区	荒川区	板橋区	江戸川区	大田区
葛飾区	北区	江東区	品川区	渋谷区
新宿区	杉並区	墨田区	世田谷区	台東区
中央区	千代田区	豊島区	中野区	練馬区
文京区	港区	目黒区		

あ	青ヶ島村	昭島市	あきる野市		
い	稲城市				
お	青梅市	大島町	小笠原村	奥多摩町	
き	清瀬市				
く	国立市				
こ	神津島村	小金井市	国分寺市	小平市	狛江市
た	立川市	多摩市			
ち	調布市				
と	利島村				
に	新島村	西東京市			
は	八王子市	八丈町	羽村市		
ひ	東久留米市	東村山市	東大和市	日野市	日の出町
	檜原村				
ふ	府中市	福生市			
ま	町田市				
み	御蔵島村	瑞穂町	三鷹市	三宅村	
む	武蔵野市	武蔵村山市			

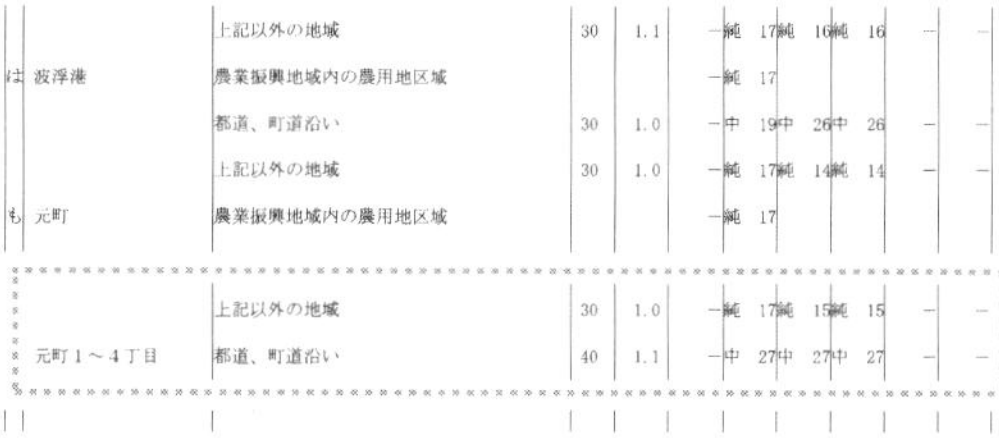

		上記以外の地域	30	1.1	—	純 17	純 16	純 16	—	—
は	波浮港	農業振興地域内の農用地区域			—	純 17				
		都道、町道沿い	30	1.0	—	中 19	中 26	中 26	—	—
		上記以外の地域	30	1.0	—	純 17	純 14	純 14	—	—
も	元町	農業振興地域内の農用地区域			—	純 17				
		上記以外の地域	30	1.0	—	純 17	純 15	純 15	—	—
	元町1～4丁目	都道、町道沿い	40	1.1	—	中 27	中 27	中 27	—	—

※出典:国税庁「財産評価基準書 路線価図・評価倍率表」
https://www.rosenka.nta.go.jp/

7 路線価の見方

◆特例適用前の自用地である土地の価格の例

路線価を調べる時は、国税庁のサイト「財産評価基準書 路線価図・評価倍率表」から検索します。例えば、左ページの地点の土地（１００㎡の整形地である角地で、角地以外の補正率表の適用対象となる補正要因はないものとする）の特例適用前の自用地である土地の価格を評価したいとしましょう。

見方としては、前面道路の数字は千円／㎡単位ですので、南西側の道路は48万円／㎡、南東側の道路は45万円／㎡と見ます。

また、前面道路の数字は特殊な楕円等で囲まれていないので「普通住宅地区」と見ます。

「普通住宅地区」の角地ですので、補正率は０・０３です。角地の場合で他に補正要因がない場合は、その土地の財産評価額の㎡単価は「正面路線価＋側方路線価×補正率」で計算します。

以上により、このケースでは（48万円／㎡＋45万円／㎡×０・０３）×１００㎡＝４９３５万円と計算します。

なお、前述の特定居住用宅地等の特例（亡くなった方の自宅を一定の要件を満たす親族が相続し、引き続き住む等、一定の要件に該当する場合は、土地の価値を本来の評価額の20％で見てくれる）に該当する場合は、４９３５万円×20％＝９８７万円を相続税申告時のこの土地の財産評価額とみなして相続税を計算できます。

４９３５万円×80％＝３９４８万円分も安くなりますから、いかに特定居住用宅地等の特例が有効かもおわかりいただけるかと思います。特例の適用可能性については、相続発生前から必要に応じて、税理士に相談しましょう。もちろん、特例の適用を受けるには、申告期限までに相続税申告を適切に行う等の、一定の必要な手続きを行うことが大前提となります。

なお、４５０Ｄ等、数字の横にアルファベットが記載されていますが、これは「借地権割合」を示します。土地を建物の敷地として賃貸借していたり、土地上にアパート等の賃貸用途の建物を建築・所有し賃貸をしている場合の財産評価に必要となる割合です。

相続税路線価の見方

特例適用前の自用地である土地の価格を評価したい場合

※出典：国税庁ホームページ「財産評価基準書 路線価図・評価倍率表」https://www.rosenka.nta.go.jp/

側方路線影響加算率表

地区区分	加算率	
	角地の場合	準角地の場合
ビル街地区	0.07	0.03
高度商業地区・繁華街地区	0.10	0.05
普通商業・併用住宅地区	0.08	0.04
普通住宅地区・中小工場地区	0.03	0.02
大工場地区	0.02	0.01

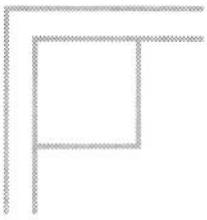

※準角地とは、一系統の路線の屈折部の内側に位置するものを言う。

※出典：国税庁ホームページ「奥行価格補正率表（昭45直資3−13・平3課評2−4外・平18課評2−27外改正）」
https://www.nta.go.jp/law/tsutatsu/kihon/sisan/hyoka_new/02/07.htm

8 相続税評価上のアパート等の貸家の評価の仕方

◆貸家の場合は割安な計算となる

土地や建物の所有権が被相続人の所有であったアパート等の「建物を他人に貸している不動産」の価額は、相続税財産評価基本通達上、次の通りとされています。

- **貸家の価額＝固定資産税評価額－固定資産税評価額×借家権割合×賃貸割合**
- **貸家建付地の価額＝自用地としての価額－自用地としての価額×借地権割合×借家権割合×賃貸割合**

「貸家」とは賃貸している建物それ自体（アパート等の建物それ自体）を示し、「貸家建付地」とは賃貸している建物の敷地を示します。そして、「貸家の価額」と「貸家建付地の価格」を合算して、このような財産の相続税計算上での財産評価額とされます。

借地権割合は路線価図（あるいは倍率表）に書かれており、借家権割合は令和3年現在、全国一律に30％とされています。

また、建物の一部を賃貸している場合は、賃貸割合として、通常は賃貸部分の面積割合を乗じます。その際、相続発生時の一時的に空室は賃貸部分とみなして賃貸割合を計算できますが、恒久的な空室は賃貸面積とはみなせないと考えられます。

このような財産評価の体系のため、遊休地がある場合、アパートを建築して「土地の評価額を押し下げる」ことで相続税の課税遺産額を低くし、ひいては相続税額を削減できる場合があります。

実際、地主の方などは、空いている土地にアパートを建築して賃貸し、節税を試みるパターンもあります。

ただ、ここで注意したいのは、「相続税を節税する観点からはアパート建築は正解でも、あなたはアパートを運営できますか？」という点です。

節税対策でアパート等の「建物を他人に貸して稼ぐ不動産」の建築を検討する場合は、確かに相続税計算上は節税ができますが、「自身にアパートが運営できるか？」との点を十分に考慮し、その上で意思決定をすべきでしょう。

相続税評価上のアパート等の貸家の評価

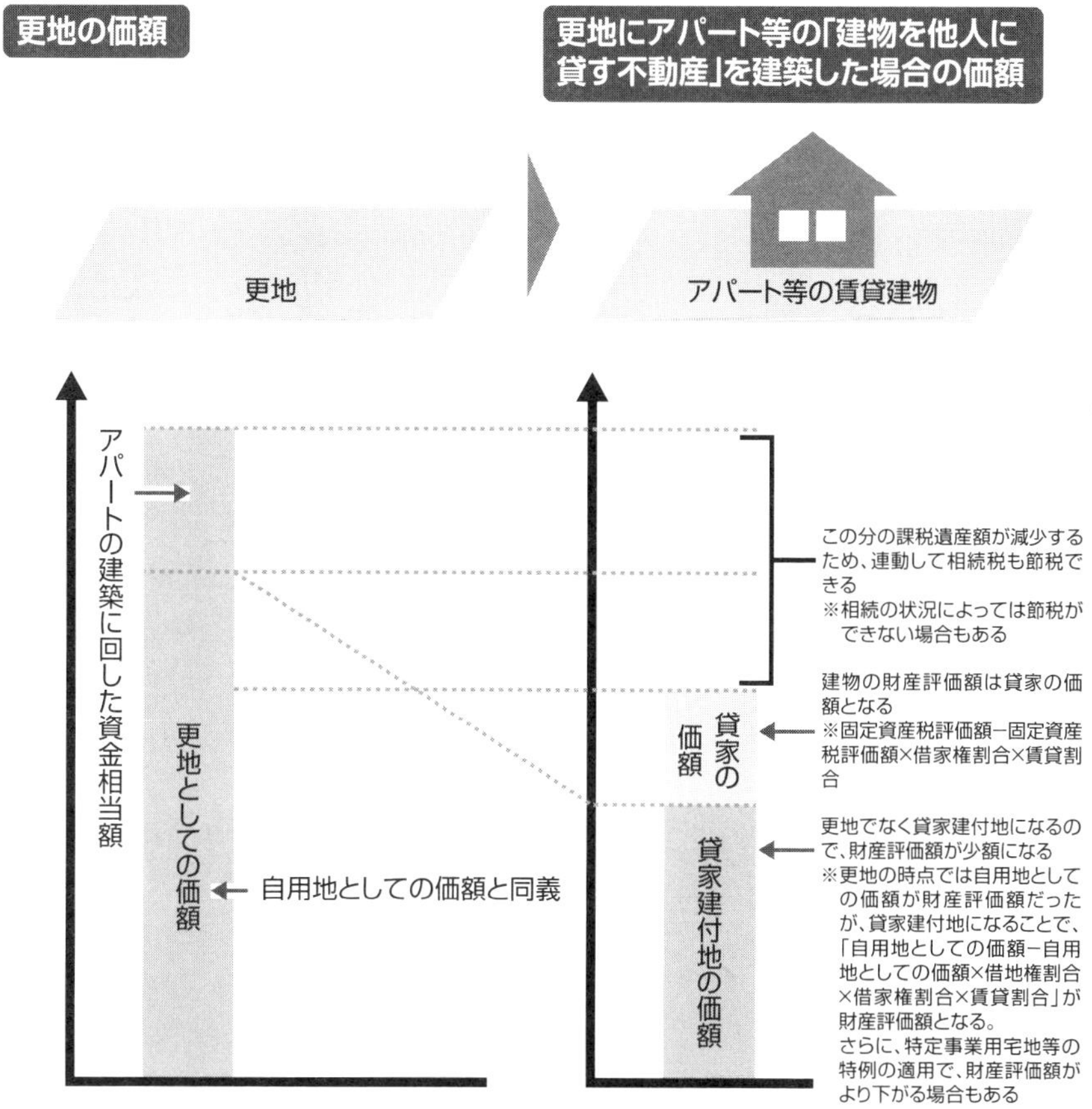
更地の価額
更地にアパート等の「建物を他人に貸す不動産」を建築した場合の価額
更地
アパート等の賃貸建物
アパートの建築に回した資金相当額
更地としての価額
自用地としての価額と同義
この分の課税遺産額が減少するため、連動して相続税も節税できる
※相続の状況によっては節税ができない場合もある
貸家の価額
建物の財産評価額は貸家の価額となる
※固定資産税評価額−固定資産税評価額×借家権割合×賃貸割合
貸家建付地の価額
更地でなく貸家建付地になるので、財産評価額が少額になる
※更地の時点では自用地としての価額が財産評価額だったが、貸家建付地になることで、「自用地としての価額−自用地としての価額×借地権割合×借家権割合×賃貸割合」が財産評価額となる。
さらに、特定事業用宅地等の特例の適用で、財産評価額がより下がる場合もある

9 特殊な事情がある場合の相続税申告の注意点

◆路線価に依拠しない方がいいケースもある

前述の通り、相続税申告に際しては、基本的には相続税財産評価基本通達に従い、相続税財産評価基準に基づく路線価等に依拠することとなりますが、それは絶対ではありません。財産の評価は時価によるものとされているので（相続税法22条、相続税財産評価基本通達1－2）、相続発生時点の時価という公正価値を反映する不動産鑑定士の鑑定評価額でも申告は可能です。

ただし、前述の通り、「土地の実勢相場＞相続税路線価等」のため、通常は「鑑定評価額＞相続税評価額」となります。このため、鑑定評価を行って鑑定評価額で申告をしたところで、課税遺産額や税額が膨らみ、損するだけの場合が通常と考えてよいでしょう。

しかし、中には鑑定評価額で申告した方が得な場合も皆無ではありません。それはどのような場合かというと、「特殊な事情がある場合」と考えてよいでしょう。

言い換えれば、相続税財産評価基準が予定していない特殊な事情があるからこそ、その不動産の市場で期待される実勢価格（時価）が相続税財産評価基準に基づく財産評価額より低くなるのです。

特殊な事情は不動産によって判断が分かれるため一律の断言は難しいですが、例えば、

- **土地の利用状況がもったいない使い方で収益性が劣る**
- **相続税財産評価基準が想定していない法的規制がある**
- **古い分譲マンションの１室で棟内取引相場が形成されているも相続税財産評価基準に基づく財産評価額の水準を下回っている**

といった場合は「特殊な事情」に該当することが多いと思います。

直感的に見て、「もったいない使い方である」「宅建業者の意見では、そんな額ではとても売れない」という「特殊な事情」の存在が疑われる不動産を含む相続税申告に際しては、相続税申告を担当する税理士経由で、不動産鑑定士に「どのくらいの鑑定評価額を決定できそうか」を照会してみるとよいでしょう。

相続税申告における「特殊な事情」の有無の違い

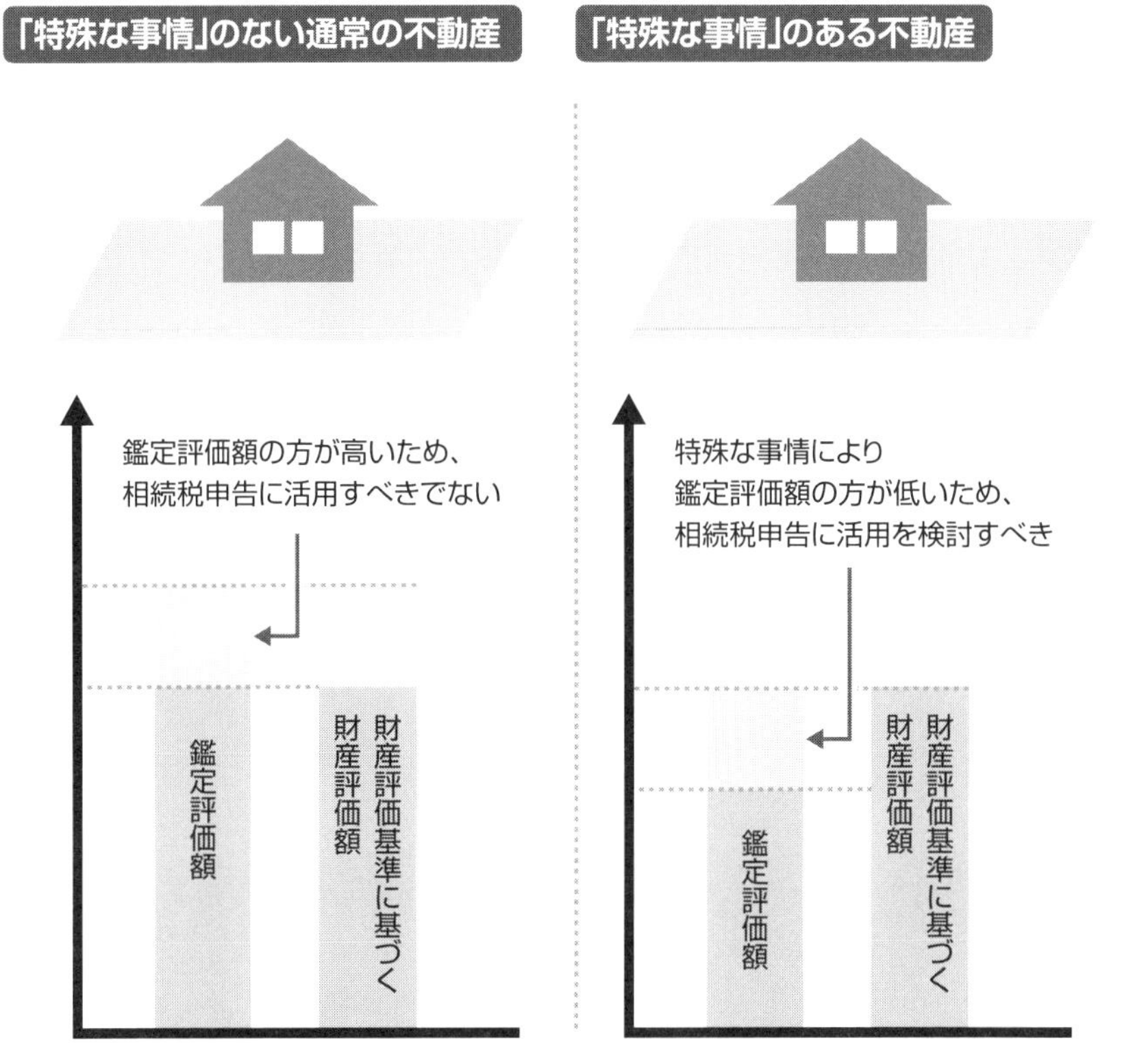
「特殊な事情」のない通常の不動産
鑑定評価額の方が高いため、
相続税申告に活用すべきでない
鑑定評価額
財産評価基準に基づく財産評価額
「特殊な事情」のある不動産
特殊な事情により
鑑定評価額の方が低いため、
相続税申告に活用を検討すべき
鑑定評価額
財産評価基準に基づく財産評価額

納税者や税理士が注意すべき不動産の「特殊な事情」

- 土地の利用状況がもったいない使い方である
- 相続税財産評価基準が想定していない法的規制がある
- 古い分譲マンションの1室で棟内取引相場が形成されているも、相続税財産評価基準に基づく財産評価額の水準を下回っている　など

- 「特殊な事情がある不動産」が相続財産に含まれる場合は、不動産鑑定士の鑑定評価額に依拠しての申告を検討すべき。
- 税務当局の税務特有の見方で「不動産鑑定士としては正しい内容でも、税務特有の感覚で否認される」危険性は留意すべき。

10 特定路線価の実例

◆素人の生兵法に注意

以前、相続税申告関連で相談を受けた時の実例です。ご依頼者は左ページのような土地を相続し、相続税申告を当初は自力でされようとしていました。

路線価区域であっても、中には路線価の設定された道路に接していない土地があります。そのような土地の中でも、それっぽい通路に接している場合は、税務署にその申告に際して特別に路線価を設定してもらう「**特定路線価**」という制度があります。

ご依頼者は、依頼前に特定路線価の設定を税務署に申し出ていて、既に回答が得られていましたが、その後にご依頼をいただいたため、筆者は少し困りました。というのも、特定路線価を設定していない状況であれば、その特定路線価に縛られずに、相続税財産評価基本通達の内容を踏まえて「この土地は、相続税申告上ではこの価値しかないと見ることができる」と解釈できる余地が残るので、有利になる可能性があるのです。

個人的には、特定路線価は、あまり得になるとは言えない制度なので、安易に設定依頼をすることは得策ではないと思っています。少なくとも、設定の依頼は税理士の判断を求めてからにすべきでしょう。

もっとも、この案件の場合は結果的に、特定路線価に縛られずに済みました。というのも、税務署の回答は「建築基準法上の道路に接する部分の特定路線価は48万円／㎡」との内容だったのですが、筆者が役所調査をかけたところ、この私道（通路）の建築基準法上の道路指定は相続した土地の直前までで途切れていて、相続した土地の前面までは届いていなかったことが判明しました。

詳細は割愛しますが、このため、特定路線価の縛りはなくなり、建築基準法上の道路に接していない、価値の低い土地としての申告が可能になったのです。

ただし、これは結果オーライと言える実例です。専門家に依頼する前に下手に一般の方が動くと、専門家が選択できる手段が制約されてしまい、損する可能性が生じる場合があるというのは、相続税申告その他の税務の様々な局面において注意したい点です。

この実例の不動産と特定路線価の関係

この土地に接している私道(通路)に相続税路線価が設定されていないので、税務署に特定路線価の設定を申し出ていた

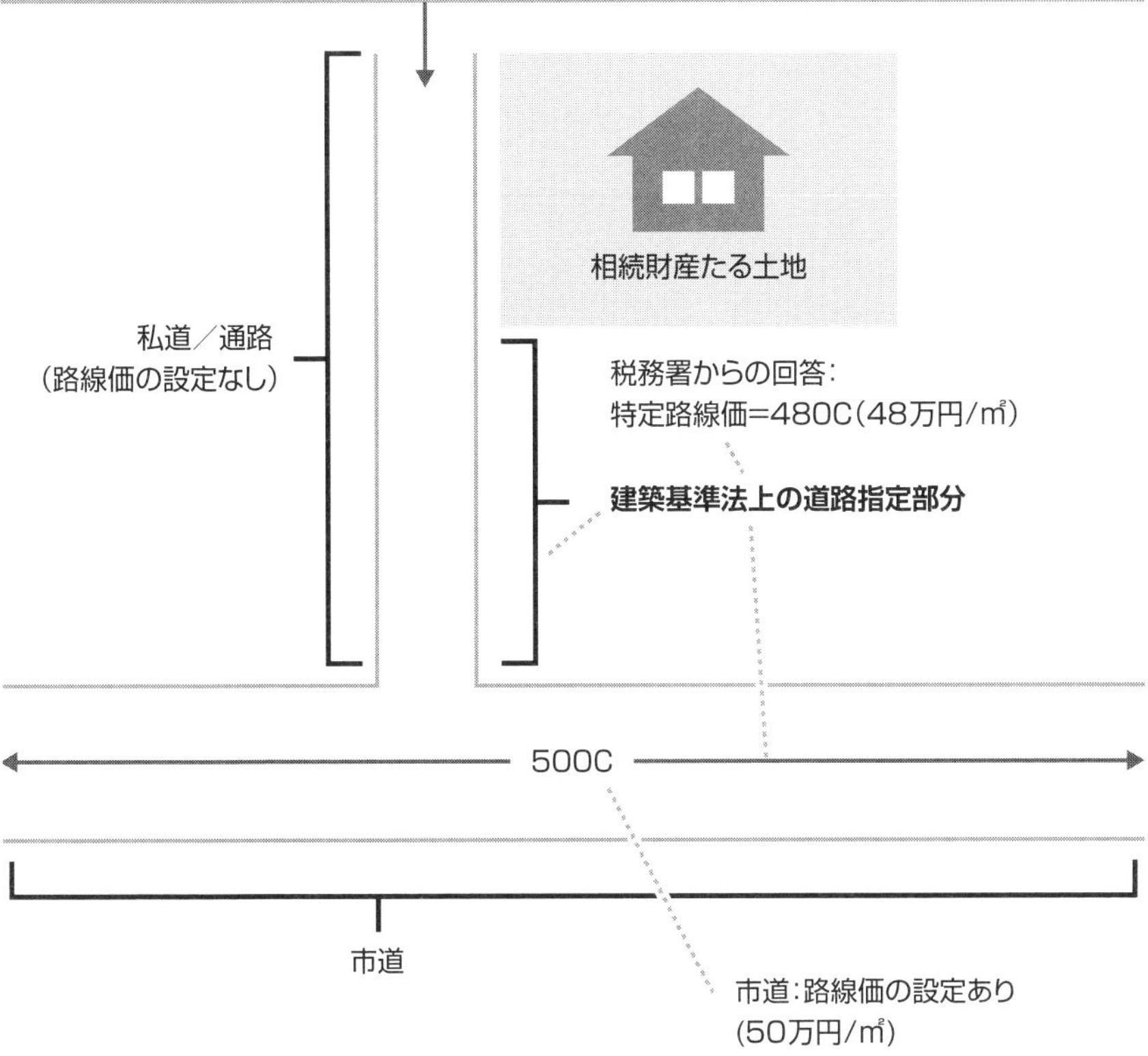

※C=借地権割合(本章7項を参照)

- このケースでは結果的に特定路線価に縛られず不利を回避できたが、専門家に相談せず、へたに素人の生兵法を講じると、税務的に損になる可能性がある。
- 相続税申告に際しては、下手に自分で動かず、税理士の判断に委ねることが重要。

11 相続税路線価による財産評価額での申告を弾かれた実例

◆「意図的な税逃れかどうか」が判断基準

相続税専門の税理士から聞いた話です。彼は、亡くなりそうな大富豪の方のお子さんから、生前より相続税の相談をされていました。具体的には、都内の土地を大富豪名義で10億円で購入し、相続後、10億円で売却したそうですが、相続税路線価による財産評価額は5億円であったので、5億円で申告したそうです。

その後、税務署から連絡がありました。いわく、「この相続は売却した土地に関し、10億円で評価の上で申告してください」とのこと。

もちろん、相続税は当初申告額よりも増えます。それどころか、過少申告加算税や延滞税というペナルティーの税金も追加で課されますので、大変な損害です。

実は、相続税財産評価基本通達の第6項では、「この通達の定めによって評価することが著しく不適当と認められる財産の価額は、国税庁長官の指示を受けて評価する」とあるのです。

別の税理士が、この例の類例について相続税路線価等に則って申告しているのに相続税財産評価基本通達の第6項を振りかざして否認とはひどくないかと意見を求めてきましたが、筆者の考えは違います。

前述の通り、土地の相続税路線価は「建前は公示価格等による市場価格の8掛け（東京等の地価の高いところでの実勢価格とは、もっと開差がありますが）」とされています。そうなると、ずる賢い人は「相続が発生しそうな時だけ貯金を土地に化けさせて、課税遺産額を減らし相続税額を減額させ、ほとぼりが冷めたら売る」ということを考えます。相続税財産評価基本通達の第6項は、これを阻止する意図だと、筆者は解釈しています。

要するに、土地に限らずその財産に関する一連の行為が「意図的な税逃れかどうか」が判断基準と個人的には思います。これが経営改善等の別の合理的な理由を説明できるなら、是認の余地もあるでしょう。

相続税申告に際しては、単に相続税財産評価基準に機械的に則っているかのみならず、意図的な税逃れの要素の有無についても慎重に考えるべきと思います。

意図的な相続税逃れのイメージ

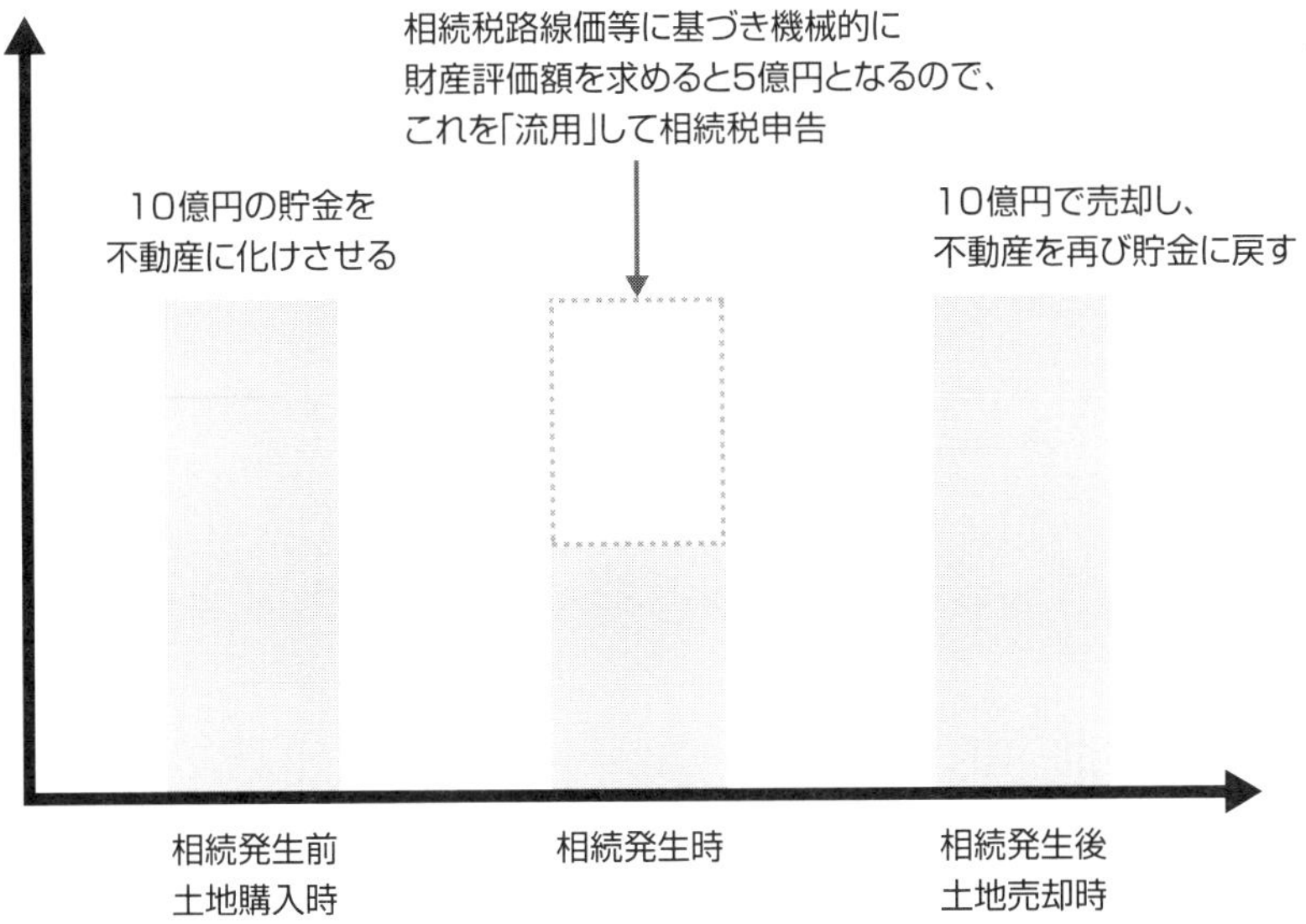
相続税路線価等に基づき機械的に
財産評価額を求めると5億円となるので、
これを「流用」して相続税申告
10億円の貯金を
不動産に化けさせる
10億円で売却し、
不動産を再び貯金に戻す
相続発生前
土地購入時
相続発生時
相続発生後
土地売却時

もともとは10億円の貯金があったのを、相続発生の瞬間だけ、相続税路線価等の「公正価値より低額である特徴」を「流用」して、5億円の不動産として相続税申告を行って、すぐに換金する。

税務署としては、実態を見た時、単なる「相続税の意図的な税逃れ」に他ならないので、通達第6項を適用し、10億円で課税。

- 「意図的な税逃れではない合理的な理由」を説明できない限り、他の納税者との課税の公平の観点からやむを得ない。
- もし、別の理由で誤解されかねない売買をせざるを得ない場合は、税理士と相談の上で、「意図的な税逃れではない合理的な理由」を税務署へ説明できるよう理論構築すべき。
- できれば、売却時期を相続発生後十分な期間を確保するなど、形式的な面でも「意図的な税逃れではない」状況を構築できるよう配慮した方がより安全である。

12 遺言を工夫した実例――都会の自宅と田舎の遊休不動産

◆相手方に「押し付ける」のもひとつの手

あるご高齢の未亡人であるお母さんがおられる娘さん（長女）からのご相談事例です。

そのお母さんは都内にご自宅があり、現金預金その他の「不動産以外の財産」は左ページの通り、比較的少額です。ただ、それ以外に東京から5～6時間かかる遠方のふるさとの過疎地に遊休化した不動産がありました。

その娘さん（長女）には妹（次女）が1人いるものの、折り合いが悪いため、お母さんは同居し面倒を見てくれている長女に自宅を含むたくさんの財産を残したいと考えており、公正証書遺言作成には協力的でした。

ただ、不動産の価値がわからない。実は、自宅はある事情で以前に鑑定評価をさせていただいたので、筆者も公正価値は知っていたのですが、軽率に遺言を認めると、遺留分の問題が生じます。

ですので、どういった内容の遺言を認めればよいのか、アドバイスが欲しいとのご相談でした。

もちろん、相談時点から相続発生時点までの間に財産価値が変動する可能性はありますが、まずはお母さんの全財産の額を把握しないと始まりません。

ふるさとの不動産は遠いので、おいそれと鑑定評価に行けませんが、運よく登記情報と固定資産税課税明細があり、公正価値の概算額が算出できました。結果、３５００万円弱程度と計算されました。

結果、全財産は自宅８０００万円＋現預金５００万円＋ふるさとの不動産３５００万円弱＝1億２０００万円弱、遺留分は1億２０００万円弱÷４＝約３０００万円弱と算定されました。ポイントは、遺留分３０００万円弱＜ふるさとの不動産の公正価値概算額３５００万円弱である点です。

筆者は、「あくまでも概算ですが、ふるさとの不動産の公正価値は遺留分を超えそうです。ふるさとの不動産は次女（妹）に、それ以外の財産は長女（姉）に相続させるとの遺言を作成してはいかがでしょうか？」とアドバイスしました。遺言を認める際は、所有する不動産の公正価値を把握してからにすることが肝要です。

この実例の遺言作成の基本的な構図

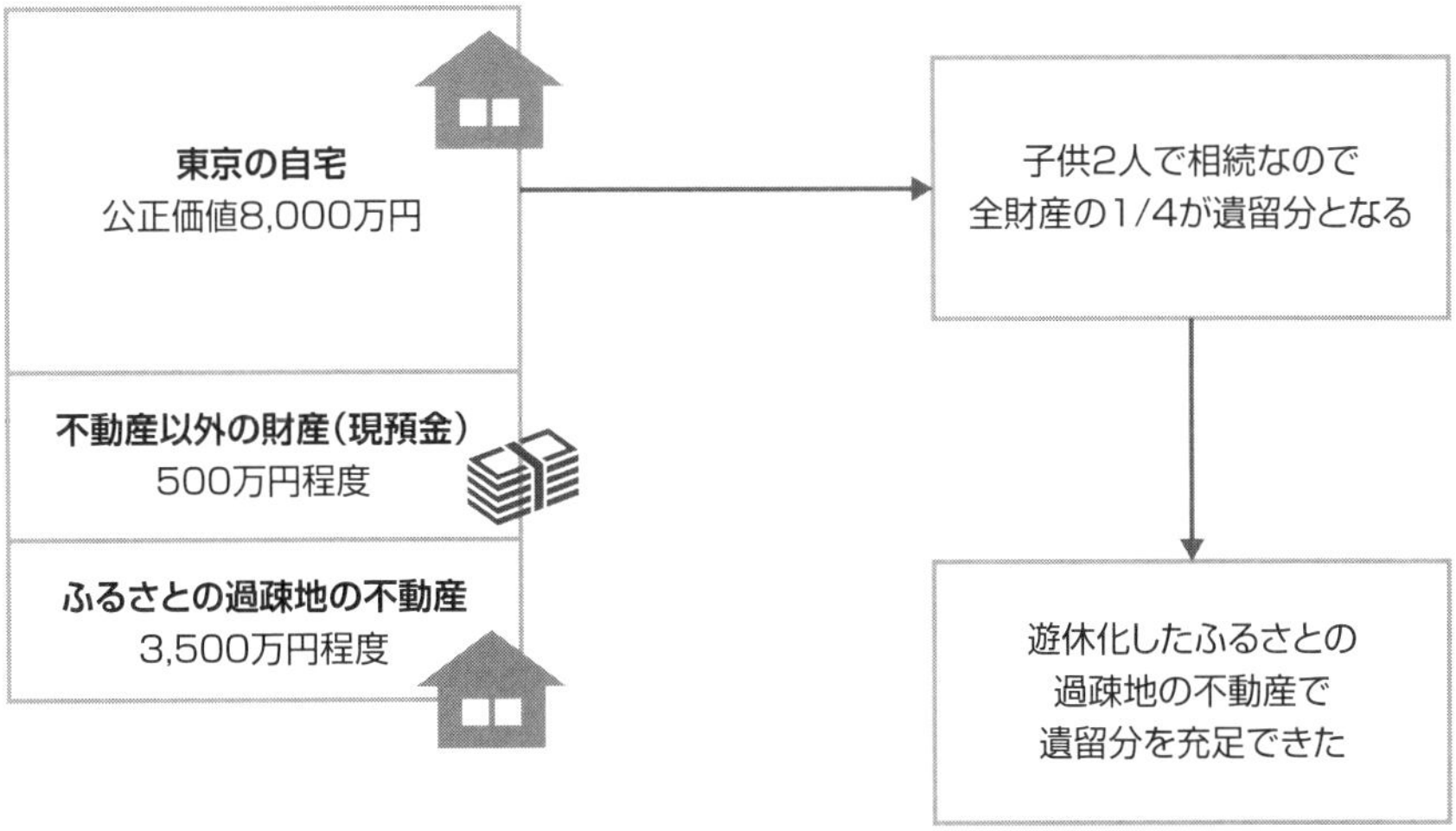

●この場合は、遊休化したふるさとの過疎地の不動産を妹に「押し付ける」ことを通じて妹の遺留分を確保させつつ、自宅の確保に成功した。

このように公正証書遺言を認めるに際しては、まず、不動産の公正価値を含む現時点の全財産の額と遺留分の額を把握して、その上で遺留分に配慮しつつ認めるとよい。

13 遺産配分でとんでもない土地の按分をして大損した実例

◆按分に際しては建築基準法との適合性にご注意

お兄さんが２人おられる三男の方からご相談いただいた話です。その方は、お父さんから相続した土地を所有しているのですが、その土地での建物建築が難しいから何とかならないか……との相談でした。

聞けば、お父さんから相続した土地を三兄弟で分割したのですが、左ページのような分割形態であったために「道路に接していない」ので、建物の建築は不可と不動産業者（宅建業者）に言われたそうです。

建物を都市計画区域内で建築する場合、原則としてその敷地は**直径２ｍの大玉が建物まで転がるように建築基準法上の道路に接している**必要があります（６章３項・４項を参照）。

三男であるご相談者は「分割した結果、建築基準法上の道路に接しなくなった土地」をあてがわれたため、現状では建物の建築は難しいという話になったのです。

これを解消するには、現実的には長男または次男の土地上の建物の建築確認上の敷地の範囲に留意しながら、三男の土地への通行部分を買い取るか、利用許諾を得るしかありません。ですが、長男または次男の同意が得られなければ、それまでです。

これまで、「不動産の公正価値の観点を反映しつつ、平等に分割できるように事前に分割案を作成する」ご依頼はいただくことがありましたが、こんな呆れる分け方をした挙句、それを後悔された例は初めてでした。

この教訓から言えることは、相続において、土地を分割するに際しては、単に面積的に平等であるのみならず、建築基準法上の道路の接道状況や間口奥行の状況、形状等にも配慮して、分割すべきとの点です。

この分割案、聞けば「お父さんが生前に提唱した分割案」を素直に実行したとのことですが、遺言の作成に際して、土地を分割する内容である場合には、建築基準法その他の法律にも十分に留意すべきです。

土地の分割は建築基準法に注意

実際に相続で分割された土地

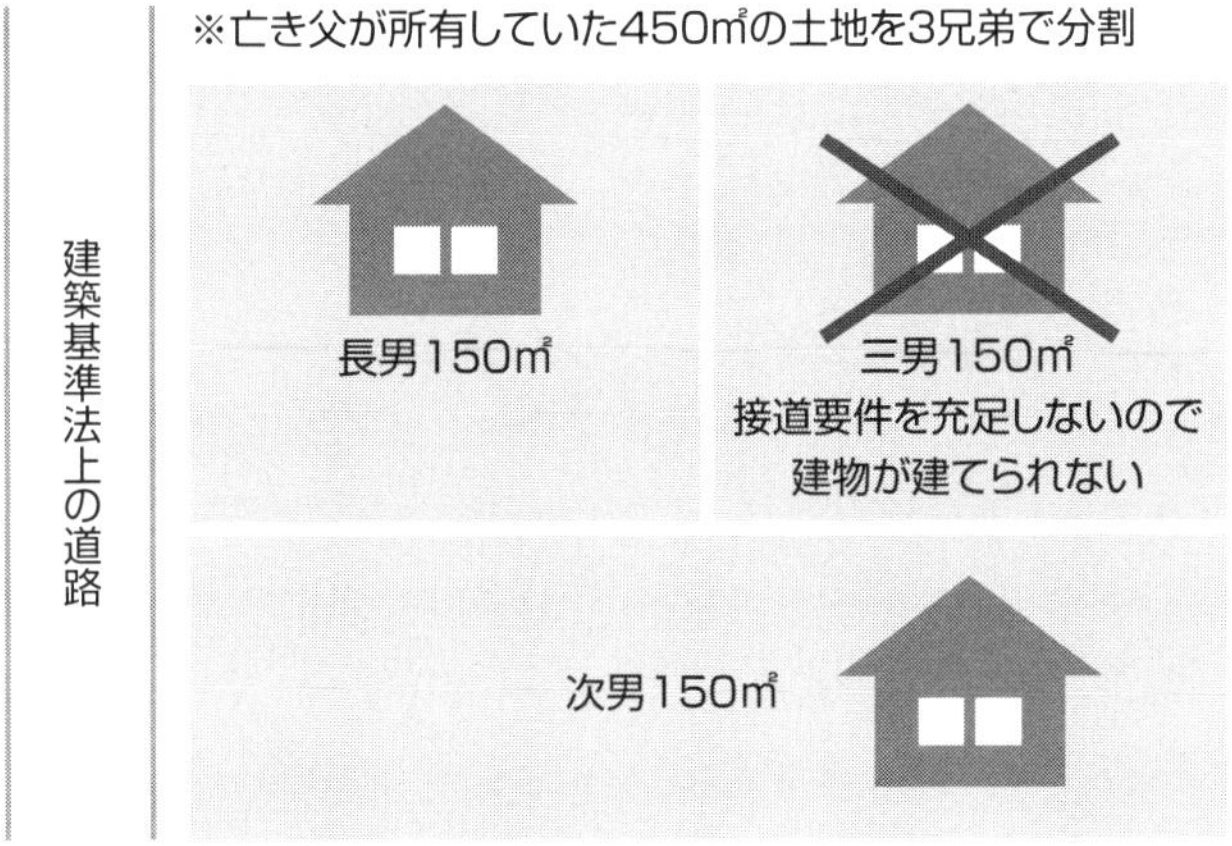

※亡き父が所有していた450㎡の土地を3兄弟で分割

本来、分割すべき形態の一案

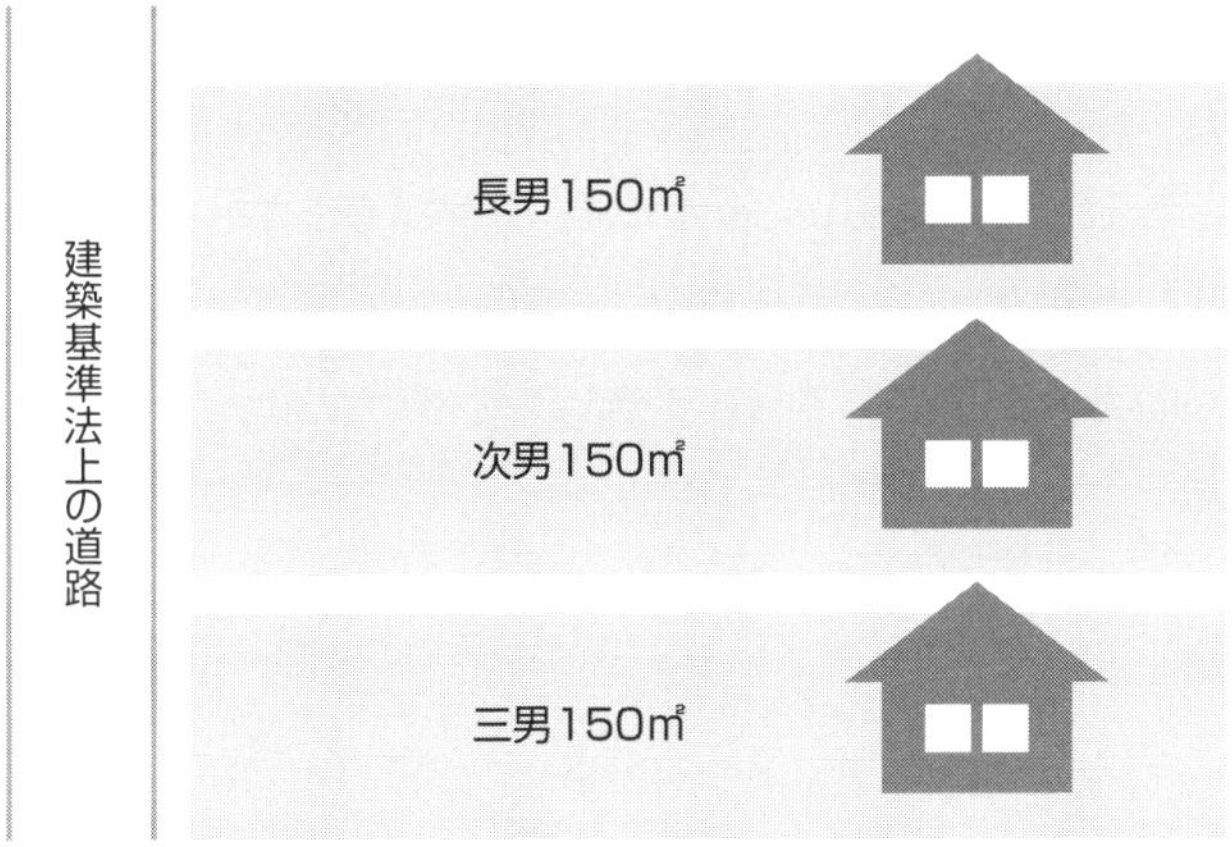

- ●遺産分割に際して土地を分筆する時は、分筆後の建築基準法上の道路の接道には配慮すべき。
- ●配慮せずに分筆した場合、建築基準法上の接道要件を充足しなくなった画地ができたために、その画地では建物の再築ができなくなるばかりか、もしその画地上に既存の建物がある場合は、その建物の適法性が問題となることさえある。

COLUMN 3

遺産争いを「できる」人に忘れてほしくないこと

不動産鑑定士や税理士としてこの仕事をしていると、色々な相続人の方にお目にかかります。相続争いが生じた時、２つの傾向の方が見受けられると思っています。

１つは、その方の性格にもよりますが、本質的に争いごとから逃げ出したがる方がおられる点です。特に専業主婦に多いと個人的には思っています。別に専業主婦の方を悪く言うつもりはありませんが、「勤務経験が乏しいためか、自分で働いて稼ぐ大変さをあまりご存じでない場合も多く、親御さん等が遺した遺産の価値を軽んじて考えてしまう」方がおられる傾向を否定できないと感じる部分はあります。

単に「争いから逃げるために、遺産の価値を軽んじてしまう」ことは、自身にとっても損ですし、「わがままな他の相続人の横暴を許してしまう」結果となり、狡猾な相続形態をはびこらせるとの点で社会全体にも悪影響を与えてしまうのです。決して、過剰な利得を求めることを推奨する気はありませんが、正当な権利は争いから逃げずに、きちんと主張することを提案したいと思います。

いま１つは、「お父さん（お母さん）が財産を遺さなければ、こんな争いに巻き込まれずに済んだのに」と愚痴る人。はっきり言って、相続の局面で筆者が最も嫌う言葉です。

筆者は、十数年ほど前、独立前の不動産鑑定事務所で「債権回収業者の担保評価」の案件に従事していたのですが、「親が財産を遺すどころか、債務超過状態で亡くなり、子供は疎遠になり、債務を回避すべく相続放棄する」という気の毒な例も見てきました。遺産が全てではないですが、この親は子に何を遺したのだろうと今でも思っています。

世の中にはそのような気の毒な親子もいるのです。それに引き換え、遺産を遺してくれた親は、それだけでも感謝すべき存在です。

「遺産を遺してくれるだけでも、亡き親に感謝すべきですよ」

筆者がよく口にする言葉です。

4章

不動産を売却・取得した時の税金のしくみ

❶ 不動産を売却した時の所得税等と確定申告

❷ 個人が不動産を売却した時の税金は？

❸ 不動産売却時の特別控除とは？

❹ 忘れてはいけない不動産を取得した時の税金① 登録免許税

❺ 忘れてはいけない不動産を取得した時の税金② 不動産取得税

❻ 取得費の資料は「（取得費－概算取得費）× 税率」の価値

❼ 特例の適用要件を満たしておらず大損した実例

❽ 不動産を「公正価値とは異なる価格」で売買した時の税金

1 不動産を売却した時の所得税等と確定申告

◆個人が売却した時の税金は確定申告が必要

個人が不動産を売却して課税所得（稼ぎ）がある場合や、他の個人から贈与を受けた場合は、**確定申告**をする必要があります。

毎年1月1日～12月31日を単位として、次の年の2月16日～3月15日（曜日配列の関係で16日・17日になる年がある）までに税務署に確定申告書を提出の上で、所得税・復興特別所得税（贈与の場合は贈与税）を納税します。

ちなみに、「確定申告書の提出を要件に特例が適用できる結果、所得税等が0円となる場合」は当然に確定申告書を提出する必要がありますが、それでなくても税務署に説明する意図で「一応、計算したけれど、こういう理由で0円である」という**0円申告書**を提出するのも、必要に応じ検討してもよいと思います。

なお、確定申告書は原則として本人か代理人税理士しか作成・提出ができず、税理士でない者が他人の確定申告書を作成し税務署に提出することは、例外的な場合を除き税理士法違反です。

その一方で、毎年、確定申告シーズンには税務署が大量の申告書作成用のパソコンを設置して、税務署員が説明をできるように控えて確定申告書を作成・提出できるようにした会場が設置されますので、そちらを使う人も多いです。

ただ、税務署員は制度的なことまでは回答できますが、こちら側の味方に立った総合的な税務アドバイスや実際の申告書作成の代理までは難しいようです。

ですので、税務署員にはできない申告書作成の代理や、節税等のための総合的な税務アドバイスができるとの点で、そのような要望がある場合に税理士を活用するのも一案と思います。

個人が不動産を売却した場合、確定申告の必要性を検討しなければなりません。次項で説明している計算式で課税所得（稼ぎ）があれば、確定申告の上で所得税等の納税が必要となります。

確定申告の基礎知識

確定申告の期間

ある年の2月16日※　　ある年の3月15日※

「前年1年間」の税金を確定申告

※曜日配列の関係でたまに違う日の年がある。
※例外的に、令和2・3年は特例で確定申告の期限が延長された。

確定申告のしくみ

ある年の1月1日　　ある年の12月31日

1年間に稼ぎや儲けがあって、これに対して税金がかかる場合
（申告を条件に特例が適用され、税金が0円となる場合も含む）

不動産を売却し稼ぎ（課税所得）がある場合等を含む

▼

確定申告
税務署に申告し、納税する義務

税理士に申告代理を依頼することをお勧めするケース

- 自分で税金等の計算をするのが苦手な人の場合
- 内容が煩雑で専門家でないと判断が難しい場合
- 金額が比較的大きく、申告ミスが怖い場合

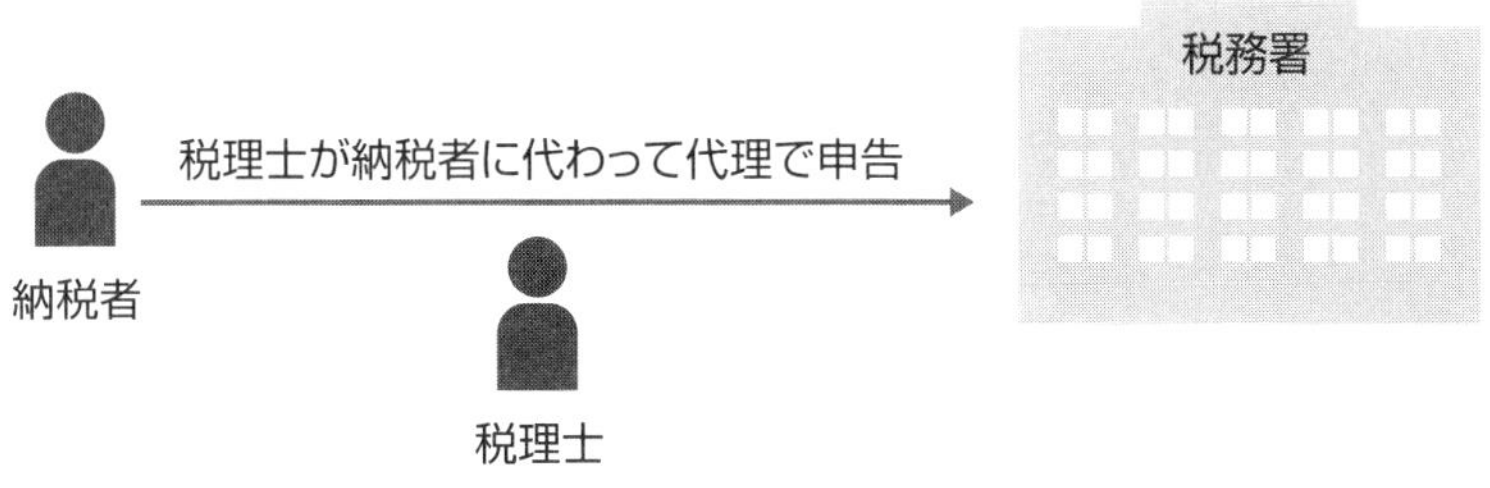

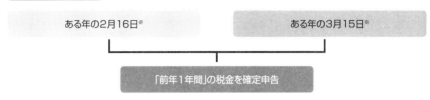

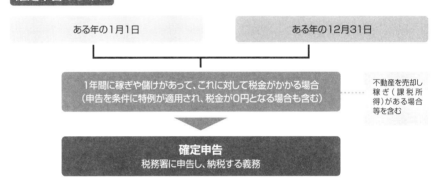

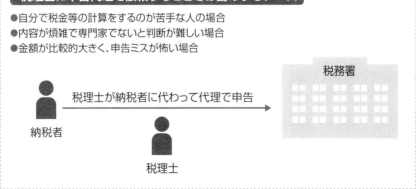

２　個人が不動産を売却した時の税金は？

◆売却した「稼ぎ」に対し税金がかかる

平たく言うと、個人が不動産を売却した時の税金の額は、①不動産を売却した価格等（**譲渡価額**）から、②その不動産を昔、取得した時の価格等（**取得費**）や譲渡する際にかかった仲介手数料などの費用（**譲渡費用**）を控除した上で、③いくつかの控除（**居住用財産の特例の控除等**）を差し引いた後の課税譲渡所得金額に対して、税率を乗じて求めます。

いわば、「売却で得た儲け」に対して、控除を考慮しながら税率を乗じると思えばよいでしょう。

そして、その税率は、以下の通りです（租税特別措置法31条・31条の３・32条、地方税法32条・35条・３１３条・３１４条の３）。

①売った年の１月１日時点で、その不動産の取得後５年を経過していない場合は、39・63％（所得税30％・住民税９％・復興特別所得税０・63％）……**短期譲渡所得**

②売った年の１月１日時点で、その不動産の取得後５年を経過している場合は、20・３１５％（所得税15％・住民税５％・復興特別所得税０・３１５％）……**長期譲渡所得**

③売った年の１月１日時点で、その不動産の取得後10年を経過した一定の条件を満たす、自分が住んでいた住宅（マイホーム）を売却の場合は、譲渡所得のうち６０００万円までの部分については14・21％（所得税10％・住民税４％・復興特別所得税０・21％）……**マイホームを売った時の軽減税率の特例**

この他、一定の条件を充足する場合、「**買換え特例**」（今回の譲渡では、譲渡価額の如何によらず所得税等は存在しないものとする代わり、今回買い換えた不動産を将来売却する時に、今回売却した不動産の取得費をもってその将来の時点の所得税等を計算するもの）もあります。

通常の不動産売却の税金は、ここまでを押さえておけば、概ね対応できると思います。その上で、次項で説明する各種の控除の制度も含めて、どの制度を使うかはその個人の状況にもよりますので、税理士に相談の上で、意思決定をすべきでしょう。

個人が不動産を売却した際の譲渡所得税等の計算イメージ

概ね売却契約上の売却価格
※実務上、売却価格以外のその他要素も一部含むことがある
（例:売買後の期間に対応する買主が負担するものと扱うその年の固定資産税・都市計画税の清算金等）
↓

課税譲渡所得金額（長期または短期） ＝ 譲渡価額 －（ 取得費※ ＋ 譲渡費用 ）－ 特別控除

所得税・住民税・復興特別所得税 ＝ 課税譲渡所得金額（長期または短期） × 税率

税率
短期…20.315%
長期…39.63%
マイホーム軽減税率…14.21%
※14.21%は課税所得が6,000万円以下の部分のみ

※取得費については、建物に関しては新築後売却時点までの経年減価を控除した額となる。

減価償却

税法では、事業に使っている建物であっても、購入した年に全額を税務上の経費にせず、何年かに分けて徐々に経費化する。この「何年かに分けて経費化する手続き」を「減価償却」と言う。

減価償却費は建物の取得した時の価額に基づき、予め定められた一定の計算式で算定する。なお、事業に使っていた建物を売却した年の確定申告の際に用いる経年減価は、取得してから売るまでの確定申告で計上した減価償却費累計額となる。同様に、事業に用いていない自宅や別荘についても減価償却費の累計額相当額を取得費から控除しなくてはならない。

- 取得費が不明な場合は、「概算取得費5%」という制度（譲渡価額の5%を取得費とみなしてよい〔実際の取得費が譲渡価額の5%以下の場合も同様〕）がある。ただし、先祖代々の土地である場合や、昭和20年代以前から所有等の状況でもない限り、概算取得費5%の採用は実際の取得費と比較して不利な場合が多い。
- 取得費の額の判定及び長期か短期か等の期間の判定に際しては、相続や贈与、遺贈で取得の場合、被相続人が取得した時点を起算点とする(所得税法60条)。
- 通常の法人が不動産を売却した時は、不動産の売却益を特に区分することなく法人全体の損益計算書を作成し、法人税申告書で申告を行い、その枠組みの中で売却益部分も含め納税する。

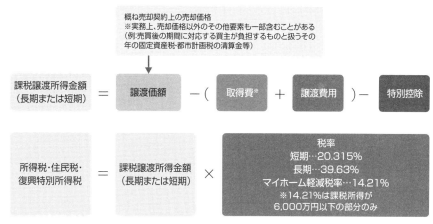

3 不動産売却時の特別控除とは？

◆マイホーム特例などの特例がある

不動産を売却した時の課税所得を少なく見てくれる「特別控除」として、国税庁のサイトでは左ページの内容が提示されています。

とはいえ、（1）と（3）～（6）はあまり一般的とは言えません。ですので、現実的な目線としては、（2）の**「マイホームを売った場合は３０００万円の特別控除がある」特例**と、**空き家特例**を押さえていればよいでしょう。

マイホームを売った場合、３０００万円の特別控除を使うと、他の特例が使えなくなることがあります。例えば、前項で述べた買換え特例もそうですし、住宅借入金等特別控除（個人が住宅ローン等を利用して、マイホームの新築、取得または増改築等をした時の一定の特例）も適用ができなくなる場合があります。

特別控除を使うかどうかは、他の制度との兼ね合いも検討の上で、必要に応じて税理士とも相談し慎重に判断すべきでしょう。

また、マイホームを売った場合で３０００万円の特別控除を受けようとする場合、最も重要なことは**適用要件を崩さない**ことです。

例えば、一定の要件を満たしていれば、住んでいた家屋を取り壊して土地のみを売却する場合でも特例の適用は認められますが、家屋を取り壊してから譲渡契約を締結した日までの間に、その敷地を貸駐車場に使う等の「一定の要件を崩す行為」をうっかり行ってしまうと、３０００万円（あるいは３０００万円以内の課税所得）×税率分の損をしてしまう結果となります。

よって、何らかの特例の適用要件を崩しかねない際どい行為をしようという場合は、必要に応じて税理士と相談の上で、少なくとも「知らないで軽率に特例の適用要件を崩す」ことは回避した方が得策でしょう。

基本的には、特別控除の制度を使おうとする時は、制度の概要を頭に入れつつ、税理士とも相談の上で「知らなかったがために損する行為を行ってしまうことを回避する」ことが重要と思います。

特別控除の例

土地建物を売った時の譲渡所得の金額の計算上、特例として特別控除が受けられる場合がある

(1)公共事業などのために土地建物を売った場合の5,000万円の特別控除の特例
(2)マイホーム(居住用財産)を売った場合の3,000万円の特別控除の特例
(3)特定土地区画整理事業などのために土地を売った場合の2,000万円の特別控除の特例
(4)特定住宅地造成事業などのために土地を売った場合の1,500万円の特別控除の特例
(5)平成21年及び平成22年に取得した国内にある土地を譲渡した場合の1,000万円の特別控除の特例
(6)農地保有の合理化などのために土地を売った場合の800万円の特別控除の特例
(7)低未利用土地等を売った場合の100万円の特別控除の特例

(租税特別措置法33条の4、35条、65条の3、65条の4ほか)
出典：国税庁ホームページ(https://www.nta.go.jp/taxes/shiraberu/taxanswer/joto/3223.htm)

●最近では、さらに「空き家特例」が追加された。相続または遺贈により取得した被相続人居住用家屋または被相続人居住用家屋の敷地等を、平成28年4月1日から令和5年12月31日までの間に売って、建物が昭和56年5月以前に新築である等の一定の要件に当てはまる時は、譲渡所得の金額から最高3,000万円まで控除することができる。

4 忘れてはいけない不動産を取得した時の税金① 登録免許税

◆登記には登録免許税がかかるのを忘れずに！

前項までは不動産を売却した時に生じる税金としての所得税等について触れてきましたが、不動産を取得した時に負担する税金についても説明したいと思います。

不動産を取得した時に生じる税金としては、「**登録免許税**」と「**不動産取得税**」があります。

登録免許税は、不動産の登記の際に納付する税金です。登記自体は義務ではありませんが、所有権を移転した際には、登記をしないと「第三者にその不動産が自分のものである旨を主張できなくなる」ため、通常は登記がなされます。よって、不動産を取得した時は、必須の経費と言えます。もっとも、小規模な建物を中心に、稀に未登記建物もありますが、それは例外と言えるでしょう。

具体的には、左ページの内容が負担額となります。

なお、「固定資産税価格」とは、固定資産税や都市計画税の課税のために市町村（東京23区の場合は都税事務所）が土地や建物に対して評価するもので、毎年の評価額がこれらの所有者に通知されます。

ここで注意したいのは、登録免許税は年度の期間をベースに、その期間の登記申請については、その年の固定資産税評価額を用いる点です。例えば、令和2年3月15日の登記申請であっても、3月31日までは令和元年度ですから、令和元年の固定資産税評価額を用います。

現実的には、登記を所有者本人が行うこともできますが、左ページの表の計算を含めた諸々の手続きを個人で行うことは、負担が大きすぎる面は否定できません。ですので、通常は不動産を登記する場合、司法書士に依頼することが一般的です。

よって、不動産の登記に際しては、若干の司法書士報酬の負担を前提に司法書士に依頼をすれば、登録免許税の計算を含む事務手続きはしてもらえると考えておけばよいでしょう。

なお、税理士法2条を見ると、登録免許税は税理士の独占業務の範囲から除外されています。このため、登録免許税も税金ではありますが、税理士ではなく司法書士やそれ以外の方が業務上で扱ってもよいこととなるのです。

料金受取人払郵便

神田局
承認

6162

差出有効期間
令和４年11月
19日まで

郵便はがき

１０１-８７９６

５１１

（受取人）
東京都千代田区
神田神保町１－41

同文舘出版株式会社
愛読者係行

毎度ご愛読をいただき厚く御礼申し上げます。お客様より収集させていただいた個人情報は、出版企画の参考にさせていただきます。厳重に管理し、お客様の承諾を得た範囲を超えて使用いたしません。メールにて新刊案内ご希望の方は、Ｅメールをご記入のうえ、「メール配信希望」の「有」に○印を付けて下さい。

図書目録希望	有	無	メール配信希望	有	無

フリガナ		性　別	年　齢
お名前		男・女	才
ご住所	〒 TEL　　（　　）　　Ｅメール		
ご職業	1.会社員　2.団体職員　3.公務員　4.自営　5.自由業　6.教師　7.学生　8.主婦　9.その他（　　）		
勤務先分　類	1.建設　2.製造　3.小売　4.銀行・各種金融　5.証券　6.保険　7.不動産　8.運輸・倉庫　9.情報・通信　10.サービス　11.官公庁　12.農林水産　13.その他（　　）		
職　種	1.労務　2.人事　3.庶務　4.秘書　5.経理　6.調査　7.企画　8.技術　9.生産管理　10.製造　11.宣伝　12.営業販売　13.その他（　　）		

愛読者カード

書名

◆　お買上げいただいた日　　　　年　　　月　　　日頃

◆　お買上げいただいた書店名　　（　　　　　　　　　　　　）

◆　よく読まれる新聞・雑誌　　（　　　　　　　　　　　　）

◆　本書をなにでお知りになりましたか。

1．新聞・雑誌の広告・書評で　（紙・誌名　　　　　　　　）

2．書店で見て　3．会社・学校のテキスト　4．人のすすめで

5．図書目録を見て　6．その他（　　　　　　　　　　　　）

◆　本書に対するご意見

◆　ご感想

●内容	良い	普通	不満	その他（　　　　　）
●価格	安い	普通	高い	その他（　　　　　）
●装丁	良い	普通	悪い	その他（　　　　　）

◆　どんなテーマの出版をご希望ですか

＜書籍のご注文について＞

直接小社にご注文の方はお電話にてお申し込みください。宅急便の代金着払いにて発送いたします。１回のお買い上げ金額が税込2,500円未満の場合は送料は税込500円、税込2,500円以上の場合は送料無料。送料のほかに１回のご注文につき300円の代引手数料がかかります。商品到着時に宅配業者へお支払いください。

同文舘出版　営業部　TEL：03－3294－1801

登録免許税　業務でよくある原則的な場合

（登録免許税法9条、租税特別措置法72～75条）

※建物が新築でまだ固定資産税評価額が評価されていない等の理由で固定資産税評価額が存在しない場合は実務上、法務局の定める新築建物課税標準価格認定基準表に基づき査定することが通常である。

①土地の売買・贈与等の場合

土地の固定資産税価格 （年度基準の価格）	×	2% （売買の場合は当面は1.5%に軽減）	＝	土地の登録免許税価格

※その他、一定の場合は免税措置がある場合がある。

②建物の場合（売買や贈与等）

建物の固定資産税価格 （年度基準の価格）	×	2%	＝	建物の登録免許税価格

③建物の場合（所有権保存……新築建物の保存登記など）

建物の固定資産税価格 （年度基準の価格）	×	0.4%	＝	建物の登録免許税価格

④建物の場合（売買や競落で個人が住宅を取得し自己の居住に供した[所有権移転]場合）

建物の固定資産税価格 （年度基準の価格）	×	0.3%	＝	建物の登録免許税価格

⑤建物の場合（個人が、新築または未使用の住宅用家屋の取得をし、自用に供した場合の保存登記）

建物の固定資産税価格 （年度基準の価格）	×	0.15%	＝	建物の登録免許税価格

※その他、一定の場合は税率が0.1%となる場合がある。

相続や法人の合併による所有権の移転の場合

①土地の場合

土地の固定資産税価格 （年度基準の価格）	×	0.4%	＝	土地の登録免許税価格

②建物の場合

建物の固定資産税価格 （年度基準の価格）	×	0.4%	＝	建物の登録免許税価格

5 忘れてはいけない不動産を取得した時の税金② 不動産取得税

◆後から不動産取得税がかかるのも忘れずに

不動産を取得した時に生じる税金には、登録免許税のほかに「**不動産取得税**」もあります。こちらは国税である登録免許税とは違い、各自治体（都道府県）が課す、不動産を相続以外で取得した場合に生じる税金です。

具体的には、左ページの通りの内容となります（東京都の場合を提示しましたが、他の自治体でも概ね同様の内容と考えられます）。

「登記に際して、こちら側が計算し納める」登録免許税とは違い、各自治体側から「この額を納付してください」と通知をしてくる形態となっています（**賦課課税**）。ですので、不動産取得税については「納税者側で計算をする」という行為は不要となっています。また、令和２年３月15日に所有権移転の登記の受付がなされた不動産取引の場合、登録免許税は年度基準のため、令和元年の固定資産税評価額を前提としますが、不動産取得税は暦年基準のため、通常は令和２年１月１日時点の固定資産税評価額に基づき、税額の計算がなされる点も申し添えたいと思います。

不動産を相続以外で取得した場合、賦課課税制度を採用している不動産取得税があることを念頭において、資金繰りにも配慮すべきと言えます。

このように、不動産の取得には、登録免許税や不動産取得税が生じますので、意思決定に資するための不動産の取得を前提としたシミュレーションを行う場合、登録免許税や不動産取得税の負担も忘れずにシミュレーションを行うべき点を念頭に置くべきでしょう。

なお、登録免許税関連の税務業務は前述の通り、税理士の独占業務の範囲ではありません。しかし、税理士が相談に応じること自体は問題はありません。その一方で他の不動産関連の税金の相談業務を含む税務業務は税理士の独占業務の範囲であるため、税理士以外が相談やその他の税務業務に応じることは税理士法違反となる点も申し添えたく思います（税理士法２条・52条）。

不動産取得税　原則的な場合（例：東京都）

①土地の場合（宅地を前提とする）

土地の固定資産税価格 （暦年基準の価格）	×	1.5% （本来は3%※も当面は軽減）	＝	土地の不動産取得税価格

※不動産取得税の税率は本来は4%たが（地方税法73条の15）軽減措置で3%（地方税法附則11条の2第1項）とされた上で更に半額となる措置（地方税法附則11条の5第1項）がとられている。

②建物（住宅）の場合

控除額考慮後の建物の 固定資産税価格 （暦年基準の価格）	×	3%	＝	建物の不動産取得税価格

※土地同様、税率は軽減措置で3%とされている。

※控除額の適用がある場合は、固定資産税価格から控除額を差し引いた額に税率を乗じる。
一定の条件を充足する新築住宅の場合は1,200万円/戸・区画が控除額（地方税法73条の14）だが、認定長期優良住宅の場合は1,300万円/戸・区画になる。耐震基準に適合する中古住宅についても、新築年などによって一定の控除額がある等の点に注意すべきである。

③建物（非住宅）の場合

建物の固定資産税価格 （暦年基準の価格）	×	4%	＝	建物の不動産取得税価格

●相続の場合は、不動産取得税はかからない（地方税法73条の7第1項）。

6　取得費の資料は「（取得費－概算取得費）×税率」の価値

◆取得費不明で、慌てて資料を探してもらった実例

ある個人のお客様の案件で、マイホームではなかった土地を売却するかが問題となりました。その土地の取得は、昭和40年代でした。以前、筆者が鑑定評価額を1億円台中盤程度と決定した土地でしたので、今後において実際に期待される売却価格も、時の経過による変動こそあるとは言え、概ね同程度と予測されます。

そのお客様に売却に際しての所得税等の計算の仕方を説明し、「昔、お父さんがこの不動産を購入した時の取得額が判明する書類はありますか？」と問うたところ、血相を変え始めました。

前述の通り、取得費が不明の時は、取得費概算５％が適用されますから、仮に１・５億円で売却する場合は、特別控除の該当などはない案件でしたので、譲渡費用は便宜的に考慮外とすると、１・５億円×（１－５％）×20・３１５％＝約２８９４万９０００円もの所得税等が発生します。

この計算式の場合、１・５億円×５％＝７５０万円しか取得費を見てくれないこととなりますが、個人的な感覚では、昭和40年代取得であれば、実際の取得価格は譲渡価額×５％より高額な場合が通常です。

「どこかで書類を見た気がする」とおっしゃったので、「税額が相当に違ってくる可能性があるので、ただちにその書類を探してください」と申し上げました。

しばらくして、昭和40年代に３０００万円弱で土地を取得したとの契約書が金庫から出てきたとの連絡をいただきました。

その結果、（３０００万円弱－７５０万円（１・５億円で売却想定前提））×20・３１５％＝約４５０万円前後の所得税等の取られすぎを回避できたことになります。

お客様には、「その取得時の書類は約４５０万円の価値があると思って、金庫に保管の上で、スキャンデータも保存しておいてください」と申し上げました。

不動産を所有する場合、取得費の資料は現物とスキャンデータを保管し、関与税理士がいる場合は税理士ともデータ共有すべきでしょう。

売却する不動産の実際の取得費が不明な場合

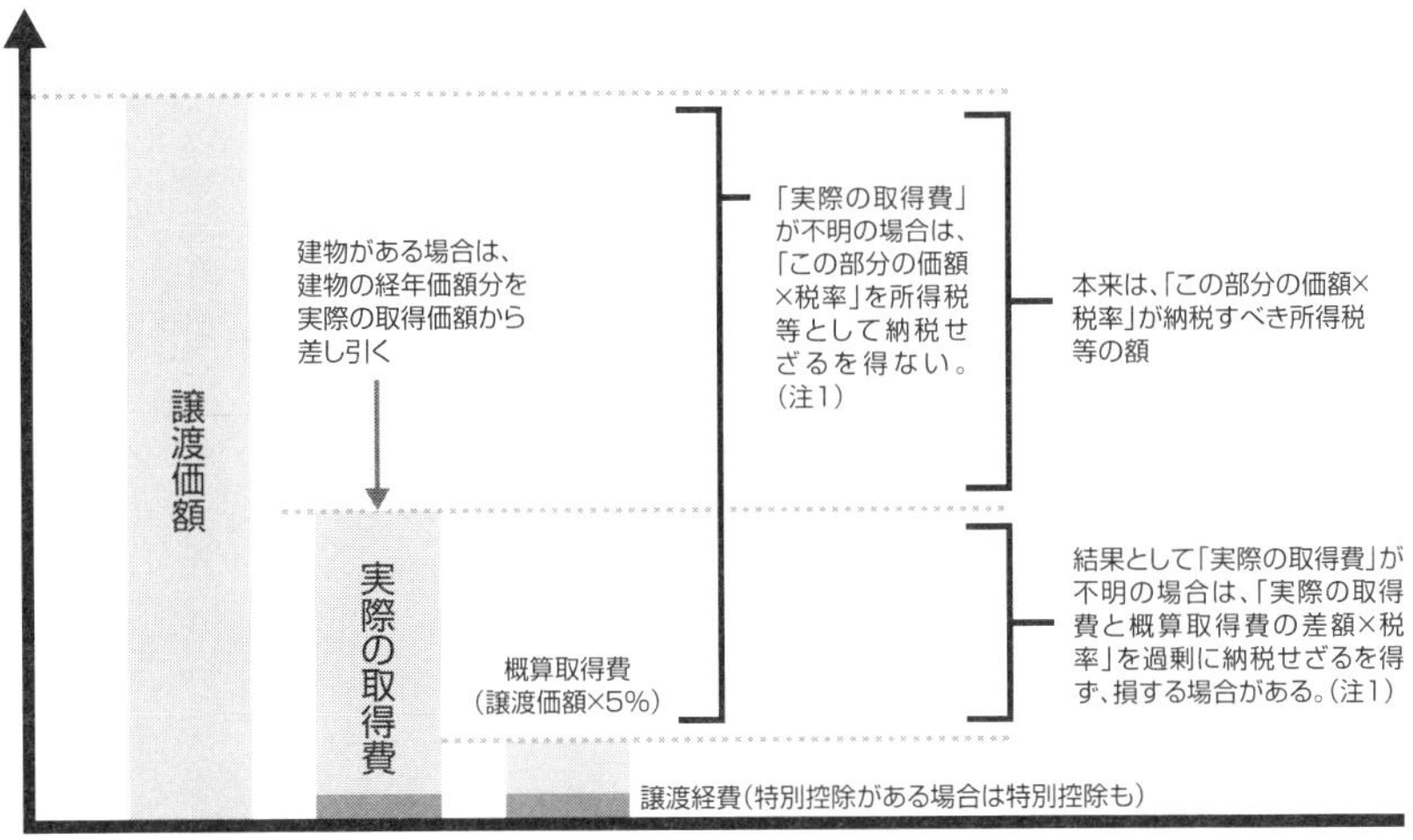

※税法上、取得費が不明な場合は概算取得費5%で計算。
先祖代々の土地等、著しく昔から所有する土地については実際の取得費が概算取得費を下回るため、無条件に概算取得費5%を採用せざるを得ない場合もある。
※税率は、通常は20.315%だが、マイホーム軽減税率適用時は14.21%の場合もあり得る。
※特別控除がある場合は特別控除も考慮するが、ここでは割愛した。

（注1）取得時の「取得費が判明する資料」があれば、概算取得費5%を採用せざるを得ないことに伴う損失を回避できる。

➡取得時の「取得費が判明する資料」は金庫に保管し、かつ、スキャンデータでも保管しておくことが望ましい。

- 昭和40年代以降の取得であれば、譲渡価額の多寡にもよるが、通常は「実際の取得費＞概算取得費5%」である場合が多いと考えられる。
- 本文の例のように、実際の取得費が判明する資料が出てくるケースも少なくない。昭和40年代以降の取得の場合は、でき得る限り「実際の取得費が判明する資料」の捜索を推奨する。
- 昭和40年代以降の取得でどうしても取得費が不明な場合は、「市街地価格指数等を用いた取得費の推計」という裏技もある。必要に応じて税理士に相談してもよいだろう。

7 特例の適用要件を満たしておらず大損した実例

◆税理士に相談しないで売却した結果……

筆者のもとに、こんなご相談がありました。いわく、「母が亡くなって、母が住んでいた昭和40年代新築の耐震性が不明だった空家を、耐震リフォーム等はせずに解体は買主に依拠する前提で売却。確定申告書を自分で作り、空き家特例を使って3000万円の特別控除を申告し納税したが、税務署がやってきて『この売買には空き家特例は使えません』と言われた。その結果、本来の税額と申告した税額の差額の他、ペナルティーの延滞税・過少申告加算税を含めて追加で税金を持っていかれたが、なんとか取り戻せないか」というものでした。

このご依頼者はご存じなかったのですが、実は、**空き家特例には「昭和56年5月以前に新築の建物につき、こちらで建物を解体するか建物を耐震リフォームする場合に適用」との前提条件がある**のです。

この実例の場合は、こちらで耐震リフォームをせずに解体予定の古家付きで売却したので、適用はできないのです。税務署の指摘はごもっともなので、筆者もそう申し上げざるを得ませんでした。

ここで肝要な点は、特例の適用に際しては税法の細かい規定があるので、税理士と相談し判断した方が結果として損を回避できる場合があるという点です。

もし筆者が、売却前にこのお客様と知り合っていたら、解体をこちらで行う契約形態への変更等、空き家特例の適用要件を崩さないような提案をしたことでしょう。

この場合も、数十万円の税理士報酬をけちったために、3000万円（この売却の譲渡所得は3000万円超だった）×税率20・315％＝609万4500円と、追加の延滞税・過少申告加算税の負担を背負う羽目になり、600万円以上の大損との結果になったのです。

税法の特例要件は一般の方が判断すると落とし穴がある場合がありますし、「より有効な節税対策」を税理士が知っている場合もある点も覚えておいて損はないでしょう。

特例の適用要件を満たしておらず大損した例

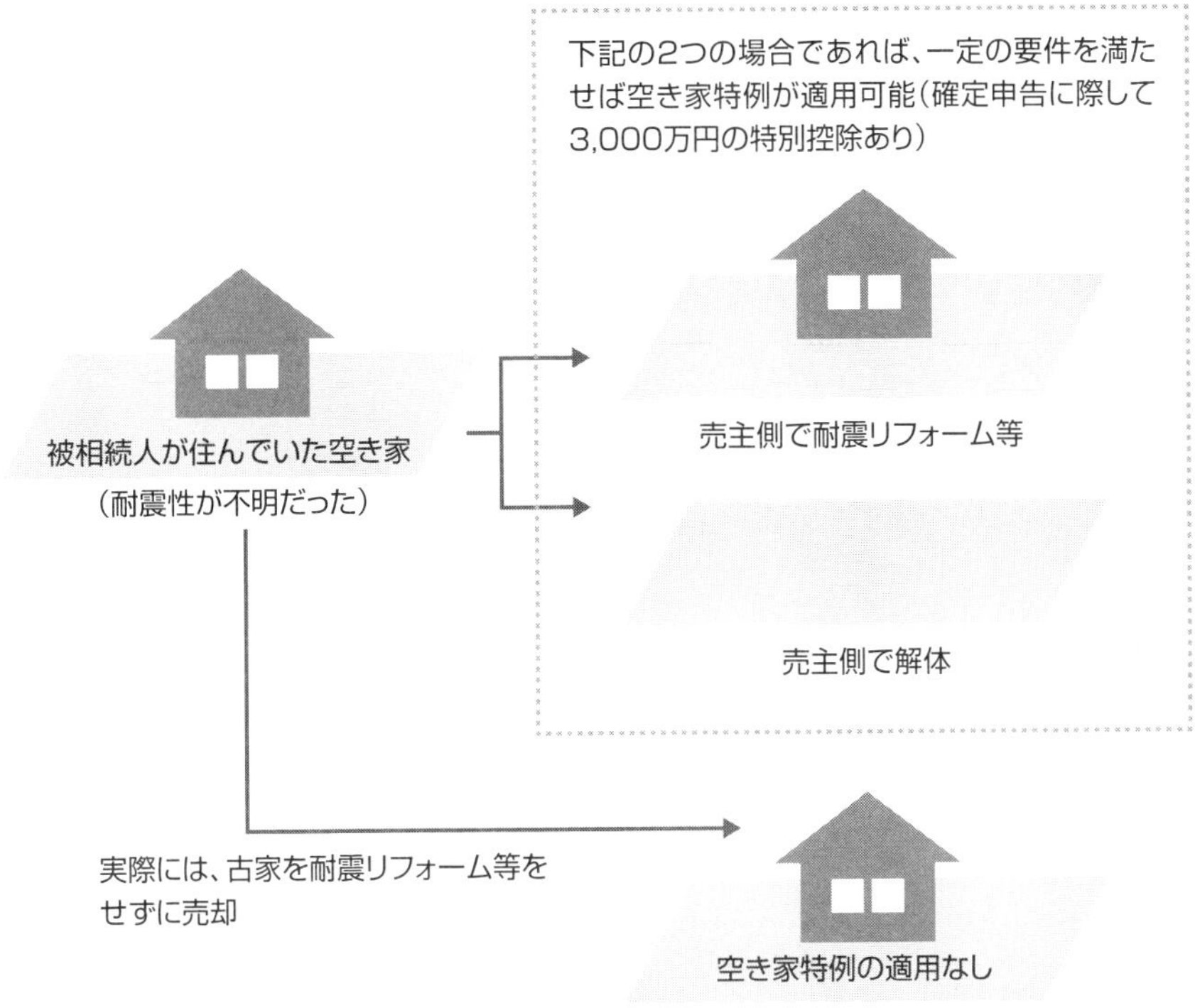
下記の2つの場合であれば、一定の要件を満たせば空き家特例が適用可能（確定申告に際して3,000万円の特別控除あり）
売主側で耐震リフォーム等
売主側で解体
被相続人が住んでいた空き家
（耐震性が不明だった）
実際には、古家を耐震リフォーム等をせずに売却
空き家特例の適用なし

税理士をアサインせず、自分で確定申告書を作成し、空き家特例の適用要件を充足しないのに空き家特例の適用対象として申告してしまった

▼

税務署から指摘が入り、結果として追加でペナルティの延滞税・過少申告加算税まで取られて大損

●不動産譲渡関連の確定申告は、税理士報酬をけちったりせずに、税理士に依頼・相談した方が大損を回避できる。そもそも行動をする前に、税務的に不利なことに対する注意喚起を期待できたり、あるいは節税策をアドバイスしてもらえる場合もある。

8　不動産を「公正価値とは異なる価格」で売買した時の税金

◆「みなし贈与」等が適用されないかに注意しよう

不動産の売買の検討に際しては、基本的には「公正価値を把握し、検討中の売買価格との比較の結果が不利でない場合は売買すべき」と述べました。ここで気になるのは「不動産を公正価値以外で売買したら追加の税負担があるのか」という点です。

結論から言うと、時価（公正価値）と「著しく」異なり、こちらに有利な場合には、実際の売買価格と公正価値の差額を「課税対象」とみなして、追加の税負担が課せられる余地があると思われます。

まず、個人については、相続税法7条や所得税法59条には、著しく低い価額で財産を譲り受けた場合は、時価との差額が課税される旨が規定されています（差額を贈与とみなし課税することを「**みなし贈与**」と言います）。

この「著しく」の定義は、不動産の取引内容等に応じて判断されるため明確ではありませんが、「利害関係のない第三者間の取引」であれば、通常は課税対象とならないと考えられます。なぜなら、利害関係が相反する第三者間の取引で成立した価格こそが、税務の世界では時価とみなされ、税務署的な感覚ではそこには贈与等の恩恵的な要素はないと扱うことが通常であるためです。

よって、第三者間の取引では、「素人目に見ても明らかに……」という水準でない限りは、通常は追加の税負担の問題は生じないと思われます。ただ、それでも特に高額な不動産の場合などは、公正価値をきちんと把握し判断を行った方が安全です。

一方で注意したいのは、親族その他の特別な関係にある者同士の取引の場合です。この場合は、公正価値と実際の取引価格との差額について恩恵的な利益移転の要素を含む面が否定できず、差額が課税対象になると考えられます。

このため、親族等の個人間や、個人とその経営する企業等の間で不動産を取引する際は、恩恵的な利益移転がない旨を明確にすべく、公正価値を不動産鑑定士による鑑定評価額で明確にした上で取引価格を決定し、課税関連を処理すべきでしょう。

不動産を公正価値以外で売買した時の考え方

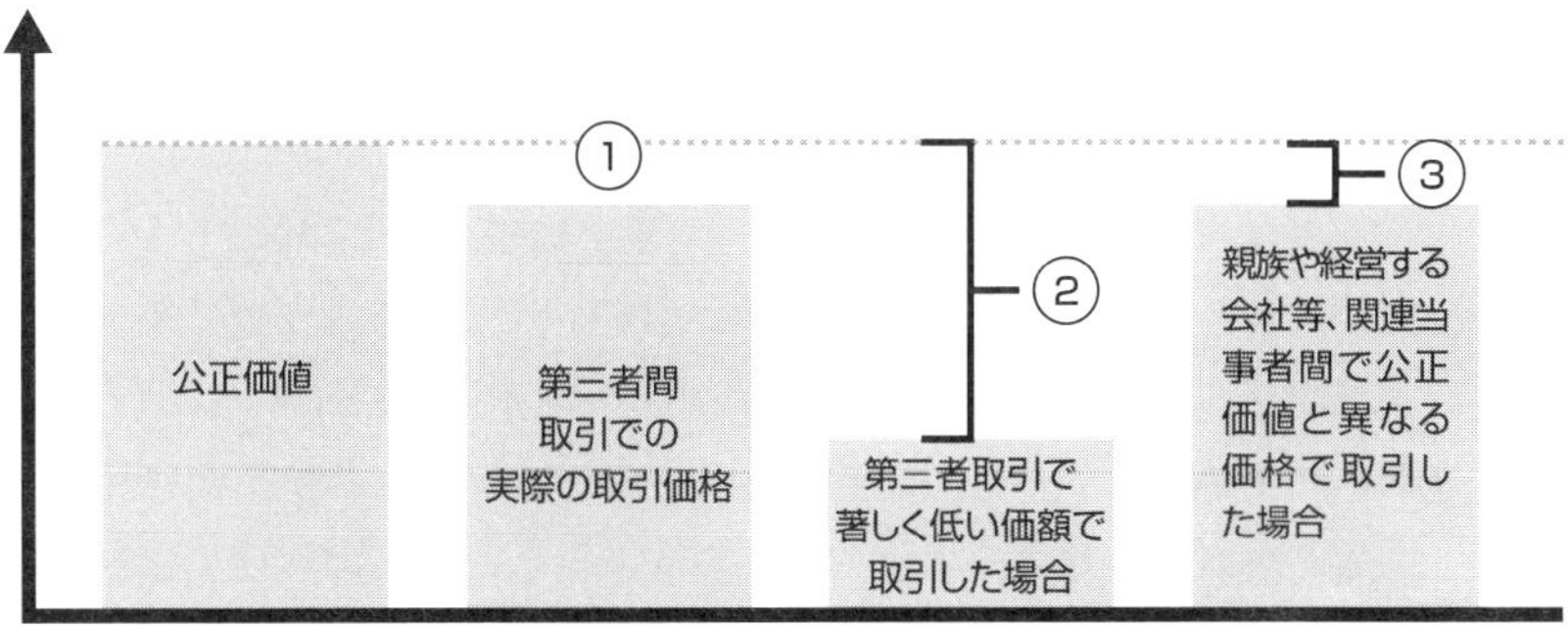

①税務の世界では、通常は利害関係が相反する第三者間の取引で成立した価格こそが、時価とみなされる。税務署的な感覚では「第三者間で成立した価値こそ、当該不動産の適正な時価」と扱う。

●公正価値と「著しくはない差額」があったとしても、通常は課税対象とはならないと考える余地もある。もっとも、鑑定評価額を認めて正確な公正価値を把握する場合であれば、公正価値には理論的な幅がある一方で、差額の説明が面倒であるため、実際の取引価格と鑑定評価額の整合性を公正価値の範囲で前もって確保した方がよい。

②第三者間取引であっても、著しく低い取引価格であれば差額について課税される余地があると考えられる(個人が著しく低い価額で財産を取得する側の場合、法人からの取得の場合は所得税等で、個人からの取得の場合は贈与税となる)。

●第三者間であっても著しく低い価格で取引したとして課税の判決を下した判例(さいたま地裁の判例[平成17年1月12日判決/平成13年(行ウ)第46号])がある点にも留意すべき。
●「著しく高額で譲渡」の場合や、法人間の取引についても概ね同様の注意が必要。
●「著しく」の定義は明確ではないが、例えば公正価値の半額以下の場合は、通常は「著しく」に該当すると考えられるので、公正価値の半額以下の場合や高額譲渡で倍以上の場合は特に注意すべき。

③親族や経営する会社等、関連当事者間で公正価値と異なる価格で取引した場合は、公正価値と実際の取引価格との差額が実質的な恩恵的要素と解釈され、課税対象になると考えられる。

●公正価値は不動産鑑定士の鑑定評価額で把握することが多いと考えられるが、公正価値には幅があるため、前もって取引しようとする額を不動産鑑定士に伝えて、その価格が公正価値として許される理論的な幅の内であれば、その価格での決定を所与とする鑑定評価書の作成を依頼する流れになることが、実務では一般的。

COLUMN 4

税理士以外が税金の話をできるのはどこまでか――税理士法の範囲

税理士の職務の範囲は、税理士法２条で規定されています。

結論から言うと、税理士法２条に規定された税金につき、個別具体的な、他人の税金に関する「税務代理・税務相談・税務書類の作成」は税理士の職務範囲とされ、税理士以外の者は無償でもこれをできないとされます（税理士法 52 条）。

成年後見人に指名された弁護士や司法書士が本人の代理で税務関連の処置を行う場合等の一定の例外はありますが、基本的には「個別具体的な他人の税金に関する税務代理・税務相談・税務書類の作成」は、税理士以外はしてはいけませんし、万が一、行ったら税理士法違反です。

例えば、不動産鑑定士や宅建業者等の不動産関連プレーヤーであっても、別途、税理士登録をしていない限り、他人の税金に関する税法特有の判断に関する意見表明等も含めて、これらの行為を行うことはできません。

このため、「この土地は特定居住用宅地等の特例に該当する」「この農地や林地は、相続税申告に際しては純農地・中間農地・純山林・中間山林に該当する」「アパートを建築すれば○○円の節税になるので、アパートを建築しよう」等の意見は、特定居住用宅地等とか純農地・中間農地・純山林・中間山林等が「税法特有の概念の定義」で税額にも影響する個別具体的な判断事項であったり、個別具体的な税額計算が含まれます。このため、税理士以外の人がこれらの点について意見表明を行うことは税理士法違反です（税理士法２条・52 条）。

よって、税理士ではない不動産鑑定士や宅建業者は、これらの点につき判断や意見表明を行うことはＮＧです。

同様に、他人の固定資産税・都市計画税の還付請求関連手続も、申告課税制度ではなく賦課課税制度のために申告業務がありません。その方面に強い税理士が少ないとの実態はありますが、だからと言って税理士以外の不動産プレーヤーがこれを行うことも税理士法違反です。

5章

立退料の鑑定評価

1　なぜ、立退料の支払いが必要なのか？

◆立退きを求める際の対価

建物を賃貸していると、「**借地借家法**」（古くからの建物賃貸借の場合は「旧・借家法」も考えられる）という法律の適用で、賃貸借契約の更新時期であったとしても借家人（賃借人）が保護されます。賃貸人が賃借人に賃貸している建物から立退きを求めたとしても、「正当な事由」がない限りは賃借人が「立退くのは嫌」と言えば立退いてくれず、適切な賃料収受のもと、その賃貸借が更新されることとなります（借地借家法28条）。

また、賃貸借契約期間中でも、何らかの事情で立退きを要請する場合も考えられるでしょう。結果、賃貸人側が賃借人に立退いてほしければ、**立退料を支払って賃借人の意志により立退きを求める**こととなります。

宅建業者の感覚レベルであれば、「賃貸住宅であれば賃料の何ヶ月分」「店舗であれば賃料の何ヶ月分」という何となくの水準はあるようですが、これはその不動産の個別性を考慮していない都市伝説のようなものです。

適切な立退料の把握については、不動産鑑定士の鑑定評価に依拠することが適切です。

実務上は宅建業者に賃貸管理を依頼していて紛争性が生じそうにない場合は、宅建業者に使者として立退事務を依頼することもなくはないですが、弁護士でない人が弁護士の行為を行ってしまう「非弁行為」の問題があるため、基本的には、立退きを求める場合は弁護士に依頼すべきです。

その上で、専門的見地から弁護士に判断を仰ぎ、適正な立退料の算定根拠が必要と判断した場合に初めて、不動産鑑定士に鑑定評価を依頼すべきでしょう。一般の方がいきなり立退料の鑑定評価を不動産鑑定士に依頼することは、弁護士の判断が抜けるためお勧めしません。

不動産鑑定士の鑑定評価は原則として「公正価値」、すなわち「世間一般から見て妥当と判断される価格」を求めますが、この場合は「既存の二当事者の間での立退料（借家権）の評価」となります。このため、立退料の鑑定評価で求める結論は、二当事者の間で限定的に生じる借家権の価値（**限定価格**と言う）となります。

立退きを求める場合

①建物を建替えたい場合

②賃料が安すぎて賃料値上げ交渉にも応じない場合

③賃借人との信頼関係が壊れていて心理的嫌悪がある場合

既存の建物賃借人は、借地借家法等で保護される

↓

契約満了時でも「立退きはイヤ」と言えば、基本的には契約更新ができる
※他に「正当な事由」があれば話は別だが、そのハードルはかなり高いのが実態

↓

賃貸人は賃借人に立ち退いてほしければ、立退料を払う

●基本的には、立退きを求める場合は弁護士に依頼する。

※元から宅建業者に賃貸管理を依頼していて紛争性が生じそうにない場合等は、実務上は宅建業者を使者として立退き事務を依頼することも全く考えられなくはないが、紛争性がある場合は非弁行為に該当の危険性があるため、基本的には弁護士に依頼すべき。なお、一般の建物所有者の方が安易に立退きを求めることはトラブルの原因となりかねませんのでお勧めしません。

●専門的見地から適正な立退料の算定根拠を求めるべきと判断された場合、必要に応じて弁護士経由で不動産鑑定士に鑑定評価を依頼する。

●本章の「立退料」とは、土地・建物とも賃貸人所有で建物を賃貸している場合に、建物の賃借人に立ち退いてほしい時の対価（借家権の価値）を言う。建物が土地賃借人所有で土地を賃貸している場合に、土地賃借人に立退いてほしい時は、本章の立退料とはまた別の類型である借地権付建物の価値を求めることとなる。

2 立退料を求める3手法① 割合法

◆割合法の考え方を理解しよう

鑑定評価の世界でも、立退料の評価手法はやや異質ですので、ここで説明したいと思います。

立退料は、①**割合法**、②**賃料差額還元法**、③**控除法**の3手法のうち、適用可能な手法を取捨選択して適用します。

この他、借家権それ自体の取引事例を比較検討して求める「比準価格」も、不動産鑑定評価基準上は規定されていますが、実務上ではそのような取引事例がなく、その適用は考えられないと思われます。

以下、3手法それぞれの試算手法を説明します。

まずは、①**割合法**です。割合法は、立退きの対象となる土地・建物の完全所有権前提の価格に対して、左ページの式のように、借地権割合や借家権割合を考慮して、立退料を試算する手法です。

借地権割合と借家権割合は、不動産鑑定士の査定によりますが、実務上では借地権割合は、相続税路線価等における借地権割合から若干低い程度の水準となる査定が多いと思われます（相続税路線価上の借地権割合が70％であれば、立退料試算段階の借地権割合は60～70％程度が多いなど）。

また、借家権割合は、実務上は、相続税財産評価基準以外にめぼしい指標がないため、相続税財産評価基準が借家権割合につき30％を前提としていることから、通常は30％と扱う場合が多いと思われます。

この手法は、土地それ自体の価値や建物それ自体の価値を適切に反映できる点や、借地権割合や借家権割合の査定段階での客観性の点では優れています。

一方で、借家権割合を一律30％と扱うことが多い等の点で、個別性への配慮が欠ける面があるとの短所もあります。また、当事者間の現行の賃貸借関係の状況も考慮外とする点も短所と言えます。

このため、その試算結果については、これらの長所や短所を勘案して説得力や精度を判断すべきでしょう。

立退料の割合法のイメージ

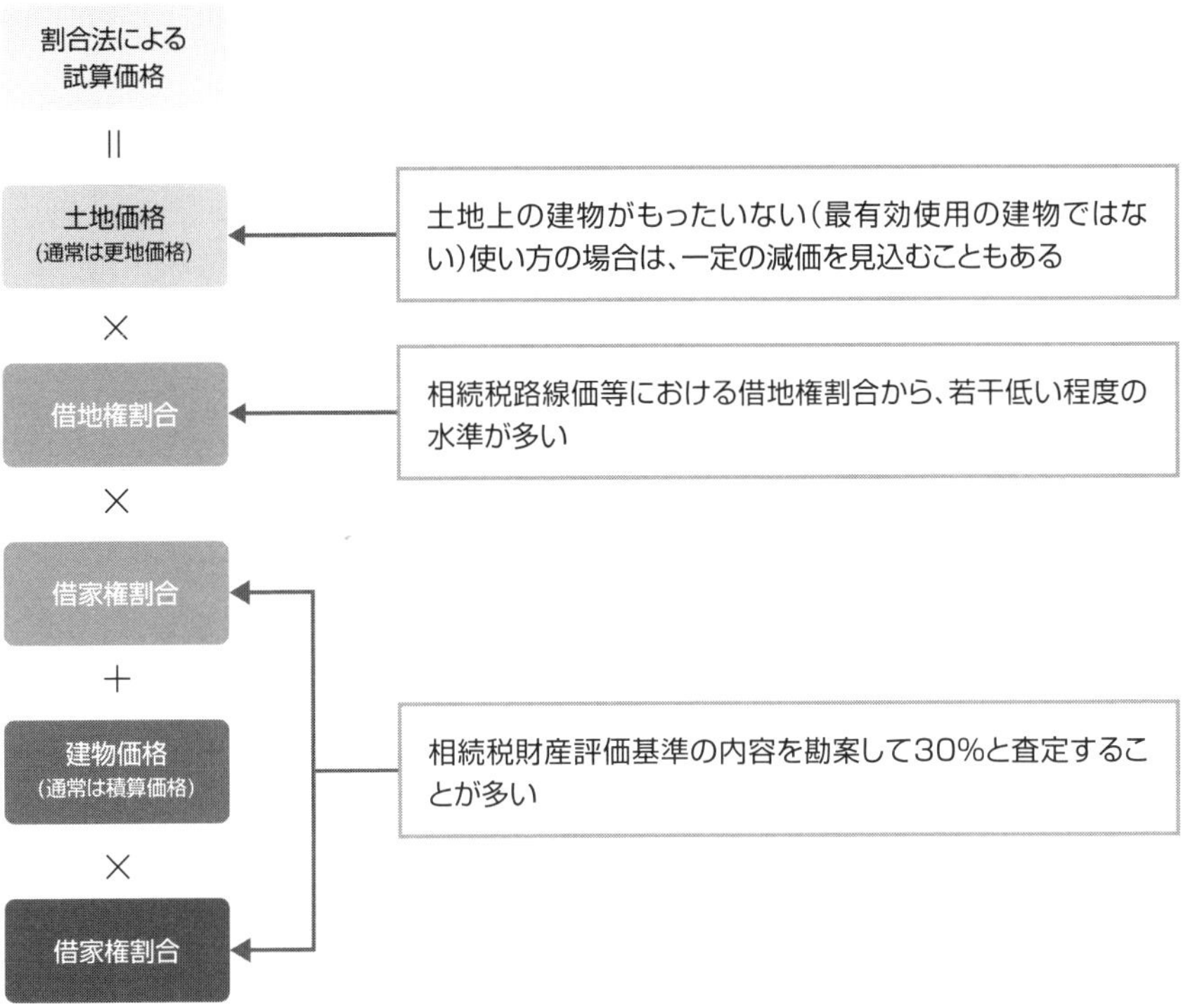
割合法による
試算価格
=
土地価格
(通常は更地価格)
×
借地権割合
×
借家権割合
+
建物価格
(通常は積算価格)
×
借家権割合
土地上の建物がもったいない(最有効使用の建物ではない)使い方の場合は、一定の減価を見込むこともある
相続税路線価等における借地権割合から、若干低い程度の水準が多い
相続税財産評価基準の内容を勘案して30%と査定することが多い

鑑定評価上の借地権割合が「相続税路線価等における借地権割合」より若干低めな理由

借地権と「借地権が存する場合のその土地の所有権たる」底地が存する場合、相続税路線価では「借地権割合+底地割合=1」とされているが、実際には、「相互の存在による自由利用の制約」がある。

このため、鑑定評価上は、「借地権割合+底地割合+(借地権と底地を併合した場合に相互の存在による制約が解けることによる)増分価値=1」とされている。

いわば、「相続税路線価等における借地権割合」は増分価値を考慮していない分、本来的な鑑定評価上の借地権割合よりやや高めと考えられるため、これを是正すべく、鑑定評価上で借地権割合を扱う場合は「相続税路線価等における借地権割合」からやや低めにする場合が多いと考えられる。

3 立退料を求める3手法② 賃料差額還元法

◆賃料差額還元法の考え方を理解しよう

立退きを求めるということは、賃借人に対する心理的嫌悪がある場合は別として、基本的には「その不動産に対して本来期待ができる公正な水準の賃料等よりも低い賃料等しか得られていない」ため、それを改善すべく、立ち退いてほしいとの動機があると言えます。

仮に、本来期待できる公正な水準の賃料等よりも高額な賃料なら、賃貸人としては立ち退いてほしいどころか、居続けてほしいということになるでしょう。

この点に着目したのが**②賃料差額還元法**となります。

賃料差額還元法は、「仮に立退きがないと想定した場合にその賃貸借の継続が見込まれる期間にわたり、本来期待ができる公正な水準の賃料等と現行の賃料等の差額の総合計」をもって立退料の額を試算する手法です。

いわば、「仮に現況の賃貸物件と同等の賃貸物件を新たに賃借することを想定した場合に、補填すべき追加で生じる賃料等の負担の把握」が賃料差額還元法の本質と言えるでしょう。

なお、総合計に際しては、単に「月額賃料差額×賃貸借が継続すると期待される期間の月数」ではなく、その不動産のリスクを反映した割引率を考慮します。ちょっと難解ですので「何となくのイメージ」で結構ですが、具体的な賃料差額還元法の式を左ページで確認してみてください。

この手法は賃貸借契約の内容を踏まえて試算するため、当事者間の事情の的確な反映ができるとの点で長所を認め得ます。判断に悩むのは、「仮に立退きがないと想定した場合に、その賃貸借の継続が見込まれる期間」の査定です。その期間を5年と査定するか、10年と査定するかで、その試算結果は大きく異なってくるからです。

依頼目的に応じて立退料を高く求めたいのか低く求めたいのかにもよりますが、賃料差額還元法で最も突っ込まれやすいのはこの点です。このため、もし不動産鑑定士に立退料の鑑定評価を依頼する場合、その裁判や交渉等で勝つには、査定根拠の説明の理論構築について依頼者や弁護士も積極的に協力することが望ましいでしょう。

立退料の賃料差額還元法のイメージ

賃料差額還元法
による試算価格

＝

本来期待ができる
公正な水準の月額賃料

－

現行の月額賃料

（賃料差額）

×

その立退きがなければ賃貸借が継続すると
見込まれる期間の月数
※その不動産の個別性に応じて査定した割引率を考慮する

＋

その他

通常は類似する物件の賃貸事例で求める。

なお、「現況の賃貸物件と同等の賃貸物件」は、実務的には便宜的に対象不動産そのものを新規賃貸すると想定し査定する。


賃料差額は、不動産鑑定評価基準の文言上は、公正な賃料の収受を想定した際に収受が期待される支払賃料と、現行の実際に収受している支払賃料の差額をもって賃料差額と考えられている。

ただし、単に「実際に収受されている支払賃料の額同士の差額」のみならず、賃貸人に返済を要する敷金・保証金が収受されている場合は、その運用益も考慮する余地もあると考えられる。

運用益は、その敷金・保証金の額に経済情勢に応じて査定した運用利回り〔年額ベースで令和3年現在、概ね1％程度〕を乗じて査定する。


割引率は、その不動産の古さ、用途、合法性、その他各種リスクを用いて査定する。

実務的には、割引率で割り引いた将来得られる価値を合計した「複利年金現価率」というものを用いる。

仮に賃貸借が継続すると期待される期間に賃料の変動が予測される場合は、一定の考慮を入れる。


純粋な賃料差額の他、賃貸借が継続すると期待される期間において収受される更新料その他の「賃貸人・賃借人間の金銭収受」の価値も、割引率を勘案した上で考慮する場合もあり得る。

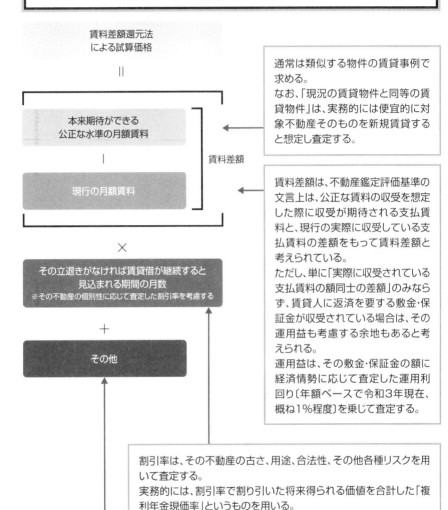

4 立退料を求める3手法③ 控除法

◆控除法の考え方を理解しよう

3手法の最後は③**控除法**です。この手法は、「仮にその建物が賃貸をしていない純粋に自用の不動産であったとした場合の『土地＋建物』の価格から、投資採算価値を反映した収益価格を控除する」手法です。

ここでのポイントは、立退きを求める理由は賃料が安い背景がある場合が通常ですから、賃貸に基づく稼ぎの総和である投資採算価値（収益価格）も低くなる点です。つまり、本来、自用として不動産を利用した場合に想定される価値に比べて投資採算価値（収益価格）が低いから、その分をもって立退料と考えるという手法です。控除法の立退料は、左ページのイメージで求めます。

なお、自用としてその不動産を利用した場合に想定される価値は、通常はその不動産の「土地＋建物」の価格、すなわち、積算価格を用いることが多いと思われます（左ページのような例外もある）。

また、賃料差額還元法で「仮に立退きがないと想定した場合に、その賃貸借の継続が見込まれる期間」を査定しているので、収益価格の査定の局面でも「その期間の賃貸に基づく稼ぎ（割引後）＋賃貸終了後の不動産の残存価値（割引後）」を用いる考え方もできなくはないですが、現実にはその賃貸借がいつまで継続するかは不明です。実務上では、賃料差額還元法に縛られずに別個のものと考えた上で、収益価格の査定の局面では期間は考慮せず、単純に「賃貸に伴う純粋な稼ぎ〔純収益〕÷その不動産の個別性等を勘案して査定した還元利回り」で求めることが多いと思われます。

この手法の肝は「自用と想定した場合の価格＝賃貸物件としての収益価格＋借家権の価格」になるとの点にあります。しかし、実際には「賃貸物件と借家権が存在することで相互に制約が生じている場合」も考えられ、借家権を賃貸物件所有者側が買い取る場合は「相互の制約がなくなったことによる増分」が生じる余地も皆無ではありません。このため、個人的見解ですが、控除法は、立退料たる借家権の限定価格の上限の目線となる場合が比較的多いと思っています。

立退料の控除法のイメージ

控除法の試算

控除法による試算価格 ＝ その不動産が自用と想定した場合の価格（通常は積算価格） － 現行賃料に基づく投資採算価値を反映した収益価格

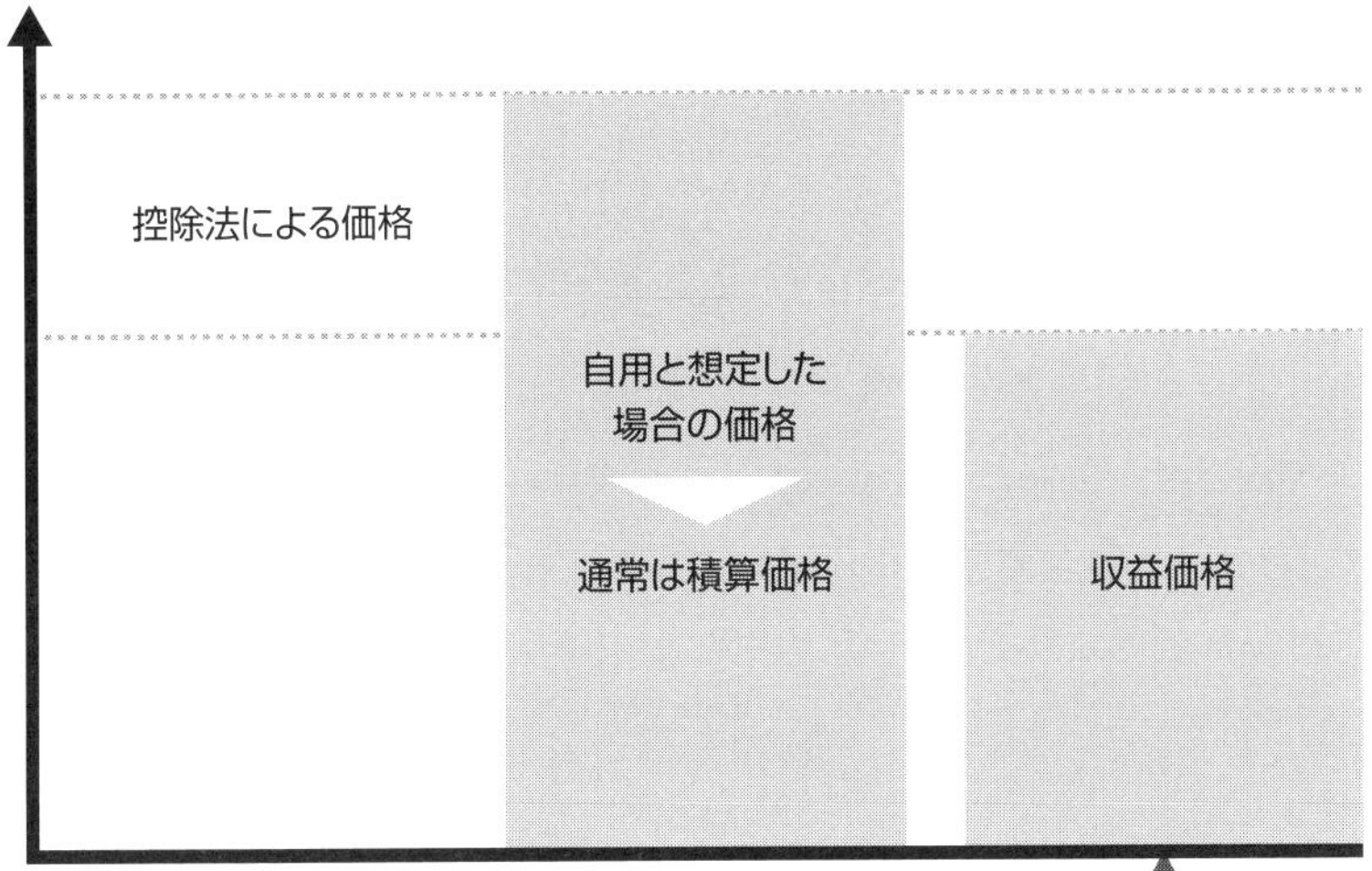

立退きを求める理由は賃料が安い背景がある場合が通常であるから、賃貸に基づく稼ぎの総和である投資採算価値（収益価格）も低くなる

●自用と想定した場合の価格は、通常は積算価格ではあるが、絶対ではない。分譲マンションの1室の場合、「自用と想定した場合の価格」は、棟内取引事例等、「似たような分譲マンションの1室の取引事例」に基づく比準価格であることが通常のため、筆者はかつて比準価格をもって「自用と想定した場合の価格」と扱ったことがある（6章9項参照）。

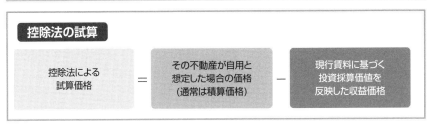

5 店舗等の事業を営んでいる場合の立退料の注意点

◆公認会計士と不動産鑑定士の出番の違い

立退料を求める場合の中には、その物件が店舗である場合が考えられます。

では、店舗につき不随意の立退きを迫られた賃借人が、その立退きに関する対価を求めるに際して、不動産鑑定士の鑑定評価額に基づく立退料だけで判断してよいのでしょうか？

①立退料は不動産鑑定士の鑑定評価額の内容が全てで、それ以外に請求できるものはない

②不動産鑑定士の鑑定評価額とは別個に、さらに別の補償を請求できる

結論はもちろん、「賃借人が請求したければ」ですが、不動産鑑定士の鑑定評価額とは別個に営業補償の請求が考えられるので、②が正解となります。

不動産鑑定士は、文字通り「不動産」、この場合は「借家権が存する不動産という器」そのものの適正な立退料だけを決定するので、「その器を活用することで得られる、賃借人である店舗の営業が中断されることに伴う補償」は含まれていないのです。

実際、前述の立退料（借家権）の価格を求める3手法の試算過程でも、営業補償を反映するプロセスはありません。したがって、この場合は、不動産鑑定士の鑑定評価額とは別個に、現況の営業に伴う利益の獲得状況を損益計算書等から分析して、営業補償相当額も請求することとなるでしょう。

その際、実務上は、弁護士が自ら計算して裁判の場で主張することもあるようですが、内容によっては詳細な財務分析が必要な場合があったり、店舗の営業に伴う利益が大きく、より精緻な分析が求められるために、公認会計士に営業補償額の査定を依頼することもあります。

いずれにせよ、店舗等の場合は、こちら側の主張としての立退料の鑑定評価額を求める他に、営業補償を請求する余地について検討すべきです。その上で弁護士とも協議の上で、場合によっては公認会計士に別途、こちら側の主張としての営業補償の額の算定を依頼することも、実務上は考えられます。

DO BOOKS 最新刊★

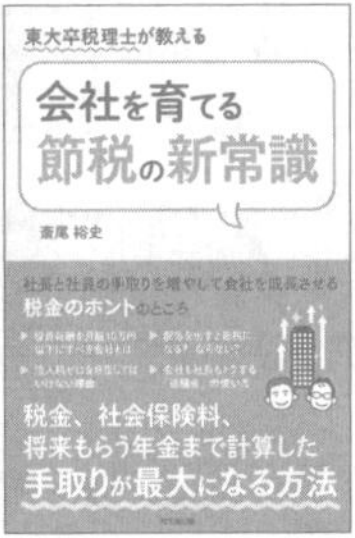

東大卒税理士が教える 会社を育てる節税の新常識

斎尾 裕史著

その節税法、「目先の税金」を安くするだけではありませんか？　東大理系卒の税理士があらゆるパターンの税金や社会保険料の負担、もらえる年金額を徹底分析。社長の手取りを最大化する、まったく新しい節税方法を提案　**定価 1,760 円**

技術が市場につながる 開発者のためのマーケティング

池田 裕一著

この技術が、会社の事業にどう寄与するか？　開発担当者には、マーケット情報を集め、技術と適合させて製品・事業として構想する力が不可欠だ。開発者に必要なマーケティングの実践手順を 4 段階・15 ステップで解説　**定価 2,860 円**

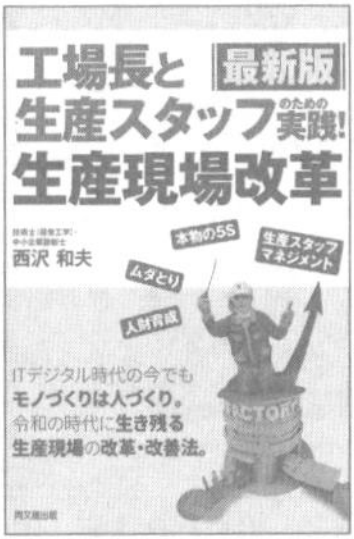

最新版　工場長とスタッフのための 実践！　生産現場改革

西沢 和夫著

多様な人が働く生産現場で、付加価値の高い新製品を提供していくためにはどうすればいいのか？　本物の 5S、短期人づくり、ムダとり、生産現場の見える化、6M 問題解決法、リードタイム短縮などを実践ツールと共に紹介　**定価 2,090 円**

DO BOOKS 公式ブログ http://do-books.net

ひとこと接客英語
お客様の疑問に答えるための使いやすいフレーズが満載！
パピヨン 麻衣著　定価1760円

実践！「繁盛立地」の判定・分析・売上予測
1万店舗以上の調査から得た繁盛立地選びの実務ノウハウ
林原 琢磨著／林原 安徳監修　定価2090円

最新版　図解　よくわかる印刷発注のための実務知識
印刷発注の仕事の内容と流れがビジュアルに学べる入門書
小林 茂樹著　定価1980円

1日2時間で月10万円　はじめよう　電話占い師
占いのプロとして安定的に仕事をするための方法を初公開！
五十六謀星 もっちぃ著　定価1870円

期待している人が辞めずに育つ　女性部下マネジメントの教科書
女性部下の成長を支援する「対話」の技術をQ&Aで解説
冨山 佳代著　定価1760円

クルマ1台で起業する　はじめよう！　移動販売
時間・場所・資金にしばられない、じぶんの仕事の作り方
滝岡 幸子著　定価1980円

会社を辞めずに“好き”“得意”で稼ぐ！　「複業」のはじめ方
安定した収入を得ながら「静かな複業」をはじめる指南書
藤木 俊明著　定価1650円

誰も教えてくれなかった　超人気研修講師になる法
「学び」を創る人気企業研修講師の考え方と日常のすべて
白戸 三四郎著　定価1760円

業績アップし続ける3つのしくみ
人材不足でも勝ち残る運送・物流会社になる具体的手法
酒井 誠著　定価1760円

小さな運送・物流会社のための　荷主から信頼される！「プロドライバー」の教科書
「事故なし、マナーよし」のスキル&マインド
酒井 誠著　定価1980円

小さな運送・物流会社のための　「プロドライバー」を育てる3つのルール
トラックドライバーを活用したい会社に必須のノウハウ
酒井 誠著　定価1760円

BtoBマーケティング&セールス大全
ターゲットの購買動機を引き出す手法や成功事例を紹介
岩本 俊幸著　定価1980円

マイペースで働く！　女子のひとり起業
女性の強みを活かして自分らしいライフスタイルをつくろう
滝岡 幸子著　定価1540円

売れる！　楽しい！　「手書きPOP」のつくり方
文字・イラストが苦手でも、売れるPOPはつくれる！
増澤 美沙緒著　定価1650円

直販・通販で稼ぐ！　年商1億円農家
――お客様と直接つながる最強の農業経営
規模拡大せずに、しっかり儲ける直販農家のノウハウ
寺坂 祐一著　定価1650円

ビジネス図解　個人事業主のための節税のしくみがわかる本
事業を円滑に進める節税の基本がまるごとわかる1冊
髙橋 智則著　定価1980円

9のフレームワークで理解する
マーケティング超入門
企業事例を見ながらマーケティングをマスターする1冊
金森 努著　定価1650円

「こだわり」が収入になる！
インスタグラムの新しい発信メソッド
〝自分らしく稼ぐ〟インスタグラマー・メソッドを初公開！
艸谷 真由著　定価1760円

タダで、何度も、テレビに出る！
小さな会社のPR戦略
元テレビ東京ディレクターが教えるマスコミ露出獲得術！
下矢 一良著　定価2090円

働きやすさを本気で考えたら、会社の売上が5倍になりました。
残業0・有休取得率98%でも売上5倍を実現したしくみ
雅樂川 陽子著　定価1650円

小さな運送・物流会社のための
「プロドライバー」採用・定着5つのルール
〝できるドライバーが辞めない〟工夫としかけを公開
酒井 誠著　定価1760円

これからの農業は組織で勝つ
売上5000万・1億・3億円を突破する農家の組織づくり
藤野 直人・スター農家H著　定価1650円

POPのお悩み解決します
すぐ書ける！「稼ぐPOP」のつくり方
誰でも店の売上を上げるPOPが書けるノウハウ大公開！
森本 純子著　定価1760円

経験ゼロから長く続ける
起業のステージアップ術
自分のステージを上げながら〝長く〟稼いでいく方法

「これからもあなたと働きたい」と言われる
店長がしているシンプルな習慣
「スタッフが仕事に満足して、辞めない店」にする方法
松下 雅憲著　定価1540円

お客様が「減らない」店のつくり方
「2つのDM」で売上げを伸ばす、具体的手法を公開！
高田 靖久著　定価1650円

リピート率9割を超える小さなサロンがしている
お客様がずっと通いたくなる「極上の接客」
本当に大切なワンランク上の接客をわかりやすく解説
向井 邦雄著　定価1540円

「競合店に負けない店長」がしているシンプルな習慣
売上げを伸ばしている店長の「相手軸」に立つ習慣とは
松下 雅憲著　定価1540円

スタッフを活かし育てる女性店長の習慣
「愛される店長」がしている8つのルール
スタッフから信頼を得る店長がやっている「自分磨き」
柴田 昌孝著　定価1540円

質問型営業で断られずにクロージング
営業は「質問」で決まる！
ただ質問するだけで、お客様自身が「買いたく」なる！
青木 毅著　定価1540円

説得・説明なしでも売れる！
「質問型営業」のしかけ
お客様に嫌がられずに販売できる「質問型営業」のノウハウ
青木 毅著　定価1540円

「ありがとう」といわれる販売員がしている6つの習慣
〝ちょっとした〟習慣でお客様が喜んで買ってくれる！

立退料の鑑定評価書と営業補償の意見書の関係

鑑定評価書

立退料
（借家権の限定価格）
鑑定評価額
金10,000,000円
不動産鑑定士　冨田 建㊞

あくまでも、鑑定評価書で求めた立退料（借家権の限定価格）は、不動産という「器」から立退くことによる対価そのもの

店舗の営業が好調で稼げている場合、「器」とは別に「その店舗での営業で稼げていた利益が得られなくなることに伴う対価」を請求する場合も考えられる

必要に応じて、鑑定評価額とは別個に営業補償を立退きを求めてきた賃貸人に請求する

意見書

立退きに伴う
営業補償の査定額
金9,000,000円
公認会計士　冨田 建㊞

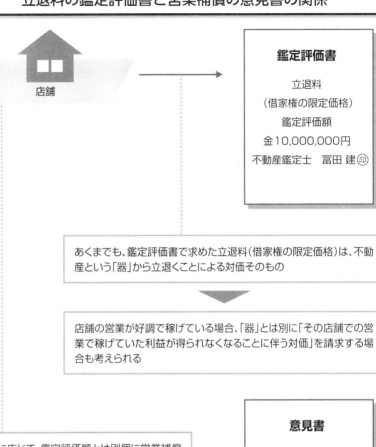

6 個人が立退料を得た場合の注意点

◆確定申告の際の「所得の分類」にご注意を！

個人が立退料を得た場合、注意点があります。

立退料を得たことで所得が生じるため、確定申告が必要となると考えられますが、立退料は、確定申告上はもらった金額（所得）の内容に応じて以下の分類が必要です（国税庁サイト「No.３１５５　借家人が立退料をもらったとき」を参照）。

事務所や住居などを借りている個人が、その事務所などを明渡して立退料を受け取った場合には、所得税法上の各種所得の収入金額になります。

立退料は、その中身から次の３つの性格に区分され、それぞれその所得区分は次の通りとなります（所得税法基本通達33－６、34－１（７））。

①資産の消滅の対価補償としての性格のもの……家屋の明渡しによって消滅する権利の対価の額に相当する金額→譲渡所得の収入金額となります。

②収入金額または必要経費の補填としての性格のもの……立退きに伴って、その家屋で行っていた事業の休業等による収入金額または必要経費を補填する金額→事業所得等の収入金額となります。

③その他の性格のもの……上記①及び②に該当する部分を除いた金額→一時所得の収入金額となります。

計算過程の詳細は割愛しますが、一時所得、事業所得等、譲渡所得のどれに分類するかで所得税の計算方法が異なるため、所得税等の税額も異なります。

ですので、特に事業を営む個人が立退料を得た場合は、その立退料が一時所得・事業所得等・譲渡所得のどれに該当するかにつき、適切な按分・分類を施して、確定申告を行うことが必要なのです。このため、内容が煩雑で分類の判断が難しい場合、必要に応じて税理士に相談することをお勧めしたいと思います。

なお、法人が立退料を得た場合は、法人税の世界ではこのような所得の分類はなされずに、一律で課税所得を計算することとなるため、このような所得の分類という行為は不要です。

個人が立退きに応じ立退料を得た場合の所得税等

所得税等が課せられるので、確定申告が必要

立退料

一時所得	事業所得等	譲渡所得

どの所得に該当するかで税額の計算式が異なり、所得税等の額も異なるので、税法に則った適切な分類が必要

立退料を得た場合は、その内容を精査して適切に「どの所得に該当するか」を分類の上で、確定申告を行うべき

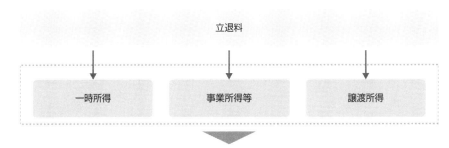

7 なぜ、借家権は相続税の課税対象ではないのか？

◆令和3年現在、相続税申告の際の評価は不要

本章では、「借家権の限定価格」としての立退料の価値について述べてきましたが、ここで気になるのは「建物を賃借している時には、建物を借り続ける権利としての借家権も有することとなるけれども、建物を借りた状態、すなわち、借家権を有する状態で個人が亡くなった場合、相続税申告に際して、借家権も財産として評価し、申告する必要があるのか」との点です。

結論から言うと、少なくとも令和３年現在では、相続税申告の段階で、通常は借家権を財産評価に織り込む必要はありません。

実は、相続税財産評価基準上、全国47の都道府県全ての「借家権割合」につき、以下の記載があります。

「財産評価基本通達94（借家権の評価）の定めにより借家権の価額を評価する場合における借家権割合は、１００分の30です。なお、借家権の価額は、その権利が権利金等の名称をもって取引される慣行のない地域にあるものについては評価しません」

一方で、実務では、「賃貸借がなされていた建物を解約して新しく別の賃借人が入る」ことはあっても、「旧・賃借人と新・賃借人との間で借家権を売買する」という話は、少なくとも筆者は聞いたことがありません。よって、「実態として、全国のどこにも借家権の取引事例はない」と言ってよいでしょう。

だからこそ、借家権の鑑定評価で、借家権の取引事例から比較検討する手法が不動産鑑定評価基準上で掲げられていても、実務上は適用できないのです。

つまり、この記載は、仮に「借家権の取引慣行がある」場合は、借家権割合を30％で行うべき旨をアナウンスし、立退料の鑑定評価の実務でもこれが活用されている一方で、「借家権の取引慣行がない」場合は、換金価値がないため、相続税申告の局面でも借家権の財産評価は不要、すなわち０円と扱うことをアナウンスしたものと言えます。そして、通常は「借家権の取引慣行がない」のですから、相続税申告上は評価をしなくともよいこととなるのです。

相続税上の借家権の考え方

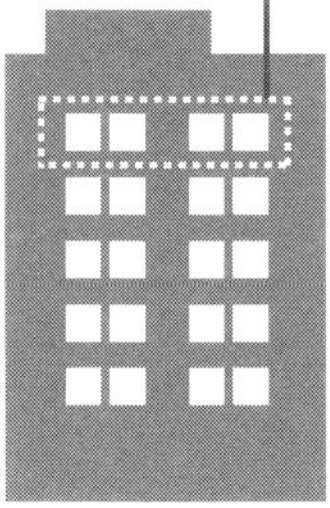

借家権

通常は、世間一般の第三者に売却することは実態として見受けられない

賃貸人に借家権を買い取ってもらう立退料（賃貸人という限定された対象なので、都合よく買い取ってもらえるとは限らない）
=賃貸当事者間限定での価値（限定価格）
……「合理的な市場において世間一般から見て妥当と判断される価格(公正価値)」とは限らない

借家権は「取引される慣行はない」ために、「世間一般に対しての取引を通じた換金は期待できない」

相続税財産評価基準の考え方として「取引される慣行があるために換金価値がある」ものについては、担税力があると判断されるために相続税を課税すると考えられる

借家権は取引される慣行がなく換金価値がないので、
相続税の課税対象には該当しない

※それでも借家権割合は30%とは規定している（貸家の財産評価にはよく使われる）

借家権は、相続税申告に際して令和3年現在、通常は課税対象とは言えないため申告不要である。ただし、立退料の価値把握のための「借家権の限定価格」の鑑定評価は、次の背景があるため、相続税とは無関係の概念として、その価値が把握されることとなる。

- 鑑定評価(不動産鑑定評価基準)と相続税財産評価基準は別物。
- 「借家権の限定価格」は賃貸当事者間限定で成立する価値であって、「合理的な市場において世間一般から見て妥当と判断される価格(公正価値)」ではない。
  よって、相続税の課税対象とすることは不適切。

8 立退料の鑑定評価の実例①

◆立退料が提示されても鵜呑みにしない

東京都心の昭和30年代に新築されたビルの地下の飲食店舗の建物賃借人はある日、建物所有者から「ビルを建替えたいので出て行ってくれ」と言われ、双方弁護士を立てて立退き交渉となりました。

賃貸人からの立退料の提示は４０００万円だったのですが、建物賃借人の代理人弁護士よりご連絡をいただき、事前分析で４０００万円よりも高額の立退料の鑑定評価額が見込めたため、筆者が賃借人側の主張としての鑑定評価を担当することとなりました。

この時、筆者は、単一の所有者に帰属している当該建物内の他の賃貸事例の情報を弁護士経由で得ました。この内容を分析するに、5年後までは賃貸人は建物の存在を前提としていると判断されました。ただ、建物は昭和30年代新築と古いため、それ以上の年数の継続使用は見込めないとも判断しました。

一方で、仮に5年であっても、賃料差額還元法の試算結果もある程度高額の試算価格が見込めました。そして、都心の立地のため、土地の実勢価格が高額であることから、割合法や控除法の試算結果は、賃料差額還元法の試算結果より、さらに高額の結論を見込める状況でした。

筆者はこれらを踏まえ、立退料は７０００万円との鑑定評価書を提出しました。相手方も改めて鑑定評価書を提示し、４０００万円との主張でした。

その後、この案件は、弁護士同士の交渉の結果、６０００万円台（営業補償は別途）で話がまとまったそうです。正直、賃貸人側も、４０００万円からある程度の上積みは覚悟していたと思うのですが、賃借人側が「立退料はもっと高額である」との合理的な根拠を提示できなければ、押し切られる危険性はあったと思われます。

賃借人側が賃貸人の言い値で臆せず、弁護士との相談の上で筆者に鑑定評価をご用命いただくことで、満足のいく結論を得られたのだと思います。

このように、相手方から立退料が提示された場合、鵜呑みにせず、まずは弁護士に相談することをお勧めします。

[ケース①]建替期にある古いビルの立退料

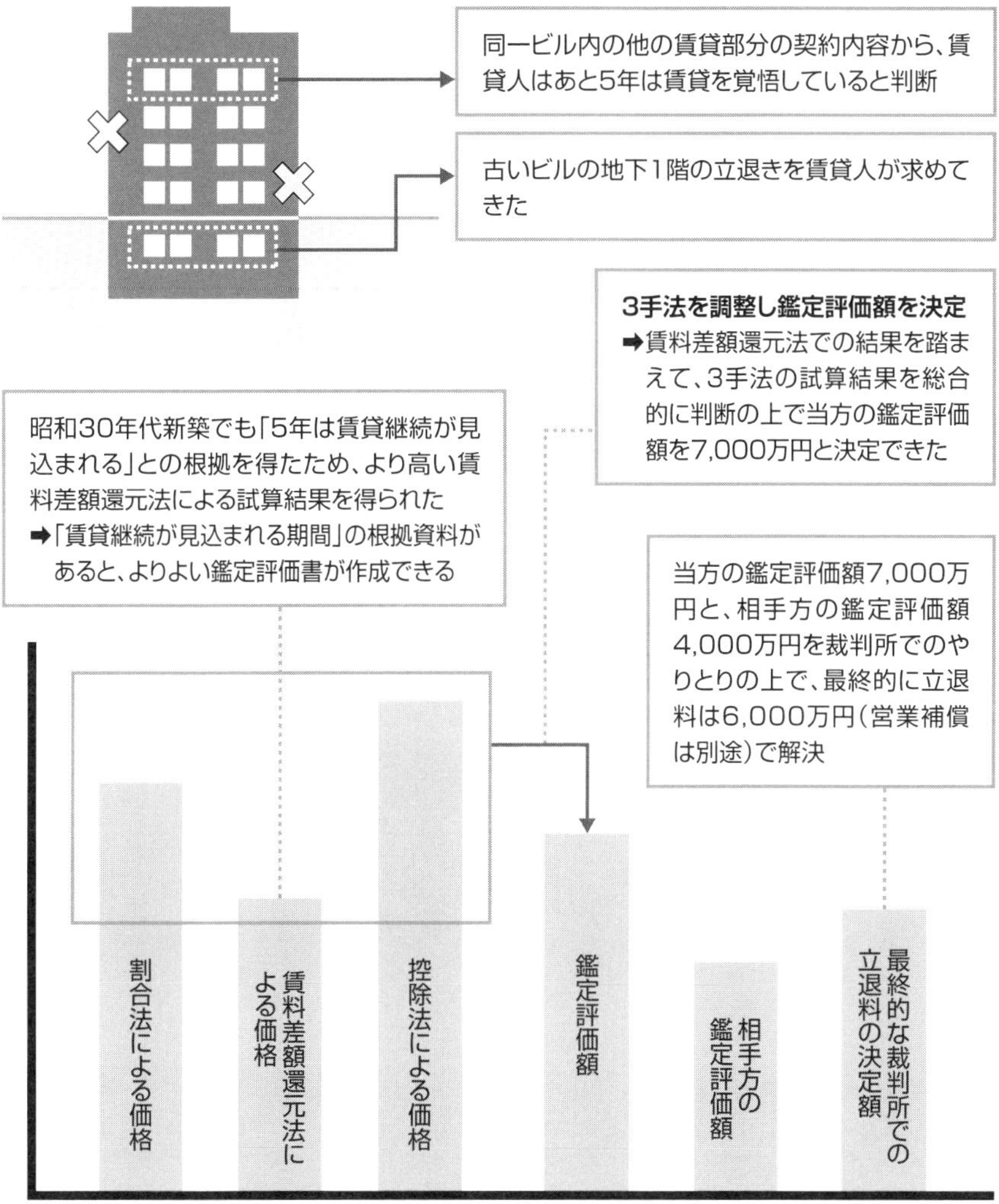
同一ビル内の他の賃貸部分の契約内容から、賃貸人はあと5年は賃貸を覚悟していると判断
古いビルの地下1階の立退きを賃貸人が求めてきた
3手法を調整し鑑定評価額を決定
➡賃料差額還元法での結果を踏まえて、3手法の試算結果を総合的に判断の上で当方の鑑定評価額を7,000万円と決定できた
昭和30年代新築でも「5年は賃貸継続が見込まれる」との根拠を得たため、より高い賃料差額還元法による試算結果を得られた
➡「賃貸継続が見込まれる期間」の根拠資料があると、よりよい鑑定評価書が作成できる
当方の鑑定評価額7,000万円と、相手方の鑑定評価額4,000万円を裁判所でのやりとりの上で、最終的に立退料は6,000万円（営業補償は別途）で解決
割合法による価格
賃料差額還元法による価格
控除法による価格
鑑定評価額
相手方の鑑定評価額
最終的な裁判所での立退料の決定額

賃貸人の立退料提示を鵜呑みにせず、鑑定評価を通じてきちんと主張をしたことで、立退料の上積みができた

➡立退き要請と立退料の提示を受けた場合は、弁護士経由で立退料の鑑定評価ができる不動産鑑定士に相談すべき

9 立退料の鑑定評価の実例②

◆双方の鑑定評価額が大きく違ったケース

都心某所の分譲マンションの1室を賃貸していたものを、立退きを求めるに際して、賃貸人側として立退料を求めた実例です。

新築後50年ほど経過した60㎡程度の分譲マンションの1室で、現行賃料が13万円／月で、本来期待ができる公正な水準の賃料等は15万円／月のため、差額は2万円／月、建物の継続が見込まれる期間も頑張って5年が関の山。その他更新料等の差額を勘案しても、賃料差額還元法の試算結果はせいぜい１２０万円程度となりました。

都心某所のため、割合法・控除法の試算結果はもっと高い価格になりましたが、そもそも地域の新築後50年ほどの60㎡程度の分譲マンションそれ自体の取引価格水準が３０００万円台程度ですので、その立退料となると、知れています。

ということで、賃貸人側の主張としては低い価格の方がよいですから、賃料差額還元法の試算結果を標準に、他の2つの試算結果も絡めて２００万円を結論とした鑑定評価書を弁護士経由で裁判所に提出しました。

ところが、何を思ったか、相手方の鑑定評価書は立退料を３０００万円と提示してきました。見れば、左ページのような禁じ手を犯して、割合法や控除法の試算結果を吊り上げたあげく、もともとの賃料が13万円／月のため、どう頑張っても低い試算結果にしかならない賃料差額還元法を合理的理由もなく試算していませんでした（もっとも、相手方の不動産鑑定士は経験不足で賃料差額還元法が適用できなかっただけかもしれませんが）。

相手方の鑑定評価書は立退料を３０００万円としていましたが、これでは新築後50年ほどの60㎡程度の分譲マンションそれ自体の取引価格水準のため、明確に無理があります。

筆者は、相手方の鑑定評価書の致命的な不備につき意見書を認めて指摘し、裁判所でもほぼ当方の主張が通りました。立退料の鑑定評価は、特に不動産鑑定士の経験の有無や能力に左右されるので、不動産鑑定士の選択が勝訴を目指すに際し重要となります。

[ケース②]新築後50 年経過の分譲マンションの立退料

現行賃料13万円／月、公正な賃料は15万円／月のため、差額は2万円／月

↓

賃料差額還元法の試算結果はせいぜい120万円程度

↓

- 地域の新築後50年経過の分譲マンション1室の取引総額の相場自体が3,000万円前後
- 割合法･控除法の試算結果も知れている

➡200万円を鑑定評価の結論とした

←✖→

〈相手方〉

合理的な理由もなく、都合の悪い賃料差額還元法を割愛するという禁じ手を使った上で、割合法･控除法も地域の取引実態を無視して試算し、立退料そのものを3,000万円と鑑定してきた

※新築後50年も経過した60㎡の賃貸マンションなのに控除法適用段階での「土地+建物の価値」を1億数千万円と査定し、派手に地域の実態を無視した査定をしていたが、これは禁じ手

▼

裁判所も相手方の鑑定評価書に呆れて、当方の主張が全面的に通ったが、立退料の鑑定評価を不慣れな不動産鑑定士に委ねると、地域の実態を無視したとんでもない結論を提示し、敗訴に繋がることがある

- このケースでは、3手法を調整して鑑定評価額を決定する際に、弁護士との相談の上で、

①賃貸人側、すなわち支払い側なので、ご依頼者たる賃貸人がどの程度までなら立退料の支出負担に耐えられるかについてコンセンサスを得た上で、

②裁判所の感覚として、どの程度の立退料の額ならば受け入れてもらえそうかについても調整していた。

➡弁護士やご依頼者と一緒に理論構築するのがポイント

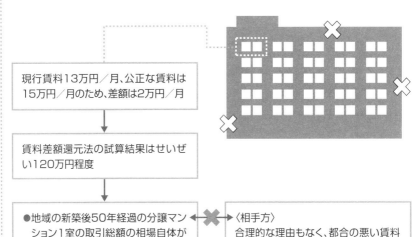

COLUMN 5

立退料の鑑定評価の経験がある不動産鑑定士は少ない

５章では立退料について説明しましたが、実は、不動産鑑定士の中でも立退料の鑑定評価の経験がある人はそれほど多くないようです。

不動産鑑定士は、現行制度では不動産鑑定士試験に合格の後、実務修習という教育機関で指導不動産鑑定士の指導を仰ぎ、更地や継続家賃等、いくつかの類型のバーチャル鑑定評価書を作成・提出し、さらに最後の修了考査をクリアして晴れて登録ができます。しかし、その実務修習の課題として課せられるバーチャル鑑定評価書の作成の類型に、立退料は含まれていないのです。

ある時など、裁判で筆者が立退料の鑑定評価書を提出し、相手方も反論する立退料の鑑定評価書を提出してきたのですが、その相手方の鑑定評価書は筆者の内容を随所に丸パクリしている箇所が見受けられました。おそらく、相手方の不動産鑑定士は立退料の鑑定評価は初めてだったのでしょう。笑ってしまったのは、相手方の前提では内容が違ってくる箇所まで丸パクリしていたため、理論的な矛盾が生じている点でした。

筆者は当然、その点を指摘しましたが、このように、不動産鑑定士の中でも立退料の鑑定評価の経験のある人は限られます。

本書に書いた内容は、立退料の中でも比較的ご理解いただきやすい箇所のアウトラインの説明で、便宜的に簡略化している部分もありますが、実際の立退料の鑑定評価の局面では、もっと詳細な分析が必要となってきます。十分な経験のある不動産鑑定士でないと、せっかく依頼をしても「裁判に勝てない鑑定評価書」しか認められない危険すらあるでしょう。

もし、弁護士経由で立退料の鑑定評価を依頼したい場合は、「裁判に勝てる鑑定評価書」を認められるだけの経験が十分にある不動産鑑定士かどうかは確認すべき点と言えます。

6章

不動産の役所調査の心得

❶不動産の法令制限を調べる際の心得
❷都市計画課で用途地域等を調べる
❸道路担当部署で道路の状況を調べる
❹建築指導部署で道路の状況を調べる
❺建築指導部署で建築確認の状況を調べる
❻検査済証のない建築確認の実例
❼建築指導部署でその他建築基準法関連を調べる
❽開発指導担当部署で開発関連を調べる
❾埋蔵文化財関連を調べる
❿環境関連や上下水道・都市ガス関連を調べる
⓫その他の調査事項を調べる
⓬開示請求とは？

1 不動産の法令制限を調べる際の心得

◆「役所側が作成した資料の記録」を得ることが重要

第6章では、不動産調査に際して、役所で価格形成に影響する事項をどのように調査をするかについて説明したいと思います。

不動産調査に際しては、左ページの事項を調査する必要があります。自治体によっては、都市計画関連、建築指導関連のうちの建築基準法上の道路か否か等、道路関連、埋蔵文化財関連、環境関連、上下水道関連等は、インターネットで情報提供している場合があるので、こちらを検索するのもよいでしょう。

ただし、インターネットで閲覧しただけだと勘違いもあり得るので、閲覧して読み取った結果を、念のため各自治体の担当部署に確認することをお勧めします。

他にも、筆者が強く推奨したい点がいくつかあります。

①役所に赴き法規制を確認する場合は、住宅地図で対象不動産の位置を示した上で、必ず役所の人と一緒に自分の目でも役所側の資料を確認する……役所の人にとっては初めて見る不動産ですので、役所の人任せだと役所の人が思わぬ勘違いをする危険性があるからです。

②その不動産につきコピーで得られる資料は全てコピーを徴求する。コピーがダメでも、写真で撮影できるものは撮影する……後で検証する資料になるほか、思わぬ調べ漏れがあっても、他の目的で得た資料でフォローできる場合があるからです。よって、カメラ持参は必須です。

③役所に赴く前に、インターネット等で事前に調べられるものについては、最大限調査してから役所に赴く……事前の机上段階で最大限調べることによって、疑問点や特に意識して調査すべき事項が明確になり、その点を特に重点的に役所に照会できるからです。

なお、筆者の場合、地方での鑑定評価も多いのですが、地方案件の場合は、現地調査前に、現地の役所の関連部署にメールで対象不動産の位置を書き込んだ住宅地図を送付し、その場所の法規制の内容をメールで返信してもらうよう依頼しています。もちろん、現地の役所でも図面等を見て再確認しますが、返信自体が記録となるほか、事前に状況を頭に入れて調査ができるからです。

役所での不動産調査事項

大分類	中分類	管轄
法令関連	都市計画関連	各市区町村の都市計画関連部署
	建築指導関連	各市区の建築指導関連部署 ※通常の町村や一部の市の場合、都道府県の出先機関が管轄部署の場合もある
	道路関連	国道・都道⇒国道管理事務所や各都道府県の道路関連部署 市区町村道⇒各市区町村の道路関連部署
	開発指導関連※	都道府県ないし各市区の開発関連部署 ※場合によっては、町村でも独自の規制を敷いている場合もある
	固定資産税・都市計画税関連※	各市町村(東京23区は都税事務所)の税務担当部署
	埋蔵文化財関連	各市区町村の埋蔵文化財関連部署
	環境関連	都道府県ないし各市区の環境関連部署
	上水道関連	各市町村(東京23区は東京都水道局)の水道関連部署 ※稀に水道事業団等が管轄のこともある
	下水道関連※	各市町村(東京23区は東京都下水道局)の下水道関連部署
	都市ガス関連※	地域の都市ガスを管轄する民間のガス関連会社
	農地関連※	各市町村の農地関連を管轄する部署 ※都道府県の管轄部署の方がより適切な場合もある ※東京23区の生産緑地は各区役所の生産緑地担当
	森林関連※	各市町村の森林関連を管轄する部署 ※都道府県の管轄部署の方がより適切な場合もある
	自然公園関連※	国立公園・国定公園・都道府県立自然公園を管理する部署
	河川関連※	河川を管轄する都道府県ないし市町村の河川関連部署
	占用関連※	公共所有の土地を占用している場合は、各自治体の該当する公共財産の管理部署
	ハザードマップ・土砂災害警戒区域関連※	各市町村の災害関連部署
	建物が宿泊施設の場合	旅館業法関連の届出内容の管轄部署(保健所等)
	観光関連※	各市町村の観光関連部署
登記簿関連	-	法務局 ※法務局の押印が不要のもので目的が達成できる場合は、インターネット登記情報サービスでも可 ※既に閉鎖された昔の登記簿謄本・図面等が欲しい場合は管轄法務局での請求が必要だが、郵送での請求も可
住宅地図関連	現在の住宅地図	国会図書館や、地元の図書館 ※インターネットで有料で取得できるので、筆者は通常はこちらで取得する
	過去住宅地図	国会図書館や、場合によっては対象不動産所在地の地元の図書館 ※民間業者の過去住宅地図有料配信サービスを利用できる場合もある

(注1) この表で示す「区」とは、東京23区を示す。政令指定都市の場合は、原則として「市役所(本庁)」を示すが、場合によっては区役所管轄となる(例:仙台市宮城野区の建築確認関連は宮城野区役所内の街並み形成課建築指導係が管轄である等)。

(注2) ※の事項は、不動産の内容によっては調査不要(例:東京23区内の商業地や住宅地、農地関連や森林関連の事項は調査不要)。なお、ハザードマップは目的に応じて適宜調査。

2 都市計画課で用途地域等を調べる

◆用途地域・建蔽率・容積率に注意する

都市計画関連については、左ページの事項を調べる必要があるでしょう。なお、都市計画区域外であれば都市計画関連の規制はないので、用途地域以下の諸事項の調査は不要です。ただし、都市計画区域外は地方の過疎地に限られますので、主要都市の市街地で都市計画区域外ということはないと考えてよいでしょう。

特に注意したいのは、**用途地域・建蔽率・容積率**です。用途地域は「その土地上に建築してよい建物の用途」を規制したもの、建蔽率は「その土地（敷地面積）に対する、建物を建ててよい面積（建築面積）の割合（の上限）」、容積率は「その土地（敷地面積）に対する、建てられる建物の各階面積の合計（延床面積）の割合（の上限）」を示します。

まず、都市計画課で照会できる建蔽率・容積率（一般に指定建蔽率・指定容積率と言う）は、あくまでも「都市計画上で指定された、ベースとなる建蔽率・容積率」であって、実際に個々の土地の基準となるのは、都市計画上の建蔽率・容積率に前面道路の幅員等に基づく一定の補正を勘案した建蔽率・容積率（一般に基準建蔽率・基準容積率と言う）となります。都市計画上の建蔽率・容積率が即、その土地に許容される建蔽率・容積率となるわけではない点は留意すべきでしょう。

また、例えば東京都中央区の銀座や日本橋等の都心部に設定される地区計画のように、一定の要件の下で建蔽率・容積率を緩和している場合もあります。地区計画に該当する場合については、管轄部署で地区計画のパンフレットを徴求することが必要でしょう。

なお、対象不動産が各種規制の境界に跨る場合もあります。このような場合、用途地域は過半を占める方の規制が適用され、建蔽率や容積率は面積で加重平均となります。その判断に供するため、例えば「前面道路境界から30m以内は近隣商業地域、30m超は第一種住居地域」といった具合に、「境界がどこか」を把握することが重要です。その際、境界部分を示す根拠資料もコピーを得るか写真で記録することが重要でしょう。

都市計画関連で調査すべき事項

市街化区域等の分類	市街化区域・市街化調整区域・非線引都市計画区域・準都市計画区域・都市計画区域外のいずれに該当かを照会 ※市街化調整区域の場合は、どのような条件であれば建物を建築できるかも適宜、照会する
用途地域やその他の地域地区・建蔽率・容積率	都市計画上の用途地域やその他の地域地区・建蔽率・容積率を照会
地区計画関連	その地域に地区計画があるかどうかを照会
防火関連	防火地域・準防火地域・建築基準法22条区域、特段の規制なしの別を照会
日影規制関連	※地方の市町村の場合は建築指導担当部署が管轄のことも多い
宅地造成工事規制区域関連	対象不動産が傾斜地の場合は、宅地造成工事規制区域の該当の有無を照会
都市計画道路関連	まれに対象不動産に都市計画道路の計画部分が入っている場合があるので、その有無を確認 ※もし指定がある場合は、以下も照会 ①計画決定段階で事業認可未了か、それとも事業認可がなされた段階か ②都市計画道路の名称 ③都市計画道路の計画決定年月日 ④事業認可がなされている場合はその認可年月日 ⑤対象不動産の敷地の一部が都市計画道路である場合は、「都市計画道路の計画部分が敷地のうちのどの範囲までか」
駐車場整備地区	駐車場整備地区の該当の有無を確認

3 道路担当部署で道路の状況を調べる

◆道路の名称と対象不動産前面部分の幅員は必須

前面道路が国道・都道府県道・市区町村道（総称して公道と言う）の場合は、役所の担当部署で道路の図面が保管されています。したがって、**図面の写し**（地方の場合は写真撮影だけの場合もあるほか、ごく稀に写真撮影も断られる場合もある）を徴求するとよいでしょう。

また、インターネットで道路台帳自体が開示されている場合もあります。この場合は、事前に図面の該当部分を印刷・持参した上で、該当箇所について担当部署で「インターネットにアップした時点と調査時点の間に、何か変更した事項がないか」を確認する程度でよいでしょう。

また、調査に際しては、**道路の名称と対象不動産前面部分の幅員を記録する**ことは必須です。稀に、道路台帳記載の公道の名称と、現況の公道の名称が異なっている場合がありますので、その場合は正しい道路名称の資料をコピーないし撮影で確保すべきです。

もうひとつ、必要な調査事項としては、**官民境界の確定がなされているか**の確認があります。これは、公官庁が管理する道路と、対象不動産の敷地の境界が、双方立会のもと、適切に確定がされているかの調査です。確定されている場合は、境界確定図面の写しの交付が小銭程度の負担で可能ですから、ぜひ取得すべきでしょう。

また、公図（7章2項を参照）記載の内容によっては、「対象不動産と道路が接していると言えるかが微妙な場合」もあります。この場合は、公図や地積測量図（7章3項参照）を提示して、「どこまでが公道の範囲で、対象不動産と接していると言えるのか」を担当部署に必ず照会することを推奨します。稀に、公図上で対象不動産と道路の間に細い水路が描かれていることもあり、その場合は水路部分も、蓋がされ道路と一体化する等によって、現況は道路の扱いであるか否かも確認すべきでしょう。この他、雪が多く降る地域では冬季に除雪対策がなされているかも調査するとよいでしょう。

また、市区町村が管理している道路状のものが全て市区町村道であるとは限りません。「市区町村の管理通路」という形態もあることを覚えておきましょう。

道路関連部署で調査すべき事項

公道の名称・幅員	道路台帳を取得ないし、コピー不可の場合は写真撮影 ※コピーも写真撮影も断られた場合は本章12項を参照
官民境界の確定の有無	官民境界の確定の図面を取得
公図の内容からは 「対象不動産と公道が 接しているか否かが 微妙に見える場合」	公図や地積測量図を提示の上で、「どこまでが公道の範囲で、公道が対象不動産と接しているのか」を照会
公図上、対象不動産と公道の間に細い水路がある場合	水路が暗渠《あんきょ》化されて舗装されている場合等、実態として公道として扱っている場合もあるので、その点を照会する
北国（降雪地域）の場合	前面道路にロードヒーターがあるか、ないとしても定期的に道路管理者により除雪がなされるかを照会 ➡どの道路を除雪するかの地図がある場合もあり、その写しを取得するとよい （写真撮影のみ可の場合も考えられる）

4 建築指導部署で道路の状況を調べる

◆建築基準法上の道路に対する接道要件を確認

道路の分類は公道か否かの他に、建築基準法上の道路か否かとの分類もあります。つまり、公道であっても建築基準法上の道路ではない場合もありますし、公道ではなくとも建築基準法上の道路である場合もあります。通常、公道ではない建築基準法上の道路を「**私道**」と言い、建築基準法上の道路でもない道路状のものを「**通路**」と言うことが多いのですが、これは慣習ですので、「建築基準法上の道路でもないものを絶対に通路と言う」とは言い切れない面はあります。

敷地上に建物を建築する際は原則、建築基準法上の道路に対する接道要件（通常は、道路から建物まで直径2mの大玉が転がるように接する必要がある）を充足する必要があります。建築基準法上の接道要件を充足するかは不動産の価値に強い影響を与えることから、前面道路の建築基準法上の道路の該当の有無を含めた建築基準法上の接道要件の充足の有無は重点的に調査すべきです。

通常、公道で幅員4m以上あれば建築基準法上の道路に該当していますので、特殊な場合を除き心配はありません。しかし、幅員が4m以下の公道や、公道指定のない道路状のものについては、建築基準法上の道路認定の有無を詳細に調べるべきです。

なお、建築基準法42条1項5号に該当する「**位置指定道路**」というものがあります。これは、開発等に際して「奥の敷地に建築基準法上の接道要件を行きわたらせるために、「私道について、建築基準法上の道路指定を申請により指定を受けた」ものです。位置指定道路については、位置指定道路図面が建築指導担当部署に保管されていますので、写しを徴求すべきでしょう。

また、建築基準法42条2項に規定する、俗称「**2項道路**」があります。これは、「前面道路が狭いので、幅員が4m確保できるよう、敷地の一部を道路用地として提供することを条件に建築ができる」道路です。この場合は、道路提供（**セットバック**）すべき部分の把握が重要です。役所によっては「2項道路調書」なる道路提供部分の資料がありますので、その場合は取得すべきでしょう。

建築基準法上の道路に関する調査事項

建築基準法の道路に該当するか否か

▼

- 建築基準法42条1項1号等の、「建築基準法42条1項5号道路・建築基準法42条2項道路以外」の建築基準法上の道路に接する
  ▼
  ▼
- 位置指定道路等の建築基準法42条1項5号道路に接する
  ▼
  位置指定道路の場合は位置指定道路図面を取得
  ▼

公図等の状況を勘案して、対象不動産の敷地と建築基準法上の道路が確実に接している（原則として、道路から建物まで直径2mの大玉が転がるように接していることが必要）と判断された場合は、接道要件については問題ないと判断する

- 建築基準法42条2項道路に接する
  ▼
  2項道路調書等で道路後退部分を把握
  ▼
  道路後退部分を把握の上で、有効宅地面積（セットバック後にも敷地として利用できる部分の面積）を把握し、道路から建物まで直径2mの大玉が転がるように接していれば、通常は接道要件については問題ないと判断する

- 建築基準法上の道路に接しない
  ▼
  建築基準法上の特別な建築許可の可能性（建築基準法43条2項の許可）を探る。既存の建物がある場合は、「なぜ、その建物が建築できたのか」の理由を可能最大限の範囲で建築指導の担当部署に照会（判明しないことも多い）

建築基準法42条1項5号道路についての留意点

①建築基準法42条1項5号上の道路は常に幅員4mとは限らない。

例 大阪市中心部の船場地区には「船場建築線」という制度があり、一部の道路に前面道路が幅員10～12mまで確保されるような後退が義務付けられていて、建築基準法42条1項5号道路の扱いとされる。このような、特殊な道路後退義務についても留意すべき。

②位置指定道路については、私道部分の土地所有者たちが「自分たちの持っている敷地以外の他人の敷地に接道要件を提供してしまうと、将来、位置指定道路の認定廃止申請をしたくなった場合に面倒（他人にも承諾が必要となる）なので、他人の敷地と接しないように、建築基準法の道路指定範囲と他人の敷地の間にあえてスペースを空けている」場合があるので、その点も調査すべき。

③稀に建築基準法附則5号道路というのもある。

5 建築指導部署で建築確認の状況を調べる

◆検査済証がないと建物自体の評価も下がる

建築基準法の意図するところは、建築物の敷地、構造、設備及び用途に関する最低の基準を定めて、国民の生命、健康及び財産の保護を図り、もって公共の福祉の増進に資することとされています。

このため、建築前に「建物が法の趣旨に従って建築される予定かを前もって確認」し、建築後に「その予定通りに建築されたかを検査し、適切であればその証明を交付する」制度があります。前者の確認を「**建築確認**」と言い（建築基準法6条）、後者を「**検査済証の交付**」（同7条）と言います。なお、ここで言う建築とは、建築物の新築のほか、増築・改築・移転も含みます。

よって、建物が存する場合の不動産調査は、建築確認関連部署でこれらの状況を把握する必要があり、具体的には、**①建築計画概要書の交付**（図面入りで建築確認の内容を示した書類）と、**②検査済証の交付の有無についての台帳記載事項証明の取得**（建築計画概要書に検査済証の取得の有無を書いてある場合もあるが、その記載がない場合は取得が必須）が必要となります。

検査済証がない建物を含む不動産の場合は、建物それ自体の評価も下がるほか、一般的に検査済証の有無が不動産購入に際する金融機関の判断基準となるため、資金融資に制約が生じて、「資金融資を前提として購入する層」が購入しにくくなってしまいます。いわば購入者層の範囲が狭まる傾向にあることから、不動産の価値に強い影響を与えます。

なお、建築確認上の敷地面積の範囲は、前面道路につきセットバックが必要な場合は、これを考慮した後の敷地面積となっているため、前項で説明したセットバック後の有効宅地面積を知りたい場合でも、建築計画概要書があれば、これを見るのが手っ取り早いでしょう。

また、仮に測量図や2項道路調書、対象不動産自体の建築確認の記録がいずれもなかったとしても、近隣の不動産の建築計画概要書を取得し、そこに描かれた図面の状況から対象不動産に求められるセットバックの範囲を推計するという技もあります。

建築確認の調べ方

〈建築前〉建築基準法の内容に適合しているかを予め確認
➡建築確認

▼

建築計画概要書が作成される

不動産調査段階では建築計画概要書の閲覧及び交付を依頼する
➡建物や敷地の平面図があるため、各種判断ができる

▼

建築確認だけでは「建築確認通りに建築するか」の担保がない
➡建築基準法の趣旨が損なわれかねない

▼

〈建築後〉「建築確認通りに適法に建築されたか」を検査する
➡検査済証の交付

建築計画概要書に検査済証の取得内容が書かれていない場合は、「検査済証の記録があることを行政が証明した書類」である台帳記載事項証明の取得で、検査済証の取得がある点を記録として確保する

●建築計画概要書の保管がない昔の建物の場合でも、「建築確認や検査済証を交付の状況を記録した役所内の台帳」があるので、その建物に関する台帳の記録を証明してもらう台帳記載事項証明で交付を依頼する。

〈注意点〉

①建築計画概要書は自治体によって保管状況が異なる。

例 東京都世田谷区は、概ね昭和54年以降の建築計画概要書は閲覧可能で、100円で写しの交付も得られる。東京都庁管轄は平成11年4月以降の建築計画概要書の閲覧のみで、写しの交付等は不可。

②建築確認資料は、もし依頼者等の関係者から得られる場合は、そちらから提示を受けることも考えるべき。

③地方の建築担当部署の場合、まれに開示に日数がかかることがある。特に初めての建築担当部署での調査の場合は、開示に日数がかかるかどうかを前もって照会した方がよい。
現地調査前にメールで建物の概要を伝えて、該当の建物の建築確認関連書類の提示や台帳記載事項証明の発行の準備をお願いし、現地で手間取ったり、取得漏れがないよう配慮することもお勧めである。

6　検査済証のない建築確認の実例

◆検査済証はどのくらいの建物が取得しているか

建築基準法７条で、建物を建築し終えた時は、建築確認の通りに建物が建っているかを検査することが義務付けられています。

ところが実態として、建築し終えた建物が全て検査済証を受けているとは限らないのです。左ページは国土交通省のデータの抜粋ですが、平成15年以降は国土交通省より金融機関に向けて、検査済証のない建物についての融資に対する指導・要請が入ったため、建築確認を受けた建物の検査済証の取得割合が高まったと言われています。その結果、平成19年以降の取得割合は概ね約９割以上ですが、平成10年時点はわずか38％でした。

言い換えれば、例えば昭和50年代以前の建物で検査済証が取得されていることは稀で、その時代に新築の建物が検査済証を取得していると驚くほどです。

筆者が以前、鑑定評価をさせていただいた案件の建築確認の話です。その建物は昭和50年代新築の戸建住宅だったのですが、当然のごとく検査済証がありませんでした。この建築確認、何が問題だったのかというと、「**接道要件**」でした。建築確認上の図面では間口は２ｍある（建築基準法上の接道要件を充足する）記載なのに、実際にはわずか１・８ｍしかなかったのです。

建物を敷地に建築するには、建築基準法上の道路から建物まで直径２ｍの大玉が転がるように接道していることが原則ですが、これでは建築はできません。つまり、現在の建物の建築時は、とりあえず建築確認の書面審査をごまかして検査を逃れることで、本来は建築できない敷地に違法建築をしてしまったのでした。

筆者は半ば呆れていましたが、依頼目的は鑑定評価額が低い方が好都合な案件であったのと、ご依頼者は既に亡き建築主本人ではなく息子さんで、責任もありません。そして、鑑定評価書の作成がご依頼者の役に立つと判断したため、建築基準法上の接道要件を充足しない価値の低い土地として鑑定評価をしました。このように「昔の建築確認で、検査済証がない場合」は建築確認の内容が誤っている危険性に注意した方がよいでしょう。

完全検査率の推移

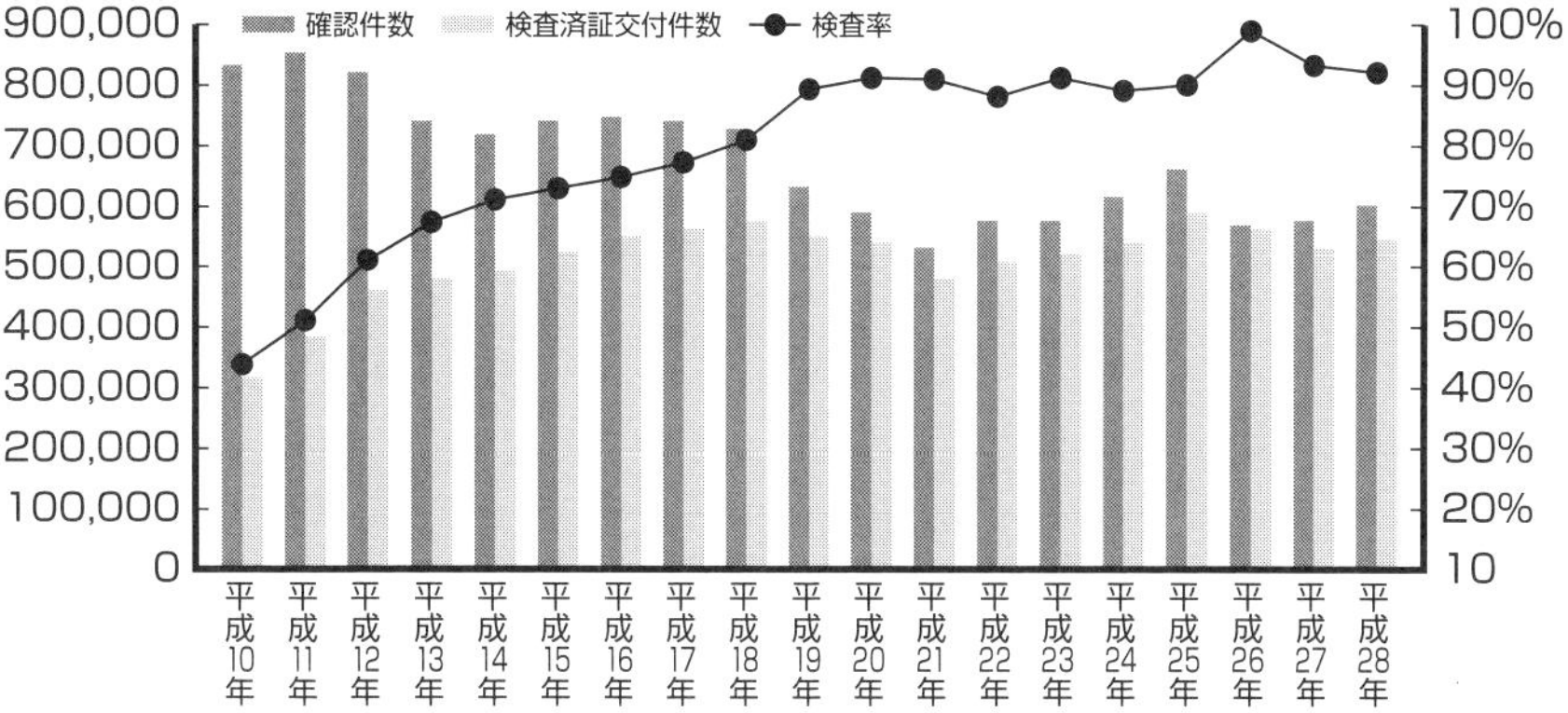

※各年度の検査済証交付件数を各年度の確認件数で除すことにより算定。
※出典：国土交通省 住宅局建築指導課「建築確認検査制度の概要」（平成31年）
https://www.mlit.go.jp/common/001279404.pdf

建築確認で実際にあった例

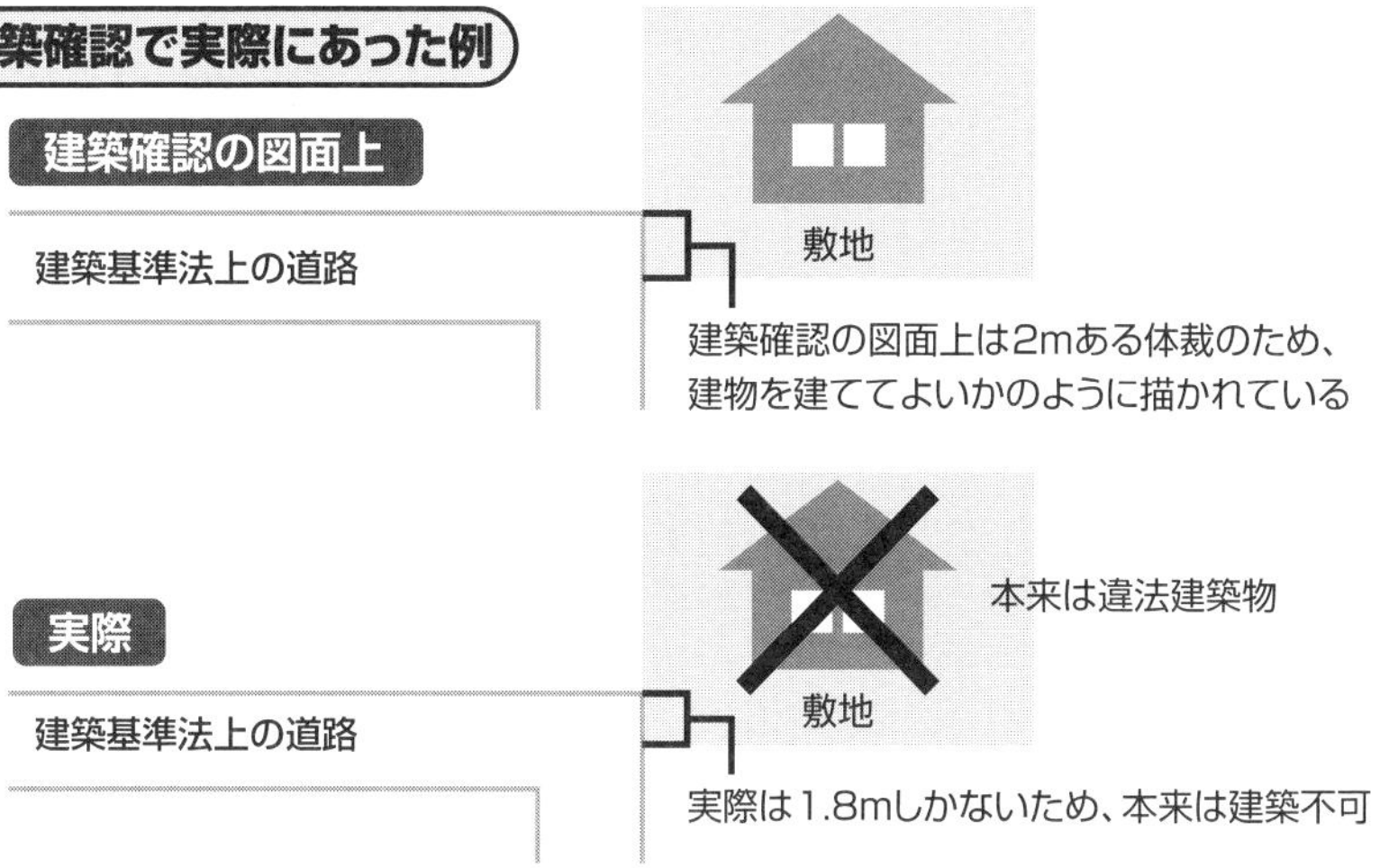

- 昔の建築確認は、現在ほど正確かつ厳格に判断をしていない場合があるため、特に検査済証のない物件については、その内容について疑ってかかった方がよい場合がある。
- 特に最近の物件については、検査済証を取得していることが一般的であるため、検査済証が取得されていない場合は「なぜ検査済証が取得されていないか」という理由も検討した方がよい。

※昭和56年5月以前は、耐震基準も旧・耐震基準であったため、実務上は建築確認がこの時期より前か後かでも建物に対する見方が変わる

7 建築指導部署でその他建築基準法関連を調べる

◆建築関連の条例等も担当部署に照会すべき

建築基準法上の道路関連や建築確認関連以外にもいくつか調査すべき事項があります。ここでは、概略を説明したいと思います。左ページを参照もあわせて参照してください。

「**角地緩和**」とは、一定の要件を充足する場合の角地においては、10％を割り増しした数値をもってその土地の実際の建蔽率（基準建蔽率）とできる制度です。したがって、調査する土地が角地の場合は、その適用要件を調べるべきです。

また、防火地域内かつ指定建蔽率80％の敷地の基準建蔽率は耐火建築物の場合は１００％となり、それ以外の防火地域または準防火地域内の耐火建築物は、10％増しが基準建蔽率となる点も覚えておいてよいでしょう。

「**容積率低減係数**」とは、基準容積率を把握する際に必要となる場合がある係数です。つまり、前面道路の幅員が狭く、「幅員×予め定められた容積率低減係数」＜「都市計画法の指定容積率」の場合は、実際のその土地での基準容積率は「幅員×予め定められた容積率低減係数」となるため、道路が狭い場合や都市計画法上の指定容積率が大きい場合は、容積率低減係数を確認するべきでしょう。

例えば、指定容積率は２００％、道路幅員４ｍで容積率低減係数が０・４の場合は、４ｍ×０・４＝１６０％＜２００％のため、基準容積率は１６０％といった具合に計算します。

「**特定道路の容積率緩和**」とは、前面道路の幅員が６〜12ｍで、対象不動産から70ｍ以内に幅員15ｍ以上の道路がある場合、「一定の算式に基づき現実よりもう少し幅員が広い」とみなして容積率低減係数を活用し、容積率を計算できる規定です。該当しそうな場合は、この点も調べるとよいでしょう。

その他、左ページ記載の調査事項があります。必要に応じて各担当部署で調査すべきでしょう。

その他、建築指導関連で調査すべき事項

敷地が角地の場合、 角地緩和の要件	通常は「周長の1／3以上かつ接する道路の角度が120度以内」が要件となっているが、それ以外に道路の要件や隅切りの必要性等により自治体ごとにその適用要件が微妙に異なる場合があるので、確認する
容積率低減係数	通常は住居系の用途地域は0.4、それ以外は0.6の場合が多いが、例えば東京都港区の商業地では0.8といった例外もあるので、要調査。 なお、幅員が4mに満たない建築基準法42条2項道路に接する場合でも、この計算に際しては適切なセットバックを条件に、幅員が4mあるものとみなして計算する
特定道路による容積率緩和	近くの幅員15m以上の道路が「特定道路」に該当するのか、また、前面道路が「本当に幅員6m以上で特定道路による容積率緩和の対象」なのかを調べる ※対象不動産の建築計画概要書がある場合は、こちらで基準容積率が判明する場合がある。また、対象不動産の基準容積率が不明でも、近隣の建物が「特定道路から何m扱いで建築されているか」が、その建物の建築計画概要書等で判明する場合は参考にする
建築協定	いわば建築に関する地権者同士の任意の約束のようなもので、「区域内における建築物の敷地、位置、構造、用途、形態、意匠または建築設備に関する基準」を定めたもの。該当の場合は資料があるので、根拠資料の写しを徴求
道路斜線・隣地斜線・ 北側斜線の規制	建物の建築に際して考慮すべき制限。紙面1枚程度にまとめた簡単な表がある場合は徴求。なお、紙面がない場合は、役所内にある根拠資料を撮影するとよい
（都市計画担当部署で 教えてくれない場合の） 日影規制	日影規制の時間・測定面の高さを聴取 例 5時間−3時間、測定面の高さ4m等
その他、建物の内容に 影響しそうな条例	時折、建物の内容に影響しそうな条例があるため、そのような条例の有無を照会　例 東京都西東京市の「人にやさしいまちづくり条例」によれば、建築物の高さが10mを超える中高層建築物、共同住宅等は敷地内に一定の算式に基づく台数分の駐車場を確保する必要がある等

8 開発指導担当部署で開発関連を調べる

◆開発登録簿は写しを取ろう

「**開発行為**」とは、主として建築物の建築または特定工作物の建設の用に供する目的で行う土地の区画形質の変更を言います。平たく言うと、建築物の建築等（建築物の敷地にするほか、特定工作物の用に供する土地にすることを含む）を前提とする、以下の行為が該当すると考えればよいでしょう（都市計画法29条以下）。

- **区画の変更**……一体地の中に道路や水路を入れる等の区画割（単に宅地を数区画に分割するだけの場合は開発行為の概念で言う「区画の変更」とは言いません）。
- **形の変更**……一定の高さ以上の切土《きりど》、盛土《もりど》を行う造成行為。
- **質の変更**……農地・林地といった「宅地以外の土地」を宅地に転用すること。

　対象不動産の所在地の法規制（市街化区域か市街化調整区域か等）や規模、所在する都市で要件の基準が異なりますが、一定の要件に該当する場合、開発行為を行うに際しては都道府県知事もしくは政令指定都市・中核市の長等の許可が必要になります。

　古くからの既成市街地内の宅地等は、通常は開発行為関連は無関係な場合が多いので、調査不要のことも少なくありません。しかし、実務的には**①一体地につき道路を挿入した上で区画割りし、宅地分譲がなされた土地を調査する場合、②地方の農地や林地主体の地域の中で宅地として転用・開発された場合**は、「かつて開発行為がされた結果、今の状況がある」ことが考えられるため、その履歴は調査すべきでしょう。また、その場合、開発の内容を示した開発登録簿が開発関連部署に保管されていますので、写しを徴求すべきです。

　一方で、面大地を道路挿入の上で区画割して分譲したい場合や、「宅地ではない土地」を宅地に転用したい場合等は、その土地で開発行為ができるかを調べる必要があります。この場合、最終的には管轄部署側と諸々の協議を行うこととなりますが、少なくとも調査段階においては開発許可基準を把握すべきでしょう。

開発関連部署での調査事項

既になされた開発の内容を調べる場合

➡開発登録簿の取得

これから開発行為を行うことを想定する場合の対応

➡そもそも、その土地での開発行為が「許可が必要か」を照会

都市や法規制で基準が異なることに注意。

※一定の行為は開発許可が不要とされる場合もあるので、その点も必要に応じて照会する。

開発許可基準を把握するために必要な事項

①開発許可基準の把握・写しの取得

②主要な項目の聴取

〈特に重点的に聞くべき事項〉

●取付道路の基準（幹線道路から開発する土地の前面まで連続して幅員○m以上の道路が接続していないと開発許可ができない等がある）

●分譲のための区画割の際の各区画の最低敷地面積

●分譲のための区画割の際の敷地内に設置する道路の基準（幅員○mが必要、隅切りの規模、道路末端部の転回広場の基準等）

●公園等の設置の義務の有無

開発行為とは?

開発行為に該当する例

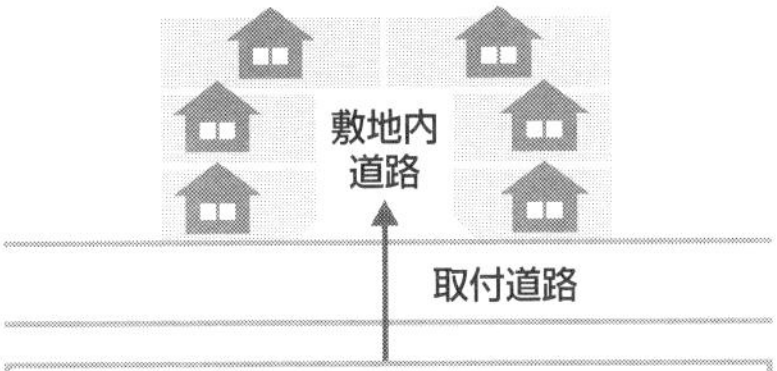

敷地内に道路を新たに入れるため、開発行為となる

▼

この場合は、開発区域が一定規模以上であれば（例・東京23区の市街化区域であれば500㎡以上）開発許可が必要となり、その際には開発許可基準に適合している必要が生じる

開発行為に該当しない例

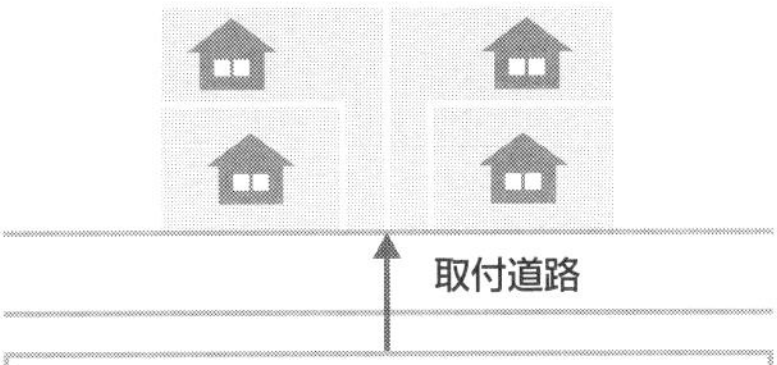

敷地内に道路を入れないため、開発行為に該当しない

▼

もともとが宅地で転用等の該当はない場合、開発許可基準に適合している必要はない

●開発行為をしようとした土地が開発許可基準を満たさない（例・取付道路の幅員が足りない等）場合は、開発行為に該当しない区画割への方針転換等が考えられる。

9 埋蔵文化財関連を調べる

◆埋蔵文化財包蔵地かどうかを照会すべき

日本は歴史のある国ですので、調査する土地の中には「地面の中に文化財が埋まっている可能性」がある場合があります。このため、文化財保護法に基づき、各自治体の文化財関連部署が埋蔵文化財包蔵地の範囲を指定し、当該部分で文化財を痛める危険性のある行為（建築等）を行う場合は、調査が義務付けられることとなります。

具体的には、建物を建築する際は、まずは「**埋蔵文化財包蔵地**」に該当するかを市区町村の埋蔵文化財担当部署に照会すべきでしょう。

なお、ホームページ上で埋蔵文化財包蔵地の範囲を開示している自治体も多いですが、仮にその内容で該当なしと判断されたとしても、稀に追加で指定されている場合も皆無ではありません。念のため、担当部署に照会するに越したことはないでしょう。

もし該当した場合は、以下の事項を調査します。

- **埋蔵文化財包蔵地の名称と概要**……どの時代のどのような遺跡がどの程度の深さで埋まっているか。深さは不明なことも多い。
- **試掘の費用負担**……文化財が実際に埋まっているかを把握するため、まずは試し掘りをするが、その費用負担は公費か事業者負担か。
- **本調査の費用負担**……試掘の結果、運悪く埋蔵文化財があると判明した場合の調査費用の負担は誰が持つか。一般的には、「自宅を建築する場合は公費負担で賃貸物件を含む事業用建物の建築の場合は事業者負担」のことが多いが、例外的な都市もある。
- **対象不動産での調査履歴の有無**……既に調査済みであれば、再調査は不要なことが多い。
- **近隣での調査費用の㎡単価実績**……公費負担ではなく、かつ、調査未了の場合の調査費用の推計の参考に供するため（近隣でも実績がない場合は、その自治体で生じる概ねの調査費用の㎡単価の相場）。

埋蔵文化財包蔵地とは？

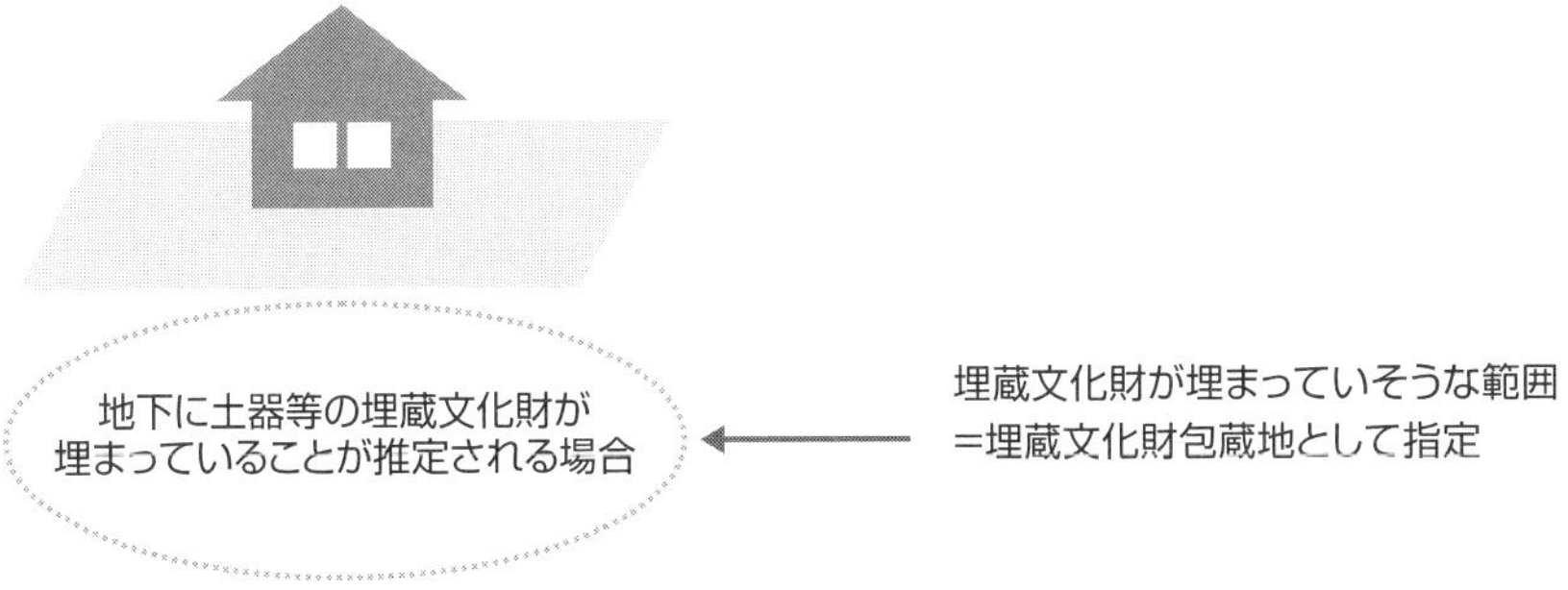
地下に土器等の埋蔵文化財が
埋まっていることが推定される場合
埋蔵文化財が埋まっていそうな範囲
＝埋蔵文化財包蔵地として指定

埋蔵文化財包蔵地に該当するにもかかわらず、調査等をしなかったら？

不動産の鑑定評価上では、関連する利害関係者への周知を前提に依頼者の了解が得られている場合は、「調査範囲等条件」として設定することで、「埋蔵文化財包蔵地の存在を考慮外として鑑定評価を行う」ことができます。ただし、この場合においても、実際には調査費用の負担が生じる危険性がある点を留意の上で意思決定を行うべきです。

ちなみに、筆者がある日、文化財関連部署に「埋蔵文化財包蔵地に該当するにもかかわらず、調査等をせずに埋蔵文化財を痛める建築等を実行したらどうなるのか」と質問したところ、「過料10万円以下」（文化財保護法202条）との回答が返ってきました。

あくまでも個人的に感じたことですが、仮に本調査に移行した場合、純粋な調査費用のほか、調査期間にその不動産が利用できないことによる家賃相当額も損失になります。明らかに歴史的意義が理解できるような遺跡ならともかく、埋蔵文化財包蔵地の過度の指定は不動産の自由利用を阻害し、社会的に損失となる面は否定できないとも思っています。

なお、不動産の鑑定評価では合法性を大前提とするため、鑑定評価上では調査範囲等条件を付さずに文化財保護法違反を前提として過料10万円の減額でお茶を濁し、鑑定評価額を決定することは許されません。

- 自治体によっては、埋蔵文化財包蔵地の分布図を用意しておらず、単に住宅地図に備忘的に埋蔵文化財包蔵地の範囲を書き込んであるだけであったり、㎡単価の相場も口頭での回答程度しかできないと言われる場合もある。
  地方案件で埋蔵文化財包蔵地の調査をする場合は、担当部署側が発信した記録を残す意味でも、あえて担当部署訪問前にメールで照会するのもひとつの手である。

10 環境関連や上下水道・都市ガス関連を調べる

◆できれば対象の隣地程度まで調査する

対象不動産によっては、昔、土壌汚染の発生源となる利用形態であった危険性も否定できません。このため、別途、土壌汚染のレポートがある場合は別として、可能な範囲で調査をすべき場合があります。

その手段としては、過去の住宅地図を調べるほか、行政が保管する土壌汚染と関連がある施設のリストを閲覧し、兆候を調べる方法もあります。具体的には、左ページの事項を環境関連部署で調査することとなります。

ちなみに、東京23区や比較的大きな市であれば区役所や市役所の環境関連部署が管轄ですが、比較的小規模な市や町村は、都道府県の環境関連部署が照会先となる場合が通常です。

また、水質汚濁防止法の特定施設については、千葉県や横浜市、山梨県のようにホームページ上でリストをアップしている自治体もありますが、中には一般には閲覧に供さず、単に照会された不動産について担当者からの返答を個別に行うだけの場合もあります。その場合は、メールで照会して返信を求めるといった環境関連部署側が発信した記録を残すことが重要でしょう。

また、もらい汚染の可能性を考慮し、できれば対象不動産の隣地程度まで一括して調査することが望ましいでしょう。

前面道路に上下水道・都市ガスが埋設されているかは、住宅地図を提示の上で、上下水道担当者やその市区町村を管轄する民間のガス事業者に照会すべきでしょう。その際、下水道法の特定事業場の該当の有無が環境関連部署では判明しない場合は、同時にその該当の有無も照会するとよいでしょう。

なお、注意したいのは大規模な住宅等の分譲開発を想定する場合です。つまり、上下水道やガス管の管径が細いと十分な供給ができず、思うような開発ができない場合があるのです。よって、大規模な分譲開発等を想定する場合は、その点も注意すべきでしょう。

環境関連や上下水道・都市ガス関連の調査事項

環境関連部署

<table>
<tr><td rowspan="4">市区町村
(または都道府県)の
環境関連部署</td><td>土壌汚染対策法の規制区域の該当の有無
➡リストを閲覧ないし担当者に照会</td></tr>
<tr><td>水質汚濁防止法の特定施設の該当の有無
➡リストを閲覧ないし担当者に照会</td></tr>
<tr><td>下水道法の特定事業場の該当の有無
➡リストを閲覧ないし担当者に照会
※環境関連部署ではなく、下水道関連部署が管轄の場合も多い</td></tr>
<tr><td>東京都内の場合、東京都環境確保条例の工場・指定作業場の該当の有無
➡リストを閲覧</td></tr>
</table>

- これらに該当があること自体は、直接的に土壌汚染の危険性を明示するものではないが、兆候の把握には繋がる。調査結果と過去住宅地図を踏まえて、土壌汚染の危険性を探ることとなる。
- 宅建業者が作成する重要事項説明書には、必要に応じ、この点が明記される。

上下水道・都市ガス関連部署

<table>
<tr><td rowspan="2">市町村等の
の上下水道関連部署
(東京23区の場合は
東京都が管轄)
及び都市ガス関連業者
※稀に水道企業団等が
管轄の場合もある</td><td>住宅地図を提示して、前面道路の上下水道の埋設管の状況を調べる
●水道台帳・下水道台帳の対象不動産前面道路部分の写しを取得。ただし、稀に写しが得られない場合があるので、その場合は写真で撮影する
●この作業を通じて、管径も把握する。同時に、下水道法の特定事業場の該当の有無を調べる場合もある
●水道はよほどのことがない限り、人家があるところには通じているが、下水道は地方では通じていない場合も多々ある</td></tr>
<tr><td>ガス事業者に住宅地図を送付して照会
●都市ガスも地方では通じていない場合も多々ある</td></tr>
</table>

11 その他の調査事項を調べる

◆観光地の場合は観光客数等も確認

本章1～9項で、通常の不動産で調査すべき事項は概ね把握できたと考えられますが、その他、調査すべき事項について説明したいと思います。

まず、防災関連部署でハザードマップを取得し、災害等の危険性は把握した方がよいでしょう。また、傾斜地等では土砂災害警戒区域・土砂災害特別警戒区域、砂防指定地の指定がある場合もありますので、これも管轄部署で照会すべきでしょう。

東京や政令指定都市等の中心部の市街地等では考えなくともよいですが、観光地等では国立公園・国定公園・都道府県立自然公園に該当する場合もあります。よって、このような場合はその指定や規制の有無についても管轄部署に照会すべきでしょう。

調査する土地が農地の場合は、左ページの農地特有の事項についても調査すべきでしょう。特に、農地を宅地に転用したい場合は、その転用の可能性や手続等について、市町村の農地関連部署等に照会します。

調査する土地が森林の場合は、森林関連の制限も調べるべきです。特に保安林の場合は、極端に厳しい規制があるため実質的に所有者の自由利用ができないことから、保安林の指定の有無は照会すべきです。なお、保安林は通常は登記簿上の地目の欄に「山林」ではなく「保安林」と記載されますが、記載漏れの場合も皆無とは言えませんので、森林関連部署での照会を勧めます。

保安林ではない林地であったとしても、地域森林計画の範囲内では厳しい規制が実質的に課せられます。宅地転用等はあまり現実的とは言えないことから、地域森林計画の範囲かも森林関連部署で照会すべきでしょう。

河川が近くにある場合は、稀に河川保全区域の指定がある場合があるので、河川管理者に照会します。

対象不動産が観光向け宿泊施設や店舗の場合は、観光関連部署に地域の観光客数の推移や宿泊者数の推移の資料を最近2～3年分程度、徴求するとよいでしょう。宿泊施設の場合、保健所等の管轄部署で旅館業法に基づく届出内容（室数・宿泊者数）も調べます。

その他、必要に応じて調査すべき事項

法令関連	照会事項
農地法関連	調査対象の土地が農地である場合、 ●その農地が農業振興地域内か ●その農地が農用地に該当するか ●生産緑地の指定があるか
森林法関連	●その森林が保安林に該当するか ●その森林付近が地域森林計画のエリア内か ➡地域森林計画の範囲を示した地図の写しを取得する ●市町村との緑地保全契約の締結の有無
防災関連	●ハザードマップの取得 ●土砂災害警戒区域や土砂災害特別警戒区域、砂防指定地の該当の有無を照会
宿泊関連	調査対象の不動産が宿泊施設である場合には旅館業法上の届出内容として下記を照会 ●宿泊室数 ●宿泊者数 ※宿泊者数=室数×2の場合は、いわゆるお二人様専用の宿泊施設と考えてよい。
河川法関連	●河川が至近にある場合は、敷地内に河川保全区域に該当する部分があるかを照会
観光関連	調査対象の不動産が観光客向け宿泊施設・店舗等の場合は、観光客数や宿泊者数の推移

12 開示請求とは？

◆役所が開示を渋った時の伝家の宝刀

東京23区の区役所ではほとんどないですが、地方の一部の役所の場合、通常の役所では提示する資料を合理的な理由もないのに提示しなかったり、提示しても、通常の役所では簡単に許可するようなコピーや撮影を渋る場合もあります。

しかし、こちらもお客様の大事な不動産の意思決定に資する重要な仕事ですので、いい加減な調査でミスをするわけにもいきません。

最もよくないのは、資料を手書きで書き写すだけの行為です。書き間違えた時に大問題になりかねませんので、役所側の提示した資料をコピーか撮影で確保することは必須です。

それらを渋る役所への対処の第一段階としては、提示やコピーをさせないという根拠の条文の提示を求めます。前例主義の悪弊というか、「何となくの慣習」で拒否している場合もあるからです。

担当者によっては「コピーや撮影をしてよいというのも条文に書いていない」と言うことがあります。そうなると二の矢で、「それでは、上長に交渉をしたいので、上長を呼んでください」と言います。個人的な経験則ですが、上長との交渉までの段階で方針を翻し、コピーや撮影をＯＫする割合は、当初拒否していた局面の概ね3～4割程度に上るのではないかと思います。

しかし、上長と交渉しても埒があかない場合もあります。その場合の最終手段は、資料の「**開示請求**」です。これは役所の資料について、情報公開制度に基づき開示や、開示を通じたコピーを求める制度です。

ちなみに、「最初から開示請求をすればよいではないか」という意見もありそうですが、それをしない理由は、開示請求は役所内での手続きが必要で、即時に取得できず数日を要することが通常のため、その後の当日中の不動産調査には活用できないからです。

とにかく、資料の提示やコピー・撮影を渋ったら諦めずに「開示請求」。これは覚えておいてよいでしょう。

開示請求の流れ

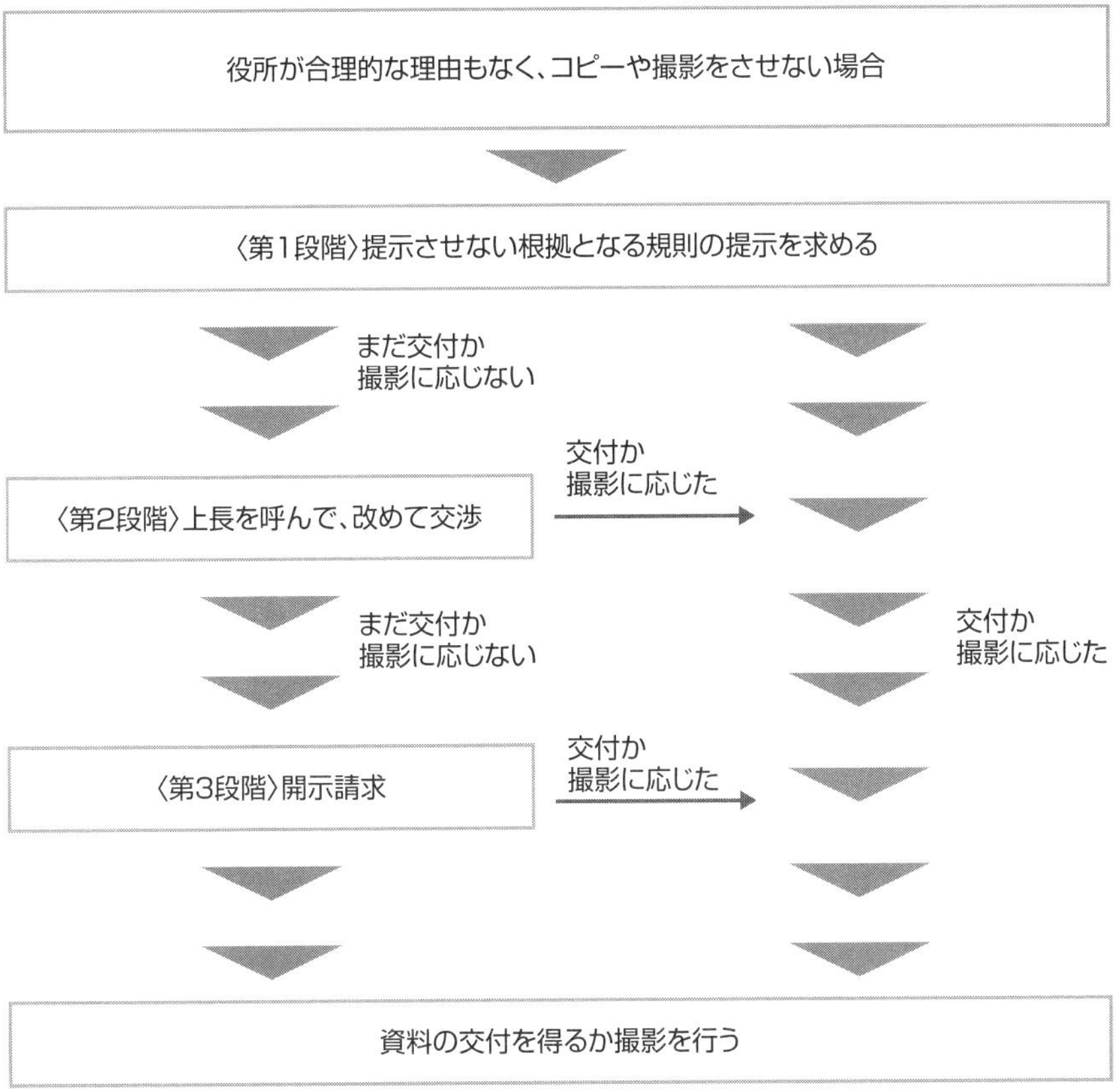
役所が合理的な理由もなく、コピーや撮影をさせない場合
〈第1段階〉提示させない根拠となる規則の提示を求める
まだ交付か撮影に応じない
交付か撮影に応じた
〈第2段階〉上長を呼んで、改めて交渉
まだ交付か撮影に応じない
交付か撮影に応じた
交付か撮影に応じた
〈第3段階〉開示請求
資料の交付を得るか撮影を行う

●合理的な理由がある場合（埋蔵文化財関連で、その自治体では住宅地図に範囲を書き込んであるだけであり、住宅地図は著作権の関係でコピーできない等）は、もちろん交付や撮影は無理強いすべきではないが、通常の役所で写しの交付･撮影が可能な資料を規定や合理的な理由もなく「うちではそうしているから」という前例主義だけで交付や撮影を拒否している場合は、上記のようなステップを経て強く対処すべきである。

※もちろん、ここまで敵対的な役所はごく少数であるが、ひとつの対処法として頭の片隅に置いておいてもよいだろう。
一方で、親切な担当者の方がはるかに多いので、こちらが求めた事項に適切な対応をしていただいた場合はお礼を言うことも忘れないようにしたいものである。

COLUMN 6

公正価値の上限近くの鑑定評価書を作成し、交渉に成功した実例

ある日、ある有名企業様より、地方の政令指定都市にお持ちの「支店閉鎖で遊休化した不動産」を売却したいが、価格目線がわからないので売却交渉用に鑑定評価書を……とのご依頼をいただきました。聞けば、近隣の企業が購入希望を表明しているものの、その提示額が感覚的には安いとは思うが、どの程度を目線にすればよいのがわからない、というお話でした。

この企業は「資金繰りの問題で急いで売却をしたい」という切羽詰まった状況ではなく、「まあ、高く買ってくれる先があれば売却してもよいかな」との方向性でした。

筆者が分析をしたところ、購入希望企業の提示額は公正価値の下限程度で、上限はその２割増程度となりそうでした。ということで、飛行機と列車を乗り継ぎ、その街を訪れ、上限近くを結論とする鑑定評価書を作成しました。

その結果、当初の購入希望企業との交渉は不調に終わったらしいのですが、数ヶ月後、その企業の総務の方から「あの鑑定評価額で別の売り先に売却できました」とご連絡をいただきました。

この話のポイントは、２点あります。

・鑑定評価額の決定を通じて当初の購入希望企業の購入希望額は低いことを提示して、交渉用の材料にした → 交渉で一方的に押し込められる事態を阻止し、「低い価格での損な売却」を回避した

・結果的に購入した企業に対する提示額の根拠となった

企業が拠点として使っていた不動産は、「戸建住宅等と比較して個別性が強く、戸建住宅のような『地域の総額の目線の相場』のようなものがなくわかりにくいため、詳細な分析をしないと価格交渉の目線が見えにくい」上に、「公正価値決定の段階で裁量の幅が比較的大きく、しかも総額も大きい傾向」にあります。このため、売買交渉に際しても公正価値の精緻な把握が、有利不利に響きやすい傾向にあると感じています。

この案件のように換金を急ぐ必要がない場合、公正価値の上限近くの目線を把握の上で「その価格で買ってくれる先を待つ」というのも、ひとつの方法と思います。

7章

不動産の法務局調査・現地調査の心得

1 法務局で登記関連を取得する

◆通常、所有権は登記がなされる

不動産は通常、その所有権を主張するために登記がなされます。「登記さえすれば絶対に、その登記上の所有者をもって当該不動産の所有者と扱う」とは限りませんが、登記ができるのに正当な理由もなく登記をしなかった場合は、最悪、第三者に権利を主張された場合に対抗できないこともありえなくはありません。

ですので、所有権の登記は義務ではありませんが、所有権を得た場合は登記がなされることが通常です。個人的にも、相続等で書き換え未了の場合は別として、「真の所有者と登記簿上の所有者が異なる」例を見たことがありません。

したがって、不動産売買等では、買い手側は直前に法務局で登記簿（正式には「全部事項証明書」と言う）を取得し、その不動産を売り手が所有していることを確認すべきです（実務上では、司法書士が関与する場合は司法書士が確認します）。

なお、登記の所有権移転等があった時の書き換えには1週間程度の時間がかかり、その間は登記簿が取得できなくなりますので、**売買契約締結前日あたりに発行された登記簿を確認すれば安全性は高い**でしょう。

登記簿の取得の仕方は、対象不動産の地番（住居表示ではない）を法務局の申込用紙に記入し、土地上の建物も徴求したい場合は「土地上の建物も依頼する旨」を書き入れればよいでしょう。

ただし、土地の合筆等で建物の登記簿にある「土地の所在」の欄の筆の地番と、現況のその敷地の筆の地番が一致していない場合があります。このような場合、建物の古さや位置、その他の状況を示す材料に基づき、候補となる建物の登記簿をいくつか取得する等の方策を探るべきでしょう。

あるいは、本来は「この人が所有者である登記簿をください」という名寄せはできないのですが、かかる状況がある場合は、法務局側に所有者を伝えて相談することも、実務上はあるでしょう。

登記簿の取得の仕方

法務局で地番を申請用紙に記載(全部事項証明書)、
もしくはインターネット登記情報サービスに入会･登録の上で検索(全部事項)
※入会･登録には1週間程度要する

地番が不明だが
所在(住居表示)が判明している場合は、
ブルーマップで検索
※ブルーマップは管轄法務局や国会図書館にある。

※登記簿には管轄法務局がある(例･東京都世田谷区の不動産ならば東京法務局世田谷出張所)が、住宅地図上の住居表示を伝えれば管轄法務局への電話で「概ねの地番」の照会が可能。

全国どこの法務局でも、
現時点で有効な
全国の不動産の登記簿
(及び後述の公図・地積測量図・
建物図面) を取得できる
※登記簿の書き換え中のものは除く。

- 過去の状況等を調べたい等の理由で、既に閉鎖された「昔の登記簿(及び昔の公図･地積測量図･建物図面)」が欲しい場合は、一部の例外を除き「管轄法務局での取得」しかできないため、管轄法務局に申請する必要がある。
- 登記簿は事前登録していれば、「インターネット登記情報サービス」でも取得でき、しかも法務局での取得より割安で取得できるメリットがある。ただし、法務局の押印がないため、証明力が低いとの難点はある。また、インターネット登記情報サービスで取得した登記は「全部事項証明書」ではなく「全部事項」と表現される。
- 地番がわからない場合は、住宅地図に青い文字で地番を落とし込んだブルーマップを見て、地番を判読するとよい。

筆

実務上、土地や建物が登記されている1個の単位を「筆」と言う。つまり、1筆の土地や建物に1つの登記簿が作成される。

また、1筆の土地に付された登記の世界での番号を「地番」と言い、1筆の建物に付された登記の世界での番号を「家屋番号」と言う。

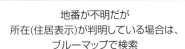

登記簿の例（土地）

面積は古い時代の測量で精度が劣る等の理由で正確でない場合がある。また、登記簿謄本上の地積と建築計画概要書上の敷地面積とは、誤差があることが通常（私道部分や要セットバック部分の面積が含まれている場合もある）

東京都世田谷区下北沢2丁目89-6 （土地）

表　題　部　（土地の表示）	調整	平成1	19951997
地図番号	余白	筆界特定	余白
所在	世田谷区下北沢二丁目		

①　地　番	②　地　目	③　地　積　㎡	原因及びその日付〔登記の日付〕
89番6	宅地	75 : 73	89番1から分筆 〔平成13年4月17日〕
	余白	余白	平成17年法務省令第18号附則第3条第2項 の規定に 平成17

現況と必ず一致するとは限らない

住居表示が不明な場合でも、「所有者がこの土地に住んでいたり、本社を設置している」場合には、この欄にこの土地の住居表示が書いてある場合がある

権　利　部　（甲　区）　（所　有　権　に　関　す　る　事　項）

順位番号	登　記　の　目　的	受付年月日・受付番号	権　利　者　そ　の　他　の　事　項
1	所有権保存	昭和53年10月22日 第32518号	所有者　世田谷区下北沢二丁目8番96 株式会社公認会計士清風会 順位1番の登記を移記
余白	余白	余白	平成17年法務省令第18号附則第3条第2項 の規定により移記 平成17年3月25日
2	所有権移転	平成27年10月17日 第5233号	原因　平成27年10月2日売買 所有者　世田谷区上北沢八丁目9番60 富田　健 順位1番の登記を移記

最後に所有権移転した人が現時点の所有者

権　利　部　（乙　区）　（所　有　権　以　外　の　権　利　に　関　す　る　事　項）

順位番号	登　記　の　目　的	受付年月日・受付番号	権　利　者　そ　の　他　の　事　項
1	抵当権設定	平成4年10月26日 第8173号	原因　平成4年10月10日委託契約による 　求償債権設定　平成4年10月17日設定 債権額　金2,700万円 損害金　年14% 債務者　世田谷区下北沢二丁目8番96 　株式会社公認会計士清風会 抵当権者　新宿区霞ヶ岡町4丁目22番 　株式会社さわやか銀行 共同担保　目録(わ)2001号
2	1番抵当権抹消	平成5年11月1日 第7381号	原因　平成5年10月15日解除

乙区の順位番号。番号が若いほど、抵当権・根抵当権の優先順位が高いが、中には優先順位の順位変更が乙区に記載されていることがある

下線部の引かれた事項は既に抹消された事項を示す。したがって、現在は影響のない事項

土地の賃借権、すなわち借地権は賃貸人側に手間をかけて登記をするメリットがないため、通常は登記がされない。土地の賃貸借関係の把握は別途、賃貸借契約書を入手する必要がある

インターネット登記情報サービス上の全部事項では、この証明に関する記載はない

これは登記記録に記録されている事項の全部を証明した書面である。
(東京法務局世田谷出張所管轄)

令和3年4月17日
東京法務局△△出張所　　登記官　　燕　九　郎　　印

※　下線のある事項は抹消事項である事を示す。　　整理番号　K19744　(2/2)　1/1

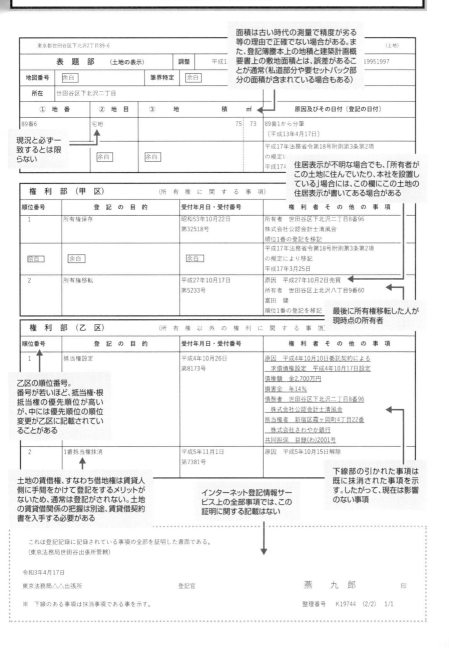

登記簿の例（建物）

東京都世田谷区下北沢2丁目89-6-1

表　題　部　（主である建物の表示）		調整	平成	
所在図番号	余白			
所　　在	世田谷区下北沢二丁目　89番地6、89番地7			余白
家屋番号	89番6の1			余白
①　種　類	②　構　　造	③　床　地　積　㎡		原因及びその日付〔登記の日付〕
共同住宅	木造スレート葺2階建	1階　48　00 2階　46		昭和49年4月17日新築
	余白			

この建物が所在する土地の地番が全て書かれる。ただし、合筆（複数の地番の土地を一体化すること）や分筆（1つの土地の筆を2つ以上の筆に分割すること）等の理由で現況地番と一致していない場合もある

稀に現在の用途と異なる場合がある

稀に登記簿に反映されない増築や新築がなされて、実際の面積と一致しないことがある。また、建築計画概要書上の建築面積や延床面積と、登記簿謄本上の1階部分の面積や各階の合計面積は通常、微妙な誤差があり、建物の新築年月日等と建築確認上の検査済証交付年月日も数日程度のズレがあることが一般的

権　利　部　（甲　区）

順位番号	登　記　の　目　的	受付年月日・受付番号	権　利　者　そ　の　他　の　事　項
1	所有権保存	昭和53年10月22日 第32518号	所有者　世田谷区下北沢二丁目8番96 株式会社公認会計士清風会 順位1番の登記を移記
2	所有権移転	平成27年10月17日 第5233号	原因　平成27年10月2日売買 所有者　世田谷区上北沢八丁目9番60 富田　健 順位1番の登記を移記
余白	余白	余白	平成17年法務省令第18号附則第3条第2項 の規定により移記 平成17年3月25日

最後に所有権移転した人が現時点の所有者

権　利　部　（乙　区）　（所　有　権　以　外　の　権　利　に　関　す　る　事　項）

順位番号	登　記　の　目　的	受付年月日・受付番号	権　利　者　そ　の　他　の　事　項
1	抵当権設定	平成4年10月26日 第8173号	原因　平成4年10月10日委託契約による 　求償債権設定　平成4年10月17日設定 債権額　金2,700万円 損害金　年14% 債務者　世田谷区下北沢二丁目8番96 　株式会社公認会計士清風会 抵当権者　新宿区霞ヶ岡町4丁目22番 　株式会社さわやか銀行 共同担保　目録(わ)2001号
2	1番抵当権抹消	平成5年11月1日 第7381号	原因　平成5年10月15日解除

乙区の順位番号。
番号が若いほど、抵当権・根抵当権の優先順位が高いが、中には優先順位の順位変更が乙区に記載されていることがある

建物の賃借権、すなわち借家権は賃貸人側に手間をかけて登記をするメリットがないため、通常は登記がされない。建物の賃貸借関係の把握は別途、賃貸借契約書を入手する必要がある

インターネット登記情報サービス上の全部事項では、この証明に関する記載はない

下線部の引かれた事項は既に抹消された事項を示す。したがって、現在は影響のない事項

これは登記記録に記録されている事項の全部を証明した書面である。
（東京法務局世田谷出張所管轄）

令和3年4月17日

東京法務局△△出張所　　　登記官　　　燕　九　郎　　　印

※　下線のある事項は抹消事項である事を示す。　　　整理番号　K74417　(2/2)　1/1

2 公図とは？

◆公図混乱地域に要注意

土地の登記簿謄本で地番や所有者を示していても、その土地がどこにあるかを明示しなければ、何もわかりません。このため、法務局では、「どの地番の土地がどこにあるか」を示した図面を備えています。

不動産登記法14条1項では、（地番の位置を示した）地図を備えることとされているので、本来は、地籍調査や地籍調査と同等以上の精度または正確さを有する調査に基づく図面が法務局に備え付けられるべきです。しかし、現実にはそのような調査が十分に進んでいない場合が多いので、旧・土地台帳法に基づく図面（旧土地台帳附属地図）を地図に準ずる図面、すなわち「**公図**」を地図に準ずるものとして扱っている実態があります。

実務上は、地図と言うと住宅地図等と紛らわしいので、法務局備え付けの地番の位置を示した地図も含めて「公図」と称することが多いため、本書では、かかる地図と、地図に準ずる図面の双方を含め、「公図」と表現します。

あわせて、正確な地籍調査、もしくはこれに準ずる調査に基づく地図はその内容が正確ですが、地図に準ずる図面は作成年代の測量技術の幼稚さ等の理由で、実態を反映していない場合もある点に留意してください。

不動産の状況を把握する際は、公図の徴求が不可欠です。しかし、特に地方に多い公図混乱地域に出くわした場合、公図と現況の形状が相互に全く似つかわない場合があります。地積測量図や建物図面（次項を参照）があって土地の形状がある程度推測できる場合はよいですが、それもない時の裏技をひとつご紹介します。

各自治体の固定資産税担当は、毎年の土地の課税用に独自の「地番（の示す土地）の位置を示した地番図」を所持している場合が多いです。しかも、かなり正確な場合が多いです。

ですので、このような場合や、不動産が大きくて1枚の公図に入りきらず全体を把握したい場合は、課税用の地番図の写しを徴求しましょう。中には「航空地図に地番や筆の境界を記入した地図」を保有している場合もありますので、まずはその有無を照会するとよいでしょう。

公図の例

①法14条1項の地図の例

（東京都の世田谷区役所付近）

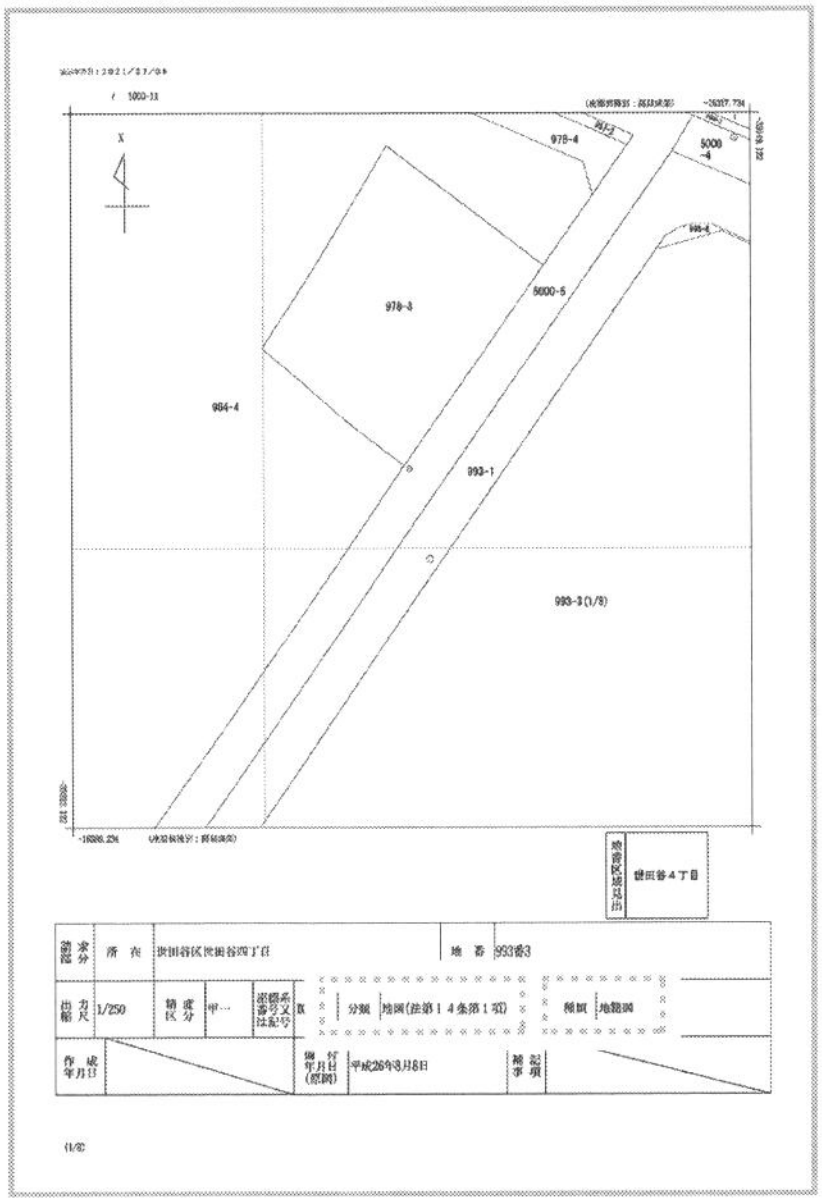

②旧土地台帳附属地図の例

（地価公示地「世田谷5-2」付近）※精度は疑問である。

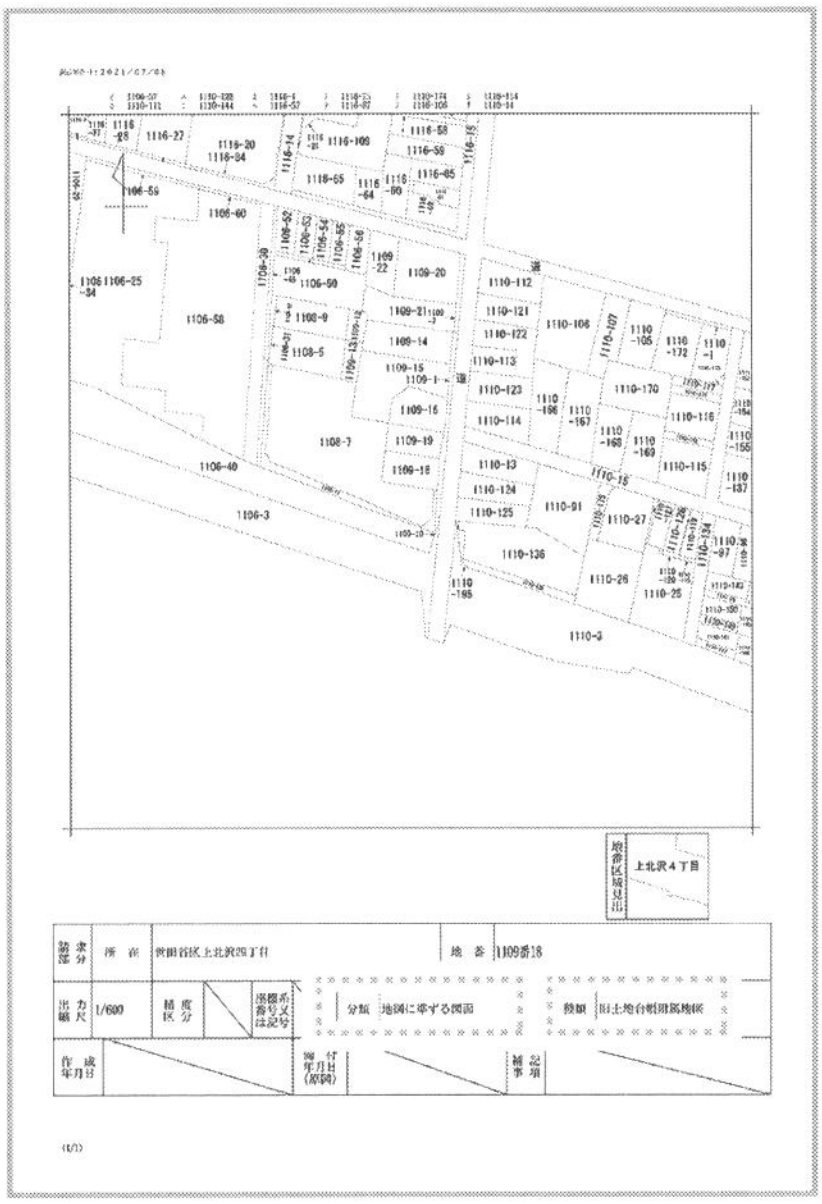

①は『分類』欄に「地図（法14条第1項）」とあるので、正確な地籍調査（上記では該当しないが、場所によっては国土調査法19条5項指定といって、地積測量と同等の調査がなされたと国土交通大臣が認めたものである旨が記載されている場合もある）に基づくため、その精度が高い。

これに対し、②は「地図に準じる図面」とあり、種類が「旧土地台帳附属地図」とあるため、その精度は疑問な場合がある点、留意すべきである。

3 地積測量図・建物図面とは？

◆地積測量図がない土地は注意が必要

土地の筆の中には、法務局に地積測量図が備えられている場合もあります。土地について図面作成のプロである土地家屋調査士による「**地積測量図**」がある場合は、実際に測量を行っているので、登記簿上の地積は比較的正確な場合が多いでしょう。

昭和40年代作成等の古い地積測量図は手書きで描かれている等、その内容はあまり正確ではない場合もありますが、調査にも時代の進展に伴う進歩があるようで、21世紀に作成された地積測量図は相当に正確で、まず間違いはないと考えています。

逆に言うと、地積測量図のない土地については、その登記簿の地積も疑わしい場合があるとも思っています。特に、地籍調査が未了で、昭和20~30年代あたりから所有権移転等のない土地については要注意でしょう。

このような場合、土地上に建物がある場合は建築計画概要書の敷地面積等にも留意しながら、その数量の妥当性は疑ってかかるべきです。

また、かつては1つの筆を2つ以上に分筆した土地については、「分筆に伴い、分筆後の特定の土地だけ正確な測量に基づき数量を確定の上で地積測量図を作成し、残りの土地（残地）の地積は従来の精度が担保されていない地積の数量から地積測量図で確定できた数量を差し引いた数量」とする場合がありました（今もレアケースであるらしいですが）。対象不動産が残地の場合は、その数量が不正確である場合も注意すべきでしょう。

地籍調査が未了で、地積測量図やその他の測量図がない場合は、各種書面上でも「登記簿数量で記載するが、その後に正確な数量が判明したとしても関連当事者は異議を申し立てない」旨の条項等の配慮が必要です。

また、建物にも法務局備え付けの図面が作成されている場合があり、これを「**建物図面**」と言います。一定の年代以降の建物には、通常は建物図面がありますが、古い時代の建物の図面は正確ではない場合もある点は留意すべきです。また、登記上（建物図面上）では未反映の増築や取壊し等の有無も、現況と照合し判断すべきです。

地積測量図や建物図面の例

①地積測量図の例 （東京都の世田谷区役所の敷地の筆の地積測量図）

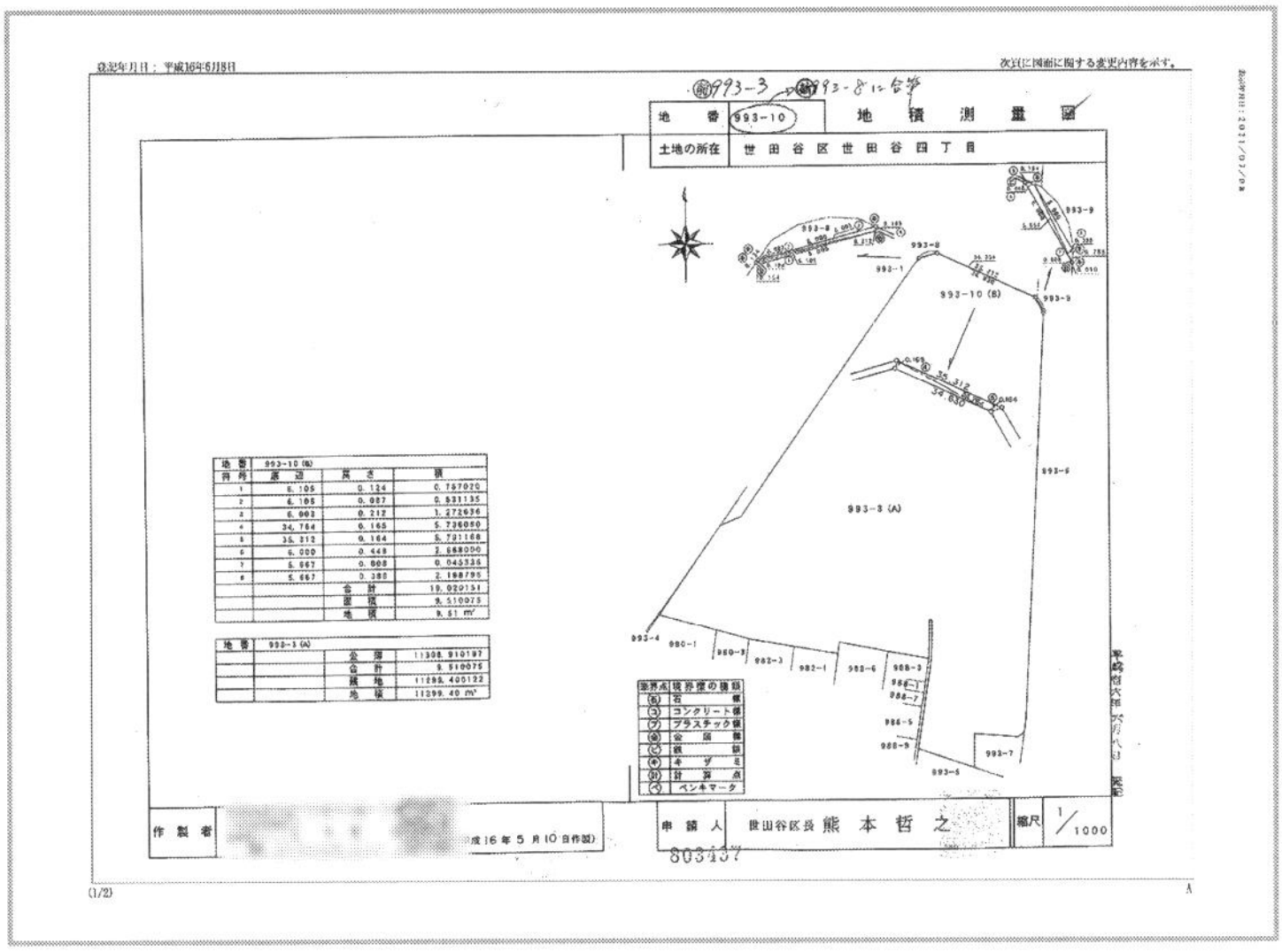

②建物図面の例 （東京都の杉並区役所の建物の建物図面）

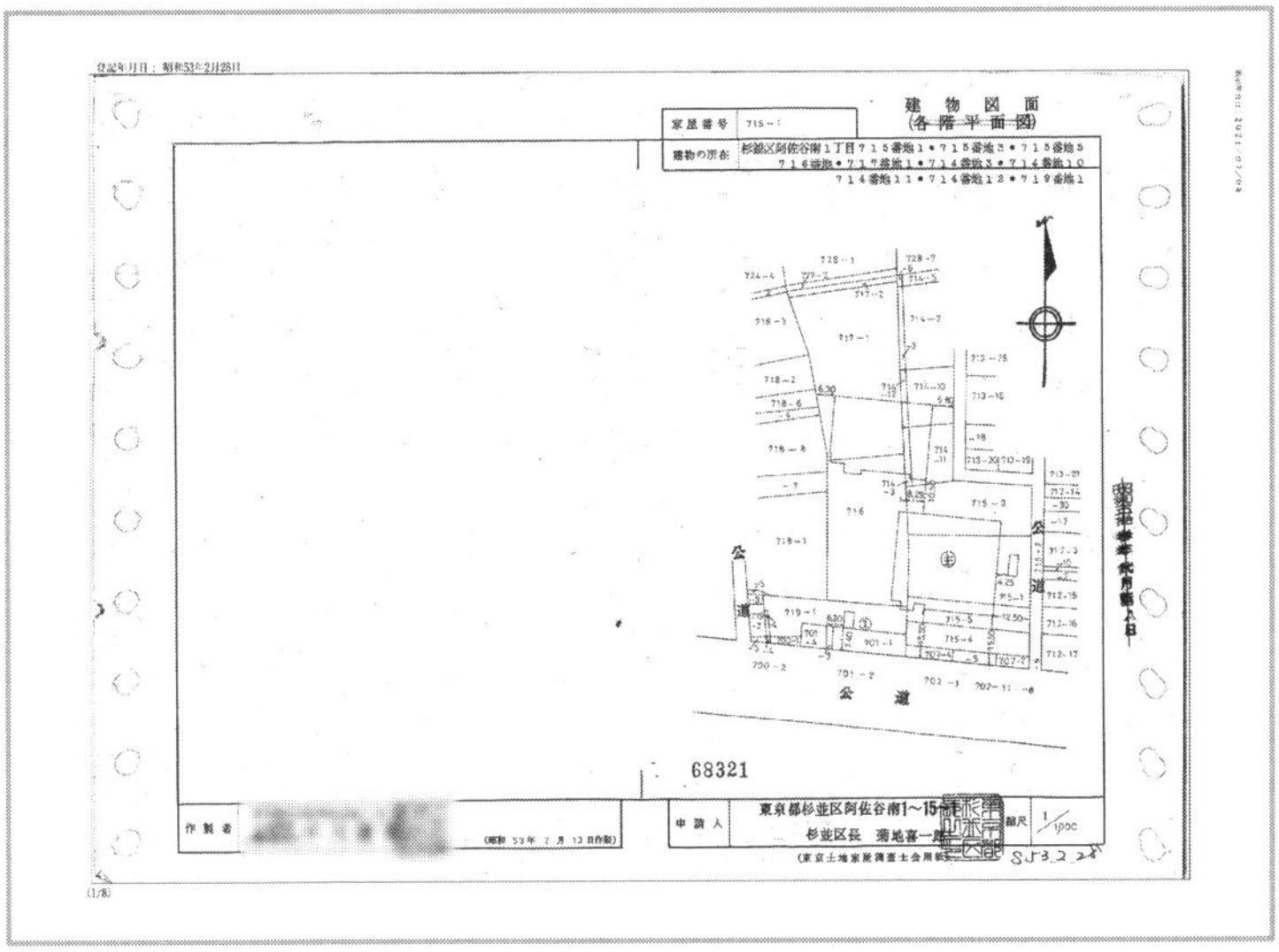

4 国有畦畔や地積が極端に異なっていた場合の実例

◆古い法務局関連資料を過信しないこと

公図である「旧土地台帳附属地図」に基づく「地図に準ずる図面」は正確な地籍測量をしていないため、実態と異なる図面が描かれていることがあります。その実例を2つご紹介しましょう。

ある関東地方の田舎の土地の調査をしていた時にあった話です。公図混乱地域の公図の中に、地番がふられていない土地がありました。書き損じかと思っていたのですが、その町の役場の固定資産税担当部署で調査すると、そこは**国有畦畔**ということが判明しました。畦畔《けいはん》、要するに国有の「あぜ」である土地が、道路と筆者の調べている土地の間にあったのでした。

建築指導担当に照会したところ、国有畦畔があるために、筆者の調べている土地については建築基準法上の接道は認めないとのことでした。この国有畦畔を「公図の書き損じ」と勘違いして、建築基準法上の道路に接道と誤認していたら……と考えると、今でもぞっとします。

別の実例としては、都内某所で鑑定評価のご依頼がありました。登記簿上の地積の数量は１５０㎡とありましたが、公図を見ても地籍調査は未了で、昭和20年から登記簿の内容に何の変更もありません。しかも地積測量図等もないので、その正確性の担保は皆無と言ってよい状態でした。このため、筆者は登記簿上の地積の数量を一切信用しませんでした。

その土地は地積測量図等はなかったのですが、土地上の建物の建築計画概要書が平成15年に作成されていました。敷地面積が１８０㎡とあって現況と概ね一致していたので、登記簿上の地積より信頼に値すると判断し、この数量に基づき鑑定評価を行いました。

その際に注意すべきは、１８０㎡のこの数値も**「土地家屋調査士が厳密に測量した」との確証がない**点です。

このような不動産に遭遇した場合、登記簿にある地積が正確ではない可能性に十分に留意し、トラブル防止に配慮すべきでしょう。

実態と異なる公図の例

①国有畦畔

公図＝地図に準ずる図面…公図混乱地域のため歪曲

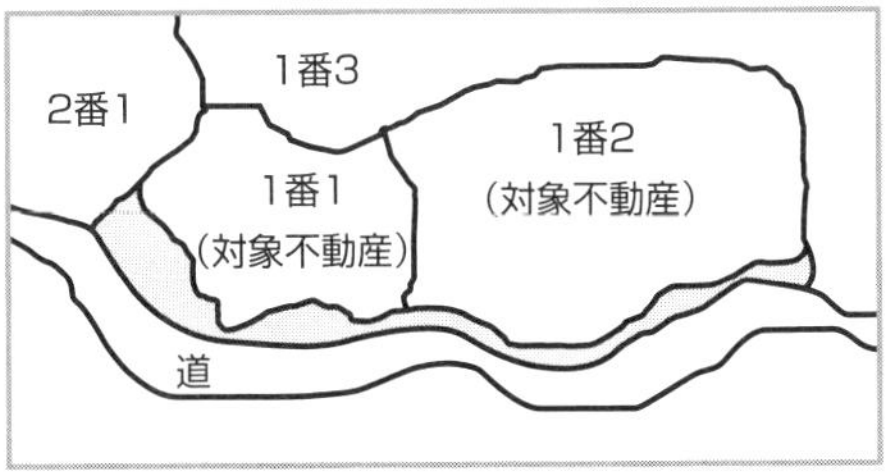

当初、地番1番1や地番1番2が道に接していると誤解しそうになった

➡公正価値が高い土地と誤認しかけた

上記の公図の現況

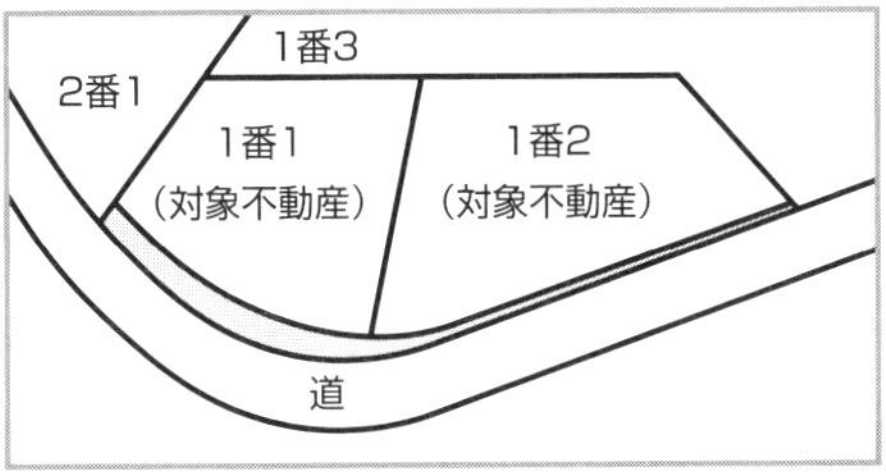

地番がないが、実は国有畦畔があった。しかも、この存在により道路と対象不動産たる地番1番1、地番1番2が接していないとの扱いとなるため、建築基準法上の接道要件を充足していないとの判定となった

➡真実を把握することで、公正価値が低い土地と判断できた

公図混乱地域での判断は特に注意

②大昔から所有権移転していないため、地積が実態を反映していない場合

昔は、地積が申告制であったり、いい加減な根拠で登記簿上の地積を計上していたため、本当の面積と、地積が不一致の場合がある

➡登記簿上の地積が常に正しい面積を反映しているとは限らない

地積測量図や実測図がない場合

建築確認上の敷地面積の数量等、新しい年代の合理的な面積数量の資料がある場合はそちらで代用した方が適切な意思決定ができる可能性が高い。

※仮に測量する義務がなかったとしても、費用負担面も含めて状況が許し、かつ、必要性が高い場合は、改めて測量するのも一案である。

➡契約書や重要事項説明その他関連する資料には、この点及び後日に正確な面積が判明したとしても異議を述べない旨を書面上に明記する等、トラブル防止に配慮すべき。

◆水路がある場合は要注意

公図で、いまひとつ注意したい点があります。地方の不動産で比較的見かけますが、対象不動産の中や、対象不動産と道路の間に水路が突っ切っている場合です。

細い水路があるだけだと何となく見過ごしそうになりますが、**この水路が建築基準法上の接道要件や開発行為の可否に影響する場合がある**ので、水路については十分に照会する必要があります。

具体的には、まず、公共財産の管理部署（道路管理部署と同一部署の事もあります）に対し、「この水路は、対象不動産所有者により占用許可が得られているか」との点と、「占用料が年間どの程度の負担額で、現時点の占用許可がいつまで有効か」との点を照会する必要があるでしょう。

ただし、自治体によっては個人情報を理由に教えてくれない場合もあります。この場合は、可能であればご依頼者等を通じて、所有者から情報提供を求めましょう。

また、案外とあるパターンが、占用許可は数年ごとの更新であることが通常のため、「新築当時等に占用の申請をし、かつて占用許可を得たものの、その後の更新がなされておらず期限切れになっている」場合です。この場合は、占用している者がご依頼者等である場合は、早急に善処を求めるべきでしょう。

ただ、占用許可は「あくまでも水路等の上を使ってよい」という財産管理者である行政の許諾にすぎません。水路の占用許可が得られたとしても、その奥にある敷地につき、「水路を介して建築基準法上の道路に接するので建築基準法上の接道要件を充足する」「水路を介して取付道路の要件を充足する道路に接するから、開発行為は可能」という保証が得られるものではありません。

よって、このような場合は、水路の占用許可とは別の問題として、「建築基準法上の接道要件を充足する扱いとするのか」「開発行為はできるのか」を各自治体の建築指導や開発行為の担当部署に照会すべきです。

占用許可があるかどうか？

道と対象不動産の間に水路が介在する場合

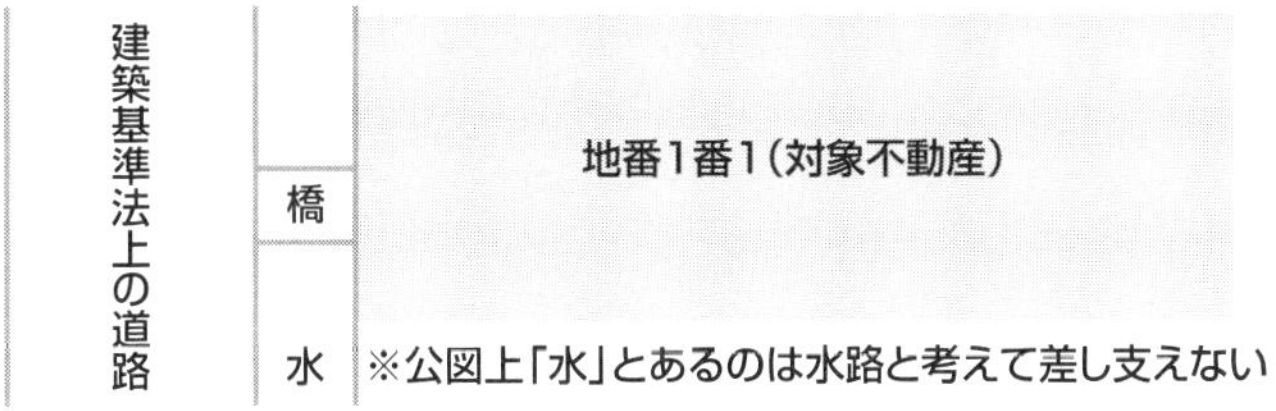

この水路の存在によって対象不動産が下記①～③のどの扱いになるかを照会すべき。
①水路が暗渠化されている場合、水路部分を道路と扱うのか（接道要件充足）
②占用許可を前提に対象不動産は建築基準法上の接道要件(開発関連についても同様)を充足する扱いとなるのか
③そもそも水路の存在で対象不動産は建築基準法上の接道要件不充足の扱いとなるのか

水路介在の土地に建物がある場合

この場合は、①②を照会。
①道路から見て、水路の奥側の土地も建築基準法上において建物の敷地と扱える(建築基準法上の道路に接すると扱える)土地か
②奥側の土地が仮に建築基準法上の接道要件を充足しない扱いの場合、なぜ、この建物は建てられたのか

●水路を介した建築基準法の接道要件の有無の取扱いは対象不動産の価値に強い影響を与えるため、例えば宅建業者の重要事項説明のほか、税理士が相続税申告を行う際にも要注意（接道要件を充足しない敷地の場合は無道路地と扱う余地も生じる）。弁護士の裁判系の局面でも慎重に検討すべき。

6 現地調査の際の留意点① 土地編

◆事前情報との一致を確認

ここでは、現地調査に赴くに際しての注意点をいくつか触れたいと思います。筆者が対象不動産を現地調査する際には、事前に役所調査やご依頼者に伺った情報等で把握した事項を踏まえて、**「どうしても現地に行かないと不明な事項」を確かめつつ、事前情報との一致を確かめる**というスタンスで臨みます。

このため、役所調査も、現地に赴く前に把握した情報を頭に入れつつ、法務局関連の情報やご依頼者からの情報も事前に分析しています。ちなみに筆者の場合は、事前に鑑定評価書を机上ベースで入力しておいて、不明事項を現地調査前段階で明確にしておくという手順を講じています。さらに地方案件で比較的時間がある場合は、現地の役所でパソコンを立ち上げ（周りの人に見られないように注意しながら）、役所調査で判明した事項を入力し、その内容を頭に入れつつ、調べ漏れがないかも確認しています。

現地調査の留意すべき事項として、まず土地の場合は、左ページの事項の調査が中心となると思います。このうち、土壌汚染の兆候や地下埋設物は目視による観察には限界があります。過去住宅地図からの推定やご依頼者への聴取等も踏まえて最大限対処しつつも、一方で、書面上に必要に応じて「正当な注意の範囲で調査をしたが、想定外の土壌汚染の可能性や地下埋設物の出現の可能性が否定できない旨、及びその点については責任を負わない旨」に配慮した文言を記した方がよいと思われます。

なお、住宅地図は民間の業者により発行され、家の表札等も描かれている縮尺1／1500の地図のことです。国会図書館や地元の図書館にあるほか、筆者も多用していますが、利用に際して著作権許諾にも配慮した住宅地図を有料でインターネットからダウンロードできるサービスもありますので、適宜有効活用すべきでしょう。

そして、現時点の住宅地図ではなく、数年～数十年前の過去の住宅地図も国会図書館等で謄写可能です。「かつて土壌汚染の発生源っぽい施設がなかったか」との視点で土壌汚染の兆候を把握します。

現地調査で注意すべき事項の例①

土地関連	①公図や住宅地図と現況の土地の範囲の一致を確認 ②地積測量図や実測図がある場合は、その内容と現況の一致を確認。その際、土地の周囲にあるピンや杭の位置も可能な範囲で把握 ③土地上の建物の建築計画概要書がある場合は、その敷地の範囲を確認 ④セットバックが必要な画地である場合は、土地上の建物の建築計画概要書、2項道路調書（これらがない場合は必要に応じ、近隣の建物の建築計画概要書も）でその内容を把握 ⑤境界画定の図面がある場合は、その図面と現況の整合性を確認 ⑥隣地からの越境物や、隣地への越境物の有無を確認。その際、可能な範囲で隣地との間の塀や柵がどちらの敷地内にあるかも確認 ⑦段差（高低差）や傾斜の有無を確認。必要に応じて巻尺等で高低差を測定 ⑧地積測量図や実測図がない場合は、土地の外周の長さを巻尺や歩測で把握。土地上の建物の建築計画概要書がある場合はそれと登記簿の地積の整合性を確かめつつ、地積の数量の妥当性を厳しく検証する ⑨過去住宅地図等も照合しつつ、土壌汚染の発生源となるような兆候の有無の確認 ⑩想定外の地下埋設物の有無の観察 ⑪土地につき賃貸借契約が締結されている場合は、賃貸借契約書の内容・図面と現況の整合性の確認 ⑫駐車スペースがある場合は駐車可能な台数の確認 ⑬電柱等の自由利用を疎外する構築物等が敷地内に存在するか否かの確認

側溝のイメージ

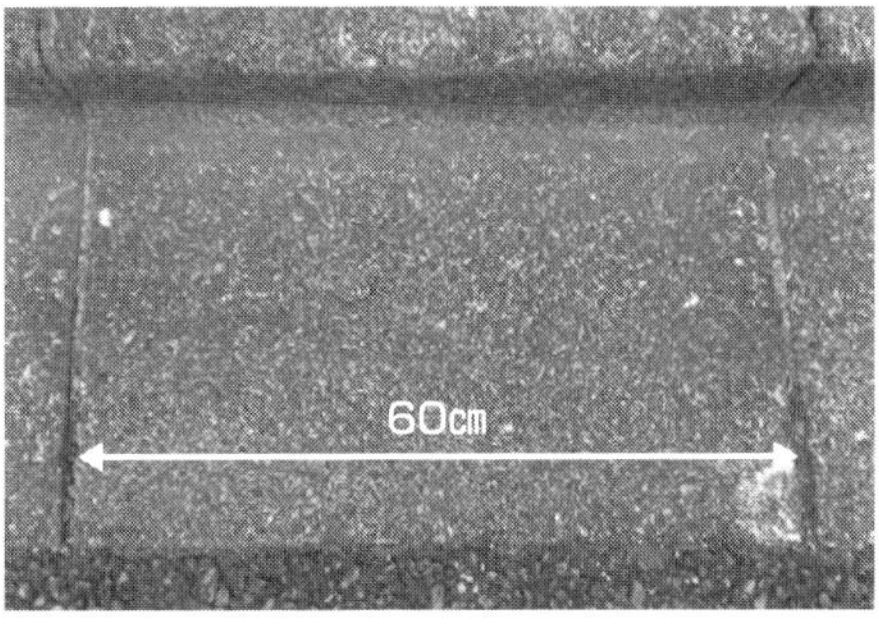

●側溝は60㎝であるため、側溝の個数を数えることで長さがわかる。土地の道路に対する間口の長さを把握したい時に覚えておくと便利。

7 現地調査の際の留意点② 建物・その他編

◆近隣への配慮も忘れずに

続いて、建物やその他事項についての現地調査時の注意点をお伝えします。

建物については、左ページの事項について調査すべきでしょう。その際、賃貸している場合は、現実的には内覧ができないので、扉の外から観察する程度に留める形態となるでしょう。

建物所有者の協力が得られない場合で、オートロックで内部に入れない場合は、入居の状況はポスト等の状況に着目して判断すべきでしょう。

イレギュラーなところでは、水商売系のテナントが入るビル（ソシアルビル）のように、昼と夜でがらりと状況が変わるビルもあります。そのような場合は昼のみならず夜間の状況も観察・撮影します。

また、不動産は、地域との適合性を前提として機能する側面があります。不動産の調査に際しては、単に対象不動産のみならず、周辺の不動産の状況も、左ページのように観察すべきでしょう。

対象不動産の写真は、極秘調査でトラブルになる危険性が高い場合を除き、多めに撮影しておくに越したことはありません。その際、遠景・近景・正面・側面等の様々な角度から撮影するのみならず、表札や杭、道路のセットバックの状況や、建物が商業施設の場合は近隣の競合施設等も撮影するとよいでしょう。

なお、裁判の相手方が所有の不動産であるとか、借入に関する極秘の担保評価である等、評価等の目的によっては、「調査していることが建物所有者や利用者にばれてはまずい」局面もあります。そのような場合は特に注意が必要で、写真撮影もトラブルが起きないよう十分に配慮すべきでしょう。また万が一、呼び止められた場合に備え、返答の用意もしておいた方がよいでしょう。

筆者の場合は、「税理士として、近隣の建物の不動産の税金を調査しています」と答えるようにしています。付け加えると、あらぬ誤解を避けるため、子供等がいる場合の撮影も注意すべきでしょう。

現地調査で注意すべき事項の例②

建物関連	①建物図面や建築計画概要書記載の図面と現況の一致を確認。併せて登記された建物の有無や未登記建物の存在の有無も確認。各種図面に描かれた建物の形状と現況が一致しない場合は、登記簿や建築確認に反映されていない建物の増築や解体等がなされている場合がある点にも留意する ②固定資産税課税明細の提示が得られる場合は、課税対象面積と登記簿の床面積の整合性を確かめる。各階の床面積の合計と課税対象面積が不一致の場合は、登記に反映されていない増築もしくは取壊し等がなされている場合がある点に留意する ③住宅地図記載の表札等と現況の表札等の一致の確認 ④建物のグレード(高そうな建物か、安普請の建物か)を判断 ⑤登記簿や建築計画概要書もしくは台帳記載事項証明上の種類(用途)と現況の用途の一致の確認 ※現況建物が昔に建てられた建物で、現行の用途地域の規制では許容されない用途の場合は、単なる違法建築物なのか、既存不適格建築物(建築後に用途規制が加わったため、用途規制が加わった時点で存在した従前の合法な建物は違法建築物にはならないが、そのような違法ではないものの、現行法にはそぐわない建物を「既存不適格建築物」と言う。その用途規制が加わったのがいつかを都市計画課で確認する)なのかを把握すべきである ⑥有害物質等の有無を立会人の聴取や目視の限りで把握 ⑦ひび割れ等の建物の痛みの状況の確認 ⑧アパート・賃貸マンション・賃貸ビルやホテル等である場合は、部屋数(室数)やその稼働状況と、ご依頼者提示の事前情報や旅館業法の届出内容との整合性を確認 ⑨極秘調査の場合、その不動産が稼働しているかどうかを確かめる意味で、もし可能である場合は電気メーターが回っているか否かを見る
その他	①近隣の建物の用途や利用状況、建物の階層を観察する。近隣の建物の用途と異なる場合は「現況の用途が合理的でなく、その建物の存在により土地の効用を十分に発揮できていない」ことがあり、また、現況の建物の階層が近隣の建物の階層より極端に低い場合は「現況の建物が効率的な利用形態ではなく、その建物の存在により土地の効用を十分に発揮できていない」ことが考えられる点に留意する ②2項道路と接する場合等、必要に応じて巻尺で前面道路の幅員を測定 ③周辺での嫌悪施設(高圧線、墓地等)の確認 ④民間のインターネットサイトで、対象不動産や近隣での事故・事件、自殺履歴等の有無の確認

※対象不動産所有者等の許諾が得られていない場合は、勝手に私有地に入って調査をするとトラブルになりかねませんので、道路等からの調査に留めるべき点もご注意ください。

COLUMN 7

金融機関が資金融資の際に判断材料とすること

筆者は時々、金融機関の方とお話をする機会があります。金融機関の担当者に、住宅ローン等の不動産を購入するに際しての資金融資の条件は何かと聞いたところ、例えば下記をチェックするとの意見でした。

・返済方法、返済比率
・住宅ローンの場合、年収、貸付期間、申込時年齢、完済時年齢、勤続年数
・抵当権の設定が第一順位か否か
・資金使途
・行内情報、連帯保証人の情報、個人信用情報、健康状態、反社会情報
・借地の場合の借地権の内容

なお、融資に至らなかった場合としては、収入の返済が厳しいと判断したり、過去に延滞があった、個人の信用情報で問題があったパターンが多いようです。

また、住宅ローン資金で貸倒れることが一番多いのは、会社を辞めて転職し給与が下がる場合（まるっきり失業することは珍しいが、前職より給与が下がるパターンは一定程度あるとのこと）や、自営で業況が悪くなった場合だそうです。

一方で、定期預金の解約を忌避して定期預金を担保に借金する人もいるそうです。担保が明確ですので、金融機関としても安全性が高いというのもあります。

また、事業を営む場合は、沿革、業務内容、強みや課題、環境も検討するそうです。

不動産を購入するに際しては、資金融資が必須な場合も多いです。となると、宅建業者や相続等で不動産売買に関与する税理士も、普段から金融機関との繋がりを数件、持っておいた方がよいとも感じています。普段から知っている人の紹介の方が、貸す側も安心でしょう。

8章

知っておいて損のない不動産知識

❶ 不動産に関連する場面での各士業の役割

❷ 宅建業者の無料査定の限界

❸ ある裁判案件での戸建住宅の鑑定評価の実例

❹ 不動産業者への売却の成約価格が低額な理由とは？

❺ 公正価値より高額で不動産を買ってもらう工夫とは？

❻ 建物解体費用の目安とは？

❼ 不動産法人化とは？

❽ 帳簿価額と鑑定評価額と実際の利用価値の関係

❾ 経営者が不動産価値で大怪我しないために必要なこと

❿ 経営成績の悪い企業の廃業と不動産売却

⓫ 最後に ── 不動産に関するプレーヤーへの提案

1　不動産に関連する場面での各士業の役割

◆どの局面でどの士業に依頼するか

不動産に関する様々なことでお困りの場合、よくあるのが「自分たちの抱える問題は、誰に相談すればよいのか?」という疑問です。左ページに、いくつかの問題の場合において、どの士業に相談をすればよいのかをまとめました。現実的には、例えば相続の遺産配分で争いが生じている場合は、まず弁護士に依頼しますが、その中で不動産鑑定士が必要な局面になったら、弁護士に紹介してもらうというように、「ある案件に関与する士業が既にいる場合は、その士業に必要とする別の士業の紹介を依頼する」形態が一般的でしょう。

もちろん、ご依頼者自らが探すパターンもなくはないですが、士業の立場からすると、「自分が既に知っている士業の方が、勝手知っているので業務を安心して進めやすい」という感覚があるのです。

さらに申し添えると、紹介以外で「一般的なその士業のその業務の相場より極端に安い報酬」を提示する士業は要注意です。極端に安い報酬を提示する士業は必要なコストをかけずに業務を遂行せざるを得ない、あるいは業務能力が低く繁盛していないため安値でもよいのでその案件を取ろうとする等、問題があるからです。

ただし、他の士業の紹介の場合は、紹介者の士業と普段からやりとりをしていて他の案件で恩恵があるため、持ちつ持たれつの意味で紹介者側の士業がその仕事を進めやすくなるように、紹介をされた士業が配慮している場合があります。この場合は、紹介者の士業にお礼を言って依頼すればよいと思います。もっとも、それは例外的な場合ですので、紹介だからといって安い報酬で話を進めるのはあまり期待しない方がよいと思います。

士業に依頼する時は、必要以上に高額な報酬を払う必要はないですが、変にケチらずにその士業の中でもその分野の一流に適正な水準の報酬を払った上で採算的な制約をかけず、思う存分能力を発揮させるようにした方が得策です。その方が結果として経済的利益が大きくなることは、請け負ってもよいです。

不動産に関連する主な相談・依頼先

局面	したいこと	適切な士業専門家	備考
相続関連	遺産争いが生じた	弁護士	●紛争性がある場合は、弁護士法72条に抵触するため、弁護士以外は関与できない
	遺言を書くに際して、節税対策を検討したい	税理士	●税務的なアドバイスや税務相談は、税理士(弁護士が通知税理士として登録する場合も含む)以外が行うことは税理士法2条・52条に抵触するためNG
	相続が発生したので、相続税申告書を作成したい	税理士	●「相続税に強い税理士」に依頼することが重要
	遺産分割や遺言を書くに際して不動産価値を検討したい	不動産鑑定士	●遺産分割で弁護士が関与している場合は弁護士から要請があるか弁護士に相談した上で依頼すべき
	相続税申告に際して、路線価等に依拠せず適切な時価で申告したい	不動産鑑定士	●税理士経由で依頼することが現実的
	所有権の移転等、不動産登記の権利の内容を書き換えたい	司法書士	
	遺産分割協議書の作成を専門家に依頼したい	弁護士・司法書士・税理士	●実務上は税理士が関連するのは相続税申告書作成に関連する場合、司法書士が関連するのは遺産整理・不動産登記が関連する場合と考えてよい
不動産売買関連	不動産売却に際して、買い手や売り物を探したい	宅建業者	
	不動産売買に際して、公正価値を把握したい	不動産鑑定士	
	不動産売買での節税相談・確定申告の依頼をしたい	税理士	●税務的なアドバイスや税務相談は、税理士(弁護士が通知税理士として登録する場合も含む)以外が行うことは税理士法2条・52条に抵触するためNG ●納税者自らが確定申告書を作成することは可能。ただし、素人が作成した結果、エラーがあって追徴課税が生じる危険性には要注意
	登記簿記載の不動産の規模が正確かを測量して知りたい	土地家屋調査士	●分筆・合筆をしたい場合も同様。また、場合によっては相続の局面で測量を行うことも考えられる。
	所有権の移転等、不動産登記の権利の内容を書き換えたい	司法書士	
立退関連	立退裁判を起こしたい	弁護士	●立退裁判を起こされた時、反論したい場合も同様。
	立退料を求めたい	不動産鑑定士	●不動産鑑定士の中でも立退料の鑑定評価の経験のある者は限られるので、その分野に強い不動産鑑定士を選択すべき
	店舗の立退請求を受け、営業補償の額を算定したい	公認会計士	●実務上は、裁判を担当する弁護士が自ら計算する場合も多い
	個人が立退料を得た場合の確定申告をしたい	税理士	●立退料の内容や性質で確定申告の内容が異なる場合があるため、できれば税理士への相談・依頼を推奨したい
その他	不動産法人化を検討したい	税理士	●不動産分野に強い税理士に依頼すべき
	賃貸物件の稼働状況を改善したり、費用負担を減らしたい	宅建業者	●場合によっては不動産鑑定士にも相談する余地もある

2 宅建業者の無料査定の限界

◆公正価値把握には鑑定評価書を絶対に採用すべし

不動産の公正価値を求めるには、不動産鑑定士による鑑定評価書でなければなりません。ところが、これとは別に、宅建業者による「無料査定書」というものがあります。

結論から言うと、宅建業者の無料査定書は、「その宅建業者限りでの、ある不動産について、『この程度の価格で売れればよいなあ』という願望の目線」にすぎないものです。このため、その無料査定記載の価格は、公正価値とは言えません。

そもそも「公正価値を求める世間一般から見て妥当と判断される手法」である不動産鑑定評価基準に則っていない査定ですので、公正価値が求められるわけがないのです。言い換えれば、署名押印もなく、公的な信頼力もない無責任な願望の目線にすぎません。査定を有料で行ってしまうと、不動産の鑑定評価に関する法律に抵触するため、これに抵触しないように「無料」で査定しているのが建前なのですが、それだけにコストをかけた調査もできません。よって、その査定内容の質は鑑定評価書と比較して極端に劣るのです。

そして、その宅建業者が関与する局面以外では活用できません。例えば相続税申告に際し、ある土地の評価を不動産鑑定士による鑑定評価額に依拠して、その申告が認められることは、１００％ではないとは言え多いですが、宅建業者の無料査定に基づく査定価格で申告しても、公正価値ではなく公的な信頼力もないので否認を喰らうのがオチでしょう。

このように、公正価値を求める場合は、やはり不動産鑑定士による鑑定評価書であるべきなのです。

不動産の売却を検討する場合は、無料査定は「その宅建業者限定で、その宅建業者がどの程度の価格目線で売却できそうか」を見極める用途限定でしか使えない点を踏まえた上で、必要に応じて、自らの側でも不動産の公正価値を概算額でもよいので把握しましょう。それとの比較の上で、「その宅建業者に不動産売却を依頼するか」の判断の参考として活用すべきです。

不動産鑑定評価書と宅建業者の無料査定書の違い

したいこと	不動産鑑定評価書	無料査定書
求める価格	その不動産の公正価値	その不動産が「この程度の価格で売れればよいな」という、その宅建業者限りの願望の目線
有効な範囲	公的な信頼力を有するため、依頼目的に関与する利害関係者の範囲内において基本的に制限はない	その宅建業者と無料査定の依頼者の間の限り
評価・査定に際して依拠すべきもの	不動産鑑定評価基準及び運用上の留意事項ほか	特になし
責任	署名押印をするので不動産鑑定士は一定の責任を負担する	単なる願望なので基本的にはない
報酬	有料(数十万円/件～鑑定評価額10億円程度以上の不動産であれば100万円以上/件のことも)	無料(不動産の鑑定評価に関する法律があるため有料にできない)
評価する者	不動産鑑定士	宅建業者の担当者

3 ある裁判案件での戸建住宅の鑑定評価の実例

◆相手方は宅建業者の無料査定を提出してきたが……

以前、東京23区内のある大手私鉄の駅から徒歩5分程度の豪邸を鑑定評価させていただきました。

この案件の場合は、評価が低い方がご依頼者に有利なので、公正価値の幅の中で比較的低額な水準の鑑定評価書を提出しました。

ところが相手方は、鑑定評価報酬を支払う余裕がなかったのでしょう。何を思ったか、宅建業者の無料査定のレポートを提出してきました。もとより、無料査定は「その宅建業者限りの『この価格で売れればよいなあ』という願望の目線の査定」にすぎず、公正価値を示しているとは言えません。具体的には、以下のような欠点が指摘できました。

①相手方にとっては高い方が都合よいからか、周辺の宅建業者の募集価格を事例として提示している。しかし、募集価格は売主側の売却希望額にすぎず、実際の成約額はそれより低い場合が多い。

②対象不動産と事例地の地域格差を無視している。すなわち、事例地の方が立地条件がよい（実際、相続税路線価も事例地群の方が高かった）のに、これを無視して査定しているため、不当に高ぶれしている。

③ある取引事例につき、「更地」の2億円取引としながら、内訳を「土地価格1億円、建物価格1億円」としている。更地なのに建物価格がある時点でおかしい。

他にもありましたが、筆者は相手方の無料査定を完膚なきまでにダメ出しする意見書を提出しました。

その結果、裁判所では鑑定評価額を前提に話が進みました。

宅建業者は、筆者にもたくさんの仲間がいますが、健全な不動産取引の促進を通じ社会に貢献する大切な存在ですし、善良な方々がほとんどです。ただ、善良な宅建業者の査定であっても、無料査定を公正価値把握に活用するのは間違いです。読者の皆様には、このような鑑定評価書と無料査定の使い道の違いをご記憶いただければと思います。

この案件での鑑定評価書と無料査定の関係図

著者の鑑定評価書

ご依頼者の立場からは
「自宅の価値を低く見た方が有利」

不動産鑑定士は「世間一般から見て妥当と判断される価格(公正価値)を求める手法」である不動産鑑定評価基準及び運用上の留意事項に従う必要があるので、それに則って公正価値の幅を把握

▼

公正価値は概ね1.5～1.7億円の幅

▼

鑑定評価書では低く見た方がよいので、1.5億円を鑑定評価額と決定

▼

当然、裁判所はこちらを採用する

相手方の宅建業者による無料査定

相手方の立場からは
「自宅の価値を高く見た方が有利」

無料査定は、「その宅建業者限りの『この価格で売れればよいな』という願望の目線」にすぎないので、不動産鑑定評価基準及び運用上の留意事項を無視した、「感覚値としての願望」を無責任に書いてしまう場合がある

▼

公正価値の幅を無視して、願望の目線を書く

▼

2億円を無料査定の結論としているが、責任のない願望にすぎない

意見書を認めて、一方的に不備の指摘をする(レベルが違いすぎるので、宅建業者は鑑定評価書に反論できない)

4 不動産業者への売却の成約価格が低額な理由とは？

◆なるべく他の需要層に売却しよう

不動産を売却する時、気にかけたいことがあります。それは、前項で述べた通り、**不動産業者（宅建業者）に売却すると、本来の市場参加者への売却の場合と比べて低額の買取となり、損な場合がある**ということです。

例えば戸建住宅や工場等、「その不動産を自分で使うことを目的とする個人や法人」への売却であれば、買い手側もすぐに使えないと困りますから、通常は変に値切らず公正価値以上の水準で購入してくれるでしょう。

あるいは投資収益物件の場合、不動産投資家に売るのなら、その不動産を売ってくれないと期待している稼ぎが得られず困るため、変に値切らず基本的には収益性を反映した公正価値以上の水準で購入してくれるでしょう。

しかし、不動産業者の場合、その不動産を買っても、他に転売する在庫にする程度で、その不動産を売ってくれないと困る状況ではありません。

むしろ、その不動産を他に転売できるかといったリスクを抱える上、購入資金を金融機関から借りる際の金利負担や公租公課の負担も生じますので、この場合の成約価格は下がります。このため、「自分で利用したり、投資家が自ら運用することが期待できる不動産」を不動産業者に売却することは、損なことが多いでしょう。

ただし、例外があり、

①例えば首都圏の地価が比較的高額な地域の土地で、その土地を購入して不動産業者(宅建業者)が高層マンション等を建築し、分譲によって利潤が期待できる場合（開発利潤が得られるため売ってくれないと困る）

②住宅地の土地ではあるが広大である等、その特殊性で不動産業者（宅建業者）が購入することしか考えられないような不動産の場合

③相続税の納税のために遺産を早期に換金せねばならない等、資金繰りの問題で急いで売却せざるを得ない場合

などは、不動産業者（宅建業者）に売却すべきです。

不動産の売却に際し、①〜③の背景がないのに買主が不動産業者（宅建業者）の場合は、より高額で売れる買い手を探るとよいでしょう。

不動産売却の考え方

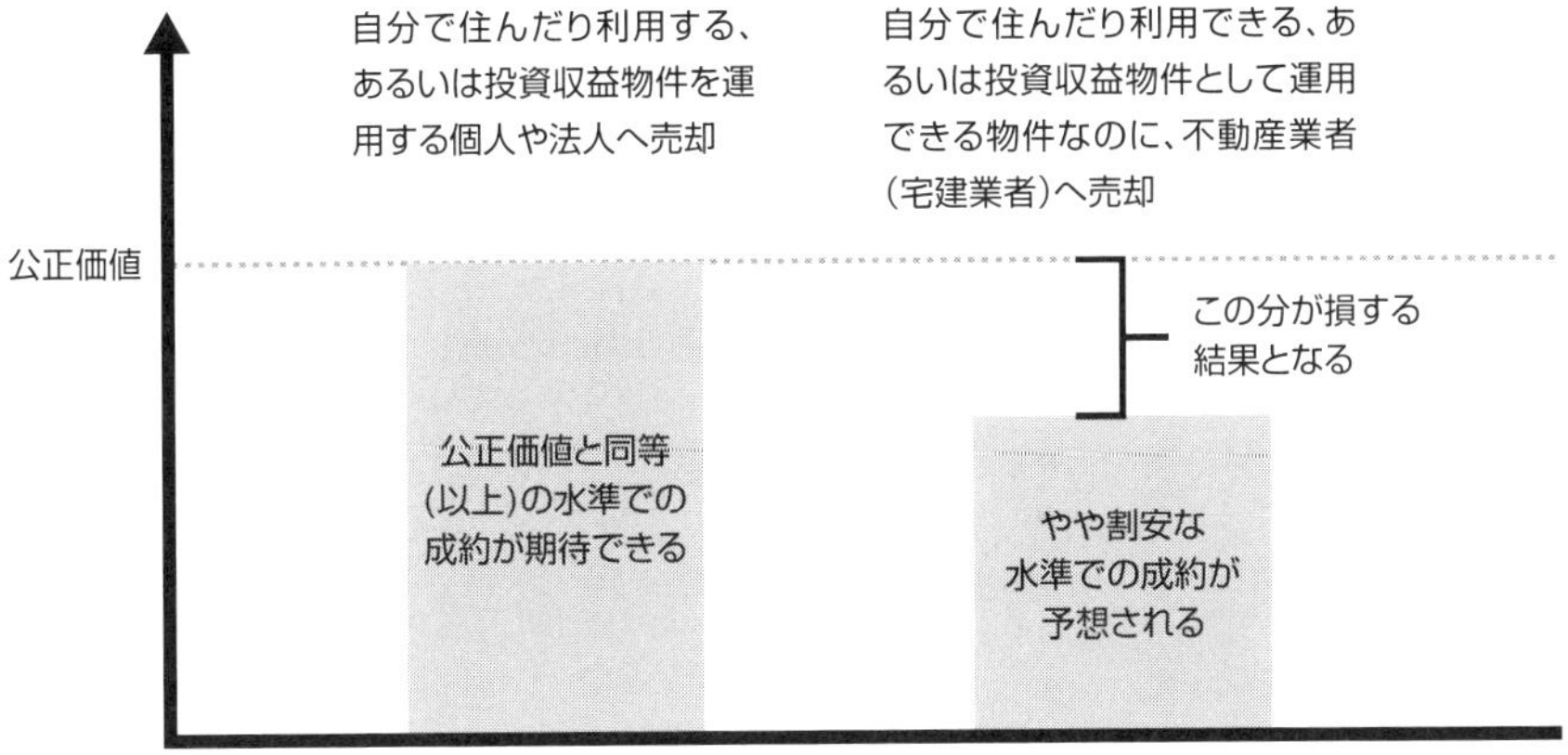

●不動産業者（宅建業者）以外への売却が期待できる不動産を不動産業者（宅建業者）へ売却することは、不動産業者（宅建業者）にとっては転売が不調に終わるリスクや金利負担等の問題があるため、その成約価格は公正価値より低額な場合が通常。筆者の経験則で言うと、このような場合の成約価格は、本来期待できる公正価値の2〜4割程度低額な場合が一般的。

※ただし、不動産業者(宅建業者)自体が自ら不動産投資家として運用する場合は、公正価値(以上)での買取も期待できる。

5 公正価値より高額で不動産を買ってもらう工夫とは？

◆通常の使用能力以上に活用できる市場参加者

公正価値である鑑定評価額は、「世間一般から見て妥当と判断される価格」ですが、良識のある人、通常の使用能力がある人による売り急ぎ・買い進みがない状況で成立する価格が前提とされています。不動産鑑定士としては、基本的に不動産の売買は公正価値を基準にすべきと考えますが、実際の社会の取引は「すべてが公正価値で判断」というほど単純ではありません。

すなわち、一定の法人などは、「**通常の使用能力以上の能力**」を有している場合があります。このような場合、不動産鑑定士としてはとてもそんな高額な鑑定評価額をつけられないという額で売買や賃貸をしている場合が見受けられます。

筆者が知る例としては、ある地方の過疎地の国道沿いの土地です。コンビニエンスストアに賃貸した土地（**底地**）が、取引事例に基づいた更地価格が4000万円強であったのに、収益価格ベースで6000万円弱の案件がありました。過疎地のため周囲の更地価格は安いのですが、国道沿いで集客が大いに期待できる立地のため、高額の賃料で借りてくれたのです。

別の県では、解体寸前の「土地＋建物」を二束三文で買い取り、地域全体の宿泊者数が増加傾向であったためホテルに用途変更して、数億円の価値に導いた例もありました。さらに別の県では、昔は栄えていた温泉街にある遊休化した建物を老人ホームに用途変更していた例もありました。

平凡な住宅地等では難しいですが、商業地や工業地であれば、大規模な不動産がある場合、公正価値の把握の傍らで「通常の使用能力以上の活用を期待できる市場参加者」を探すのも一案です。

具体的には、交通量の多い幹線道路沿いの場合は沿道サービス業者や、最近であれば通信販売の普及に伴う物流業者等が挙げられます。高齢化社会で需要が強まっている老人ホームへのコンバージョンのように、既存の建物の用途にこだわらず、時代のニーズが高まっている用途での利用が期待できる事業者を探すのも一案です。

通常の使用能力以上の活用の例

コンビニエンスストア（沿道サービス業者）の例

国道
（過疎地なので地域の土地の取引価格水準は低いが、交通量は首都圏郊外程度に多い）

コンビニエンスストア側としては、地域の土地の取引価格水準が低かろうが高かろうが、交通量が多い（流しの客が入りやすい）ことが大事。

むしろ、コンビニエンスストア側から見れば、お得感があるとも考えられる。

このため、コンビニエンスストア側から見たら「貸してくれない」方がよほどマイナスとなるため、公正価値に多少の色をつけた賃料提示がなされる

▼

本来の地域の賃料水準よりも高額で賃料が得られるため、本来の土地の取引価格水準より高い効用が発揮でき、土地活用として成功したと言える

▼

不動産鑑定上は、例えば商業地等の有力な市場参加者として「地域で事業を営む法人」等までは判定するが、現況がホテルとかコンビニエンスストアとかでない限り、個別具体的に「ホテル事業を営む法人」「全国的な流通網を持つコンビニエンスストアを営む法人」等の、特殊な商売スキルを有する法人形態までは考慮ができないのが実情である。よって、特殊な商売スキルを有する法人が購入した場合は、鑑定評価額よりも高い値段の提示が期待できると考えられる

ホテル・老人ホームの例

用途的に適合せず、本来は解体しかないような建物でも、通常の使用能力以上の能力を有する市場参加者により再利用できる場合がある

▼

できることなら、コンバージョンできそうな市場参加者を探すべきであり、その際、時代や地域のニーズに合った市場参加者を探すとよい
●宿泊者数が増加傾向にある地域においてホテルに改装する
●高齢化社会を踏まえて需要が逼迫しつつある老人ホームに用途変更する
●通信販売の普及に伴い物流業者の基地にする　など

6　建物解体費用の目安とは？

◆いったん更地化した方が適切な場合も

建物が存する土地を評価する場合、必ずしも、その建物を使い続けることが合理的とは限りません。建物を解体していったん更地化し、その上で改めてその土地の効用を最大限発揮させる「最有効使用」の建物を新築することが適切な場合もあります。

具体的には、土地上に継続使用が困難な築後数十年の建物がある場合や、基準容積率が大きく、本来は高層の建物の建築が可能な土地に1階しかない小規模な建物が存する場合等が考えられるでしょう。このような場合、その不動産の公正価値は、「**その土地の更地としての公正価値－建物の適正な想定解体費用**」で把握されます。

では、その想定解体費用はどのように把握するかと言うと、「**解体する建物の延床面積（各階の面積の合計）×一般的水準に基づく解体費用の㎡単価**」で査定することが通常です。ただし、解体業者の解体費用見積額が判明しているのであれば、こちらを採用する方が合理的な場合もあります。

具体的には、次のように計算することが一般的です。

【設例】都内に1階が90㎡、2階が70㎡の木造の建物があり、解体費用は1万５０００円／㎡と査定された。土地部分の更地としての公正価値は５０００万円と把握された。建物は解体が合理的（最有効使用）と判定される場合において、この不動産の公正価値はいくらか？

【解答】５０００万円－（90㎡＋70㎡）×1万５０００円／㎡＝４７６０万円

解体費用の目安としては、インターネット上の解体業者の見積もりサイト等を参考にしてもよいでしょう。ただし、解体業者による解体費用はあくまでも「解体業者へ払う対価の見積もり」のみで、近隣への対策費等のそれ以外の負担も生じる余地があります。ですので、概ねの解体費用の一般的水準は、純粋に解体業者に支払う負担の他に、建物の滅失登記や近隣対策費としての贈答品等、「＋α」もあることも考慮すべきでしょう（左ページを参照）。その際、建物の頑強さ、用途や地方（首都圏は高額な傾向にある）点にも配慮すべきです。

解体が最有効使用の建物がある場合の不動産価値の考え方

解体が最有効使用

不動産の公正価値……更地価格の公正価値－建物の適正な想定解体費用※

※建物の適正な想定解体費用は、解体の際の負担の一般的水準に基づく。解体業者の見積もりがある場合はこちらを採用することが適切な場合も多いが、中にはその解体業者の見積もりが過大(他の解体業者だと安い場合もある)な場合がある点にも留意すべきである。
また、賃貸中の建物は借家人が借地借家法で保護されるため、立退料等の負担も考慮する必要がある。

▼

建物の解体費用の目線＝建物の延床面積×解体費用の㎡単価の適正な水準

➡その建物に関する解体業者の合理的見積もりがある場合はこちらの方がより精度が高いと考えられるが、解体業者以外に支払う「+α」の存在には留意すべきである。

建物の耐用年数……近隣の公示地の鑑定評価書の耐用年数等を参考に、継続使用が合理的か否かを判断する方法もある

➡頑丈な建物(木造＜軽量鉄骨造＜鉄骨造＜鉄筋コンクリート造)ほど、耐用年数は長い傾向にある。

例 鉄筋コンクリート造の建物につき解体が適切か否かを判定する場合は、近隣の公示地の鑑定評価書で「鉄筋コンクリート造想定で土地残余法適用段階で躯体が50年」とあれば、新築後50年以上を経過していれば「耐用年数満了済で解体が適切」と判断する場合が考えられる。

➡ただし、仮に耐用年数を経過していても、リフォーム等で十分に継続使用が期待できる場合もあるので、実情を見て判断すべき。

標準的な建物の解体費用の目安(令和3年現在／解体業者への支出のほか、+αを含む)
●木造・軽量鉄骨造　15,000～20,000円/㎡程度
●鉄骨造　15,000～25,000円/㎡程度
●鉄筋コンクリート造　18,000～30,000円/㎡程度
※建物の頑丈さの程度や、長屋である等の特殊性で上記の範囲外であることもある。
※上記は東京の場合を目線とする。地方はその1～2割減程度の場合もなくはない。一方で、解体資材の運送経費が嵩む離島の場合や、前面道路が狭く手間がかかる場合、有害物質がある建物の場合等は割高となる場合もある。
※解体費用も土地や建物同様に、年によって相場水準が変動する。

7 不動産法人化とは？

◆建物だけ所有権移転して賃貸経営を節税

本項は、古くから所有している土地上にアパート等の賃貸物件を建築した個人のオーナー向けの話です。

個人がアパート等の賃貸物件を有している場合、その稼ぎには所得税・住民税・復興特別所得税と、一定の場合は事業税が課せられます。一方で、法人が賃貸物件等を所有している場合は法人税・住民税・事業税が課せられます。

ここでポイントがあります。実は、**アパート等の稼ぎが大きい場合は、個人ではなく法人がアパート等を所有し経営する形態が有利な場合がある**のです。すなわち、個人の所得税等は、稼ぎ（課税所得）が低額な段階では税率が低いのですが、法人税等より「稼ぎが上昇するにつれての税率の上昇」が著しいので、稼ぎが高額な段階では法人がアパート等を経営し、個人は役員給与等の形で稼ぎを得る方が税額が少なくなる場合があるのです。

このため、現況で個人所有の賃貸物件があった場合、法人を作って建物をその法人に所有権移転し、その後は法人が賃貸経営を行い、個人としては法人から役員給与等の形態で稼ぎを手にする節税スキームが成立することとなります。これを「**不動産法人化**」と言います。

その賃貸物件の状況にもよるので一概には言えませんが、個人的な意見としては、課税所得が６００～８００万円程度／年以上である場合は、不動産法人化の検討をしてもよいのではないかと思います。

その際、注意したい点は、建物の所有権移転型の不動産法人化の場合であれば、古くから所有している土地は売却せず、**建物だけを法人に移転する**との点です。なぜなら、土地まで売却すると、売却益に対して所得税等が課せられるからです。

さらに、建物を所有する法人が単に土地を利用すると「法人が借地権をもらった」とみなされ課税されるので、一定の手続（「土地の無償返還に関する届出書」の提出）が必要です。ただ、やや難解な手続や「不動産法人化をした方が有利か否かの判断」が伴うので、不動産法人化に際しては、まずは税理士に相談すべきでしょう。

不動産法人化（建物所有権移転型）のイメージ

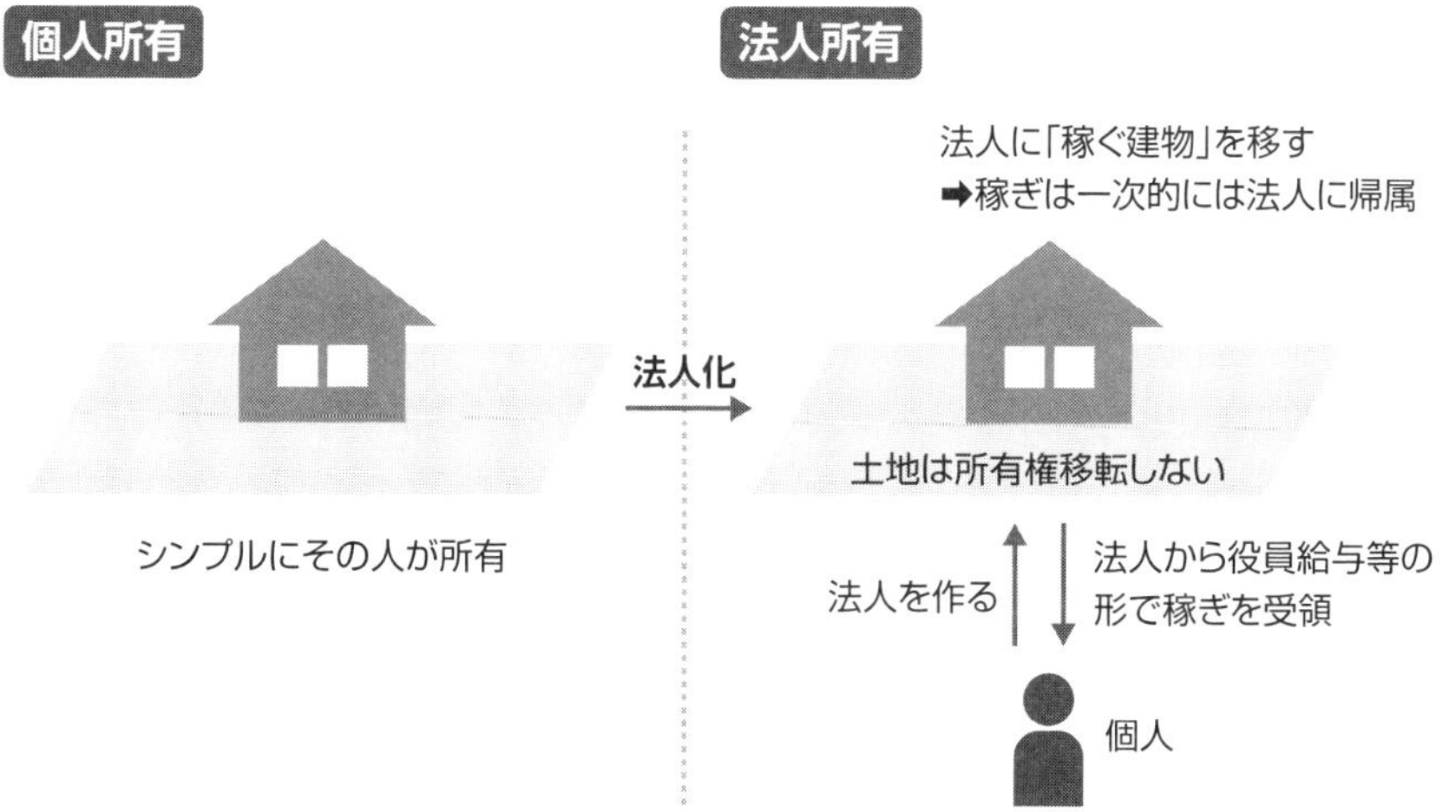
個人所有
法人所有
法人に「稼ぐ建物」を移す
➡稼ぎは一次的には法人に帰属
法人化
土地は所有権移転しない
シンプルにその人が所有
法人を作る
法人から役員給与等の形で稼ぎを受領
個人

※この他、個人が新設した法人に賃貸物件を賃貸の上で、さらに実際の借家人に法人から賃貸する形態もある。

所得税等と法人税等の税率のイメージ

※厳密には一定の課税所得を超えるごとに税率が変わるので、若干の段差があるが、ここでは概念的に税率のイメージを示す。

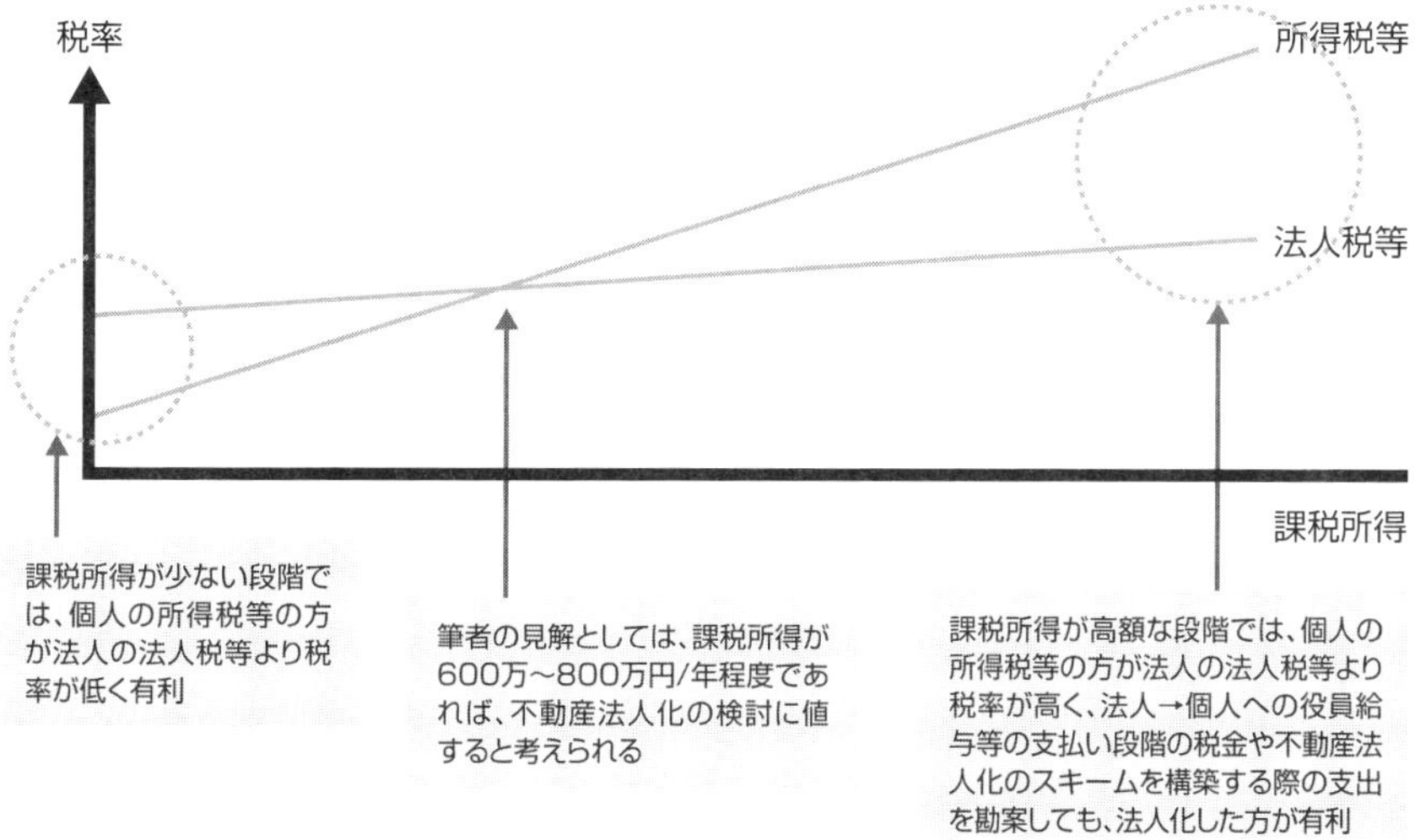
税率
所得税等
法人税等
課税所得
課税所得が少ない段階では、個人の所得税等の方が法人の法人税等より税率が低く有利
筆者の見解としては、課税所得が600万～800万円/年程度であれば、不動産法人化の検討に値すると考えられる
課税所得が高額な段階では、個人の所得税等の方が法人の法人税等より税率が高く、法人→個人への役員給与等の支払い段階の税金や不動産法人化のスキームを構築する際の支出を勘案しても、法人化した方が有利

8 帳簿価額と鑑定評価額と実際の利用価値の関係

◆帳簿価額以上の有効活用ができているかを考えよう

法人の決算書に反映される会計上の帳簿価額（「取得価格－建物の場合は減価償却累計額（建物の取得価格のうち過年度に費用〔減価償却費〕として認められた額の合計」で計上するのが原則）と鑑定評価額（公正価値）は、以下の背景があり一致するとは限りません。

①そもそも取得した時点において、実際の取得価格が当時の公正価値と一致していたとは限らない

②仮に公正価値で取得したとしても、その後、公正価値自体が変動する

③建物の減価償却と、鑑定評価上の経年減価に伴う価値の減少（減価修正）は、目的が「費用配分」か、「経年に伴う市場価値の減額の査定」かとの点で異なるため、その算定式も異なることから、そこに乖離が生じる

さらに、以下のようなことも言えます。

実は、**公正価値と現況の実際の利用価値もまた一致しているとは限らない**のです。

最もわかりやすい例は、未利用の更地です。例えば、東京都心や大阪市中心部あたりの更地は売却すれば、規模にもよりますが、数億円とかの換金価値が見込めます。しかし、取得したのが戦前とか昭和中期であれば、現在の貨幣価値とは目線が異なるため、帳簿上では取得価格である数百万円で計上されている場合もあります。

しかし、現況の実際の利用価値はどうでしょうか。未利用ですので、何の価値も生み出していません。それどころか、固定資産税・都市計画税の垂れ流しの状態であるほか、売却すれば資金が得られ、運用に伴う経済的利益が得られる余地があるのに、それをも放棄している形となるため、むしろマイナスです。したがって、この場合、帳簿価額は数百万円、公正価値は数億円、実際の利用価値はマイナスとなります。

言い換えれば、公正価値に見合う価値が創造できていない不動産については、利用状況の改善の余地があるのです。このような不動産がある場合は、必要に応じて不動産活用の専門家をも交えて、何らかの改善策を施し、有効利用ができるよう提言するのもありと思います。

会計上の帳簿価額と公正価値と実際の利用価値の関係の例

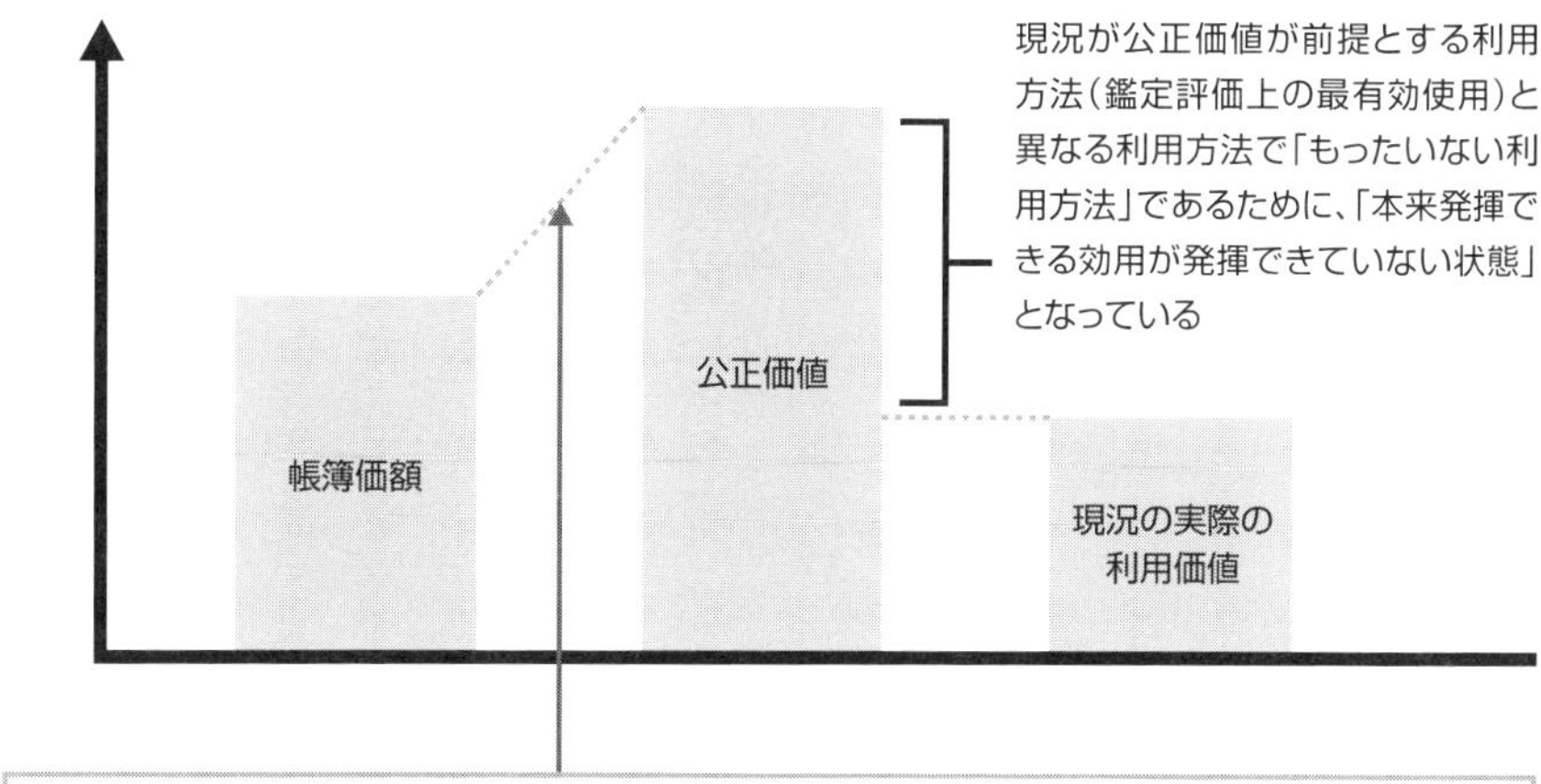
現況が公正価値が前提とする利用方法（鑑定評価上の最有効使用）と異なる利用方法で「もったいない利用方法」であるために、「本来発揮できる効用が発揮できていない状態」となっている
公正価値
帳簿価額
現況の実際の利用価値

- ●そもそも取得した時の取得価格が公正価値でなかった
- ●時の経過で公正価値が変動する
- ●減価償却と減価修正の目線の違い

等の理由で、帳簿価額と公正価値は一致するとは限らない

●このような場合、最有効使用の内容等を勘案して利用価値を改善し、価値創造を増やすか、その不動産を売却するといった対処が、不動産所有者にとっても最善の方策と考えられる。

➡公正価値の水準を踏まえつつ、適宜、判断（所有者でない場合は提案）をするとよい。

9 経営者が不動産価値で大怪我しないために必要なこと

◆問題のある経営者の横暴

ある時、ある企業様より不動産の鑑定評価のご依頼をいただきました。

この案件は、以前の経営者が会社を私物化していた過去があり、この人物に対する責任追及が問題となって裁判にもなっているとのことで、経営当時に買い込んだ不動産の価値を知りたいとのことでした。

筆者が鑑定評価をさせていただいたところ、非常に低額な結論での鑑定評価しかしようがない不動産でした。ところが、聞けばその不動産をありえない高額で購入したとか。ご依頼者から状況を伺うに、「購入動機は、単にその経営者が恰好をつけたかった」だけとしか思えませんでした。

もちろん、その会社が株主も経営者本人のみで、会社自体が経営者一人の持ち物であれば、不動産を高値で買い込もうが安値で叩き売ろうがその人の自由です。しかし、この案件のように株主をはじめとする各種利害関係者がいる場合は、経営者というか取締役に対する責任追及が利害関係者からなされる余地があるのです。

すなわち、取締役や取締役会が公正価値を検証せずに不動産を公正価値より高額で購入したり、低額で売却をしたりすると、会社に不当に損害を与えたとして、取締役等が善管注意義務違反や背任で責任追及をされる危険があるのです。

例えば総資産が数千億円の企業が１０００万円の中古マンションの１室を購入する程度であれば、重要性が低く問題にならない余地もありますが、基本的には不動産の売買は会社の財産に大きな影響を与える場合が多いでしょう。

このため、会社が重要な不動産を売買する際は、取締役会での議決に際して、基本的には不動産鑑定士による鑑定評価を依頼した上で、この鑑定評価書を根拠として「取締役として、購入ないし売却しようとしている不動産の公正価値がいくらかを十分に検証した上で、議決権を行使した」旨を根拠資料として確保しておくことが、取締役等の安全の確保という点も含めて重要でしょう。

株式会社の不動産取得・売却の際の注意点

株式会社

本来の公正価値より高い価格で重要な不動産を取得〔本来の公正価値より低い価格で株式会社の不動産を売却した場合も同様〕

株式会社の通常の業務執行は株主総会で選任された取締役等で構成される取締役会で意思決定

公正価値と取引価格の差額について、取締役等が判断を誤ったことにより「株式会社に損害を与えた」と見ることができ、株主等の利害関係者が取締役等に対して責任追及する余地が生じる

株主による取締役会への責任追及

このようなトラブルを回避するため、株式会社が不動産売買をする場合には、鑑定評価等で予め公正価値を把握した上で、その内容に基づき意思決定をすべき。

さらには、そのような手順を踏んで意思決定をした旨を取締役会議事録に記録し、会社にとって健全な取引であったことを立証しつつ、取締役等の身の安全を図ることが重要

10 経営成績の悪い企業の廃業と不動産売却

◆「事業を畳んで不動産売却」で財産が残る場合も

例えば、企業の経営成績は赤字かつ借金も高額で、経営者が保証人になっているけれど、所有する不動産が借金等の債務以上に換金価値がある企業があったとしましょう。その赤字が一過性のものであれば別ですが、改善の見込みがない赤字であれば、その事業は破綻しているのです。その場合、事業を続けても会社の純粋な価値（純資産）は目減りしていくだけですし、借金が返せなくなったら金融機関にも迷惑がかかります。

このような場合で、もし「不動産の公正価値（売却見込額）」＞「（借金を含む）その会社が抱える負債」であれば、事業を畳んで赤字の発生を断ち、不動産を売却してその資金で借金を返済し、残余財産がある場合は最後の株主で分配するという方策が考えられます。つまり、**廃業の上で不動産売却をし、売却で得た資金で負債を返済する**のです。

ただし、そのような局面では、従業員の抵抗が強いので、最後に発表すべきタイミングまで極秘裏に進める必要があります。うかつに従業員に知られて見捨てないでくれと言われ、経営者が無理やり事業を継続し、最終的に破綻してしまっては元も子もありません。

このスキームは、その不動産を買い取った側にとっても、単なる不動産売買の場合と比較して、事業の一部を再活用する選択肢が増える面があるので、不動産以外の経営資源の有効利用をも促進するとの意味で、解雇される従業員以外の関連する各種利害関係者にとって非常によい内容であると思います。

なお、この他、健全な企業が会社ごと買い取り事業を継続する事業承継も考えられなくはないですが、それは事業として採算に乗っているが経営者が廃業したい場合であって、事業が破綻している赤字企業の場合とはやや性質を異にします。

まずは、このような問題を抱えている企業をご存じの場合は、廃業からの不動産売却の方向を検討してもよいかもしれません。選択肢のひとつとして、念頭に置いてはいかがでしょうか。

不動産価値のある赤字企業は廃業も選択肢

改善見込みのない赤字企業があり、
「不動産の公正価値（売却見込額）」＞「（借金を含む）その会社が抱える負債」
の場合、不動産の売却・廃業で救われる場合がある
※不動産の売却によって売却益が生じる場合は、その売却益に課せられる税の負担にも注意
➡借入金が多い上に改善見込みのない赤字企業に一定の価値が見込める不動産がある場合、公認会計士による財務分析、不動産鑑定士や宅建業者による不動産の換金価値の検討を踏まえて、廃業・不動産売却の選択肢を考える余地がある。

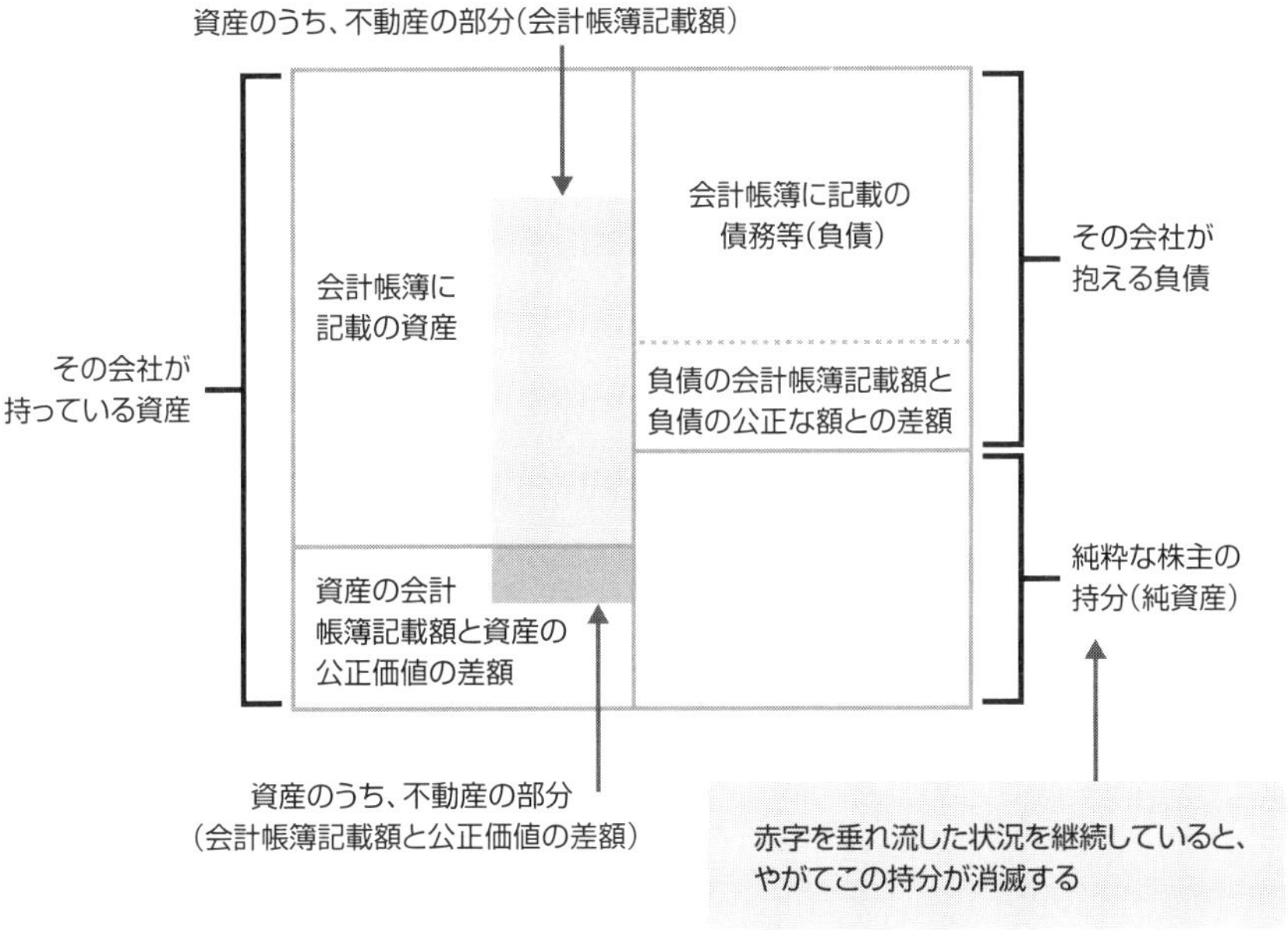

廃業というとネガティブなイメージであるが、
- 経営者自身も借入保証から免れつつ
- 金融機関への貸し倒れも防ぎ、金融機関に対しても責任を果たしつつ
- 不動産購入企業による不動産や、場合によっては経営資源の一部の有効利用が期待できるため、むしろ前向きな面も多い点は認識すべき。
  ただし、従業員にとっては失業に繋がりかねないので、最大限再就職への配慮はしつつも、抵抗されないよう、最後に発表すべきタイミングまで極秘裏に進めることが求められる。

11 最後に――不動産に関するプレーヤーへの提案

◆国土の有効利用の促進にも貢献を

不動産の鑑定評価による公正価値の把握を通じた利害関係者の意思決定への貢献という行為は、実は国全体の活性化への貢献の意味もあると思っています。なぜなら、「**公正価値での意思決定の促進を通じた、国土の効率的な利用への貢献**」ができるからです。

例えば、１００㎡の未利用の更地があったとして、その所有者は10億円での売却を夢見ているも、本当は2億円の公正価値しかないとしましょう。すると、10億円では売却ができず、その所有者は更地のまま持ち続け、何も生み出されません。

しかし、公正価値を2億円との提示をすることで、夢から目覚めさせ、2億円で売却すると、購入者は有効活用しますから、価値が創造されます。しかも、その土地のみならず地域全体も活性化する効用があるのです。

一方で、購入者側に対しては公正価値を2億円との提示をすることで、その更地を購入することによる採算性の判断の指標となり、「仮に2億円の更地がなかったら、できなかった事業ができる」ことで、事業獲得機会を提供できる面もあるのです。

このように、公正価値の提示は、その不動産にまつわる幅広い利害関係者に対して、「国土の有効利用の促進に貢献する」意味があると、筆者は信じています。宅建士や税理士等も含めた不動産に関連する各専門家には、その職務において同様の要素を含むと思います。現実問題として、仕事が欲しくて「過度の迷惑営業」や「善良な一般の方を欺いて」自己の利益を獲得しようとする者もなくはないでしょうが、筆者は「では、あなたは何のためにその仕事に就いたのか？」と問いかけます。

筆者自身はポリシーとして「お客様のためにならない鑑定評価書は書かない」を貫いています。幅広い不動産に関する専門家にも、ご依頼者の要望があった場合にこそ真の意味で役立つ業務を提供すべきであり、ご依頼者のみならず社会全体にプラスになる業務であるかも意識の上で、本書の内容を活用しながらご活躍いただきたいと願い、筆を置きます。

国土は限られている──有効活用が必要

国民全体が、限られた国土を有効利用することで価値創造を最大にすることが、国際競争力を高めつつ、さらには国民の幸福に寄与する

もったいない状態の不動産
➡使っていない、有効活用の程度が低い

公正価値の把握で、本来的なその不動産のポテンシャルを提示できる

それを足がかりに、
●有効活用できる人に売却してもらう
●公正価値に見合った利用価値の創造を提案する
➡ただし、無理に公正価値を超える価値を追い求めすぎると価値創造が歪んで、かえって国土の利用効率向上の阻害となる

土地の有効利用が果たされる結果、当初の所有者も「もったいない状態の頃」より大きい価値が得られるほか、地域の賑わいを創出するなど好影響を与える

社会全体で不動産の利用効率を高めて、もったいない利用形態であった不動産所有者の価値創造を高め、賑わい創出で地域にも幸福を提供し、さらにはより効率的な価値創造を可能ならしめることで日本全体に貢献する意味がある

全ての不動産に関する専門家は、それぞれの職務を通じて、この意識を持つことが重要
●宅建士…売買や有効利用の提案等
●不動産鑑定士…公正価値の把握、及びこれを通じた利用効率向上のアシスト
●税理士…税金面からの意思決定のアシスト
●弁護士…法的側面からの売買や有効利用の安全性を提供

巻末付録　不動産評価に役立つ実践ヒント

巻末付録①　相続税を求めてみよう

巻末付録②　建物の原価法による価格(積算価格)を求めてみよう

巻末付録③　立退料を求めてみよう

巻末付録④　不動産調査シート

巻末付録⑤　新築戸建住宅(マイホーム)の相場の計算

巻末付録❶ 相続税を求めてみよう

Q.

Aさんが亡くなった。配偶者は既に亡くなっており、相続人は長男のBさん、次男のCさん、長女のDさんである。Aさんの財産は以下の通り。200㎡の土地とその土地上の建物を次男が、現金を長女が、それ以外の財産を長男が相続した場合、課税遺産総額と、これに基づく相続税額がいくらになるか考えてみよう。

※法定相続割合は、この場合は相続人全員が子供であるので各人1/3で対等である。
※税率は相続税法の規定に基づくと、法定相続分に応ずる相続財産の取得金額が1,000万円超～3,000万円以下の場合は「取得金額×15%−50万円」である(相続税法16条)。
※長女の相続財産の評価額(公正価値)は遺留分を下回る可能性があると考えられるが、遺留分の主張はしないものとする。

Aさんの財産（財産評価に際しては不動産鑑定等の活用は考慮外とする）

自宅	路線価200,000円／㎡(個別補正の必要なし)の330㎡のAさんが所有する土地上に固定資産税評価額19,200,000円のAさん所有の建物がある ※長男は同居しており、特定居住用宅地等の特例(亡くなった方の自宅を一定の要件を満たす親族が引き続き住む等、一定の要件の下、土地の価値を本来の財産評価額の20%で見てくれる)に該当するものとする
200㎡の土地	貸家建付地としての価額48,000,000円 ※被相続人等の貸付事業用の宅地等に該当とし、適用を受ける場合は50%評価にできる特例の適用対象だが、自宅に特例を適用した方が各相続人の相続税の合計額が低くなるため、この土地へは小規模宅地等の特例の適用は考えないものとする
200㎡の土地上の建物	貸家としての価額6,000,000円
現預金	21,600,000円
家財道具一式	500,000円
葬儀費用	▲500,000円(マイナスの財産に該当)

※上記の他に株式等のプラスの財産や借金等のマイナスの財産はないものとする。
※各相続人に各種の税額控除に該当する事項はないものとする。

A. Aさんの有していた財産(課税遺産額)の計算は、次の通りとなる。

Aさんの有していた財産(課税遺産額)の計算

自宅土地	200,000円/㎡×330㎡×20% ➡13,200,000円	段階①
自宅建物	19,200,000円	
200㎡の土地 ※小規模宅地等の特例は自宅に適用するため考慮しないものとする	48,000,000円	
200㎡の土地上の建物	6,000,000円	
現預金	21,600,000円	
家財道具一式	500,000円	
葬儀費用	▲500,000円	
相続税計算用の便宜的な財産価値の合計額=課税遺産の課税価格…(ア)	108,000,000円	
基礎控除額…(イ) …30,000,000円+6,000,000円×3人	▲48,000,000円	段階②
課税遺産総額…(ア)−(イ)	60,000,000円	
課税遺産総額のうち各相続人への帰属分 (60,000,000円×法定相続割合1/3)	20,000,000円	段階③

このケースにおける「法定相続人全員の仮税額」の計算

仮に法定相続割合で相続したと想定した場合の各相続人の相続税の仮税額	20,000,000円×15%−500,000円 ➡2,500,000円(が3人分)	段階④
法定相続人全員の仮税額(相続税の総額)	2,500,000円×3➡7,500,000円	

相続割合に基づく各相続人に帰属する相続税の計算

	相続税上の評価額	帰属	割合※
自宅土地	13,200,000円	長男	3/10
自宅建物	19,200,000円		
家財道具一式	500,000円		
葬儀費用	▲500,000円		
200㎡の土地	48,000,000円	次男	5/10
200㎡の土地上の建物	6,000,000円		
現金	21,600,000円	長女	2/10
課税遺産の課税価格	108,000,000円		10/10

したがって、各人に帰属する相続税額は
長男…7,500,000円×3/10→2,250,000円
次男…7,500,000円×5/10→3,750,000円
長女…7,500,000円×2/10→1,500,000円
※実際には割合は小数点で表現するがここでは便宜的に分数で表記した。

段階⑤

- 実際の局面で重要なのは、まずは**相続税の5段階の計算の流れ**（3章2項を参照）を理解すること。その上で、不動産については課税遺産の課税価格の把握段階において、相続税財産評価基準に基づく路線価等で計算することが不適切な場合があるということを理解しよう（3章8項を参照）。
- この設例では、長男の土地に対して小規模宅地等の特例を適用したが、仮に次男の土地に適用すると、次男の土地の評価額が下がる（48,000,000円×50%→24,000,000円…24,000,000円の評価減）代わりに、長男の土地への適用が解けるため、長男の土地の評価額が上がる（330㎡×200,000円/㎡×80%→52,800,000円のため、28,800,000円の評価増）。
  その結果、設例の場合と比較して、次男に帰属する相続税額は減るが、長男はもちろん、課税遺産総額が増えるため、長女の相続税額も増加する。

  ただ、そうだとしても、次男としては自分の相続税を低くするような特例の適用の仕方をしてほしいだろう。よって、このような場合は、

・特例の適用の仕方が自分に不利ではないかに十分に留意の上で、
・現実的な問題として、特例の適用漏れで不利になる相続人に対して、特例の適用を諦めさせる代わりに遺産配分の内容を配慮する

といった対応が必要となる(3章3項参照)。

巻末付録❷　建物の原価法による価格（積算価格）を求めてみよう

Q.

いたって普通の住宅地域内にある軽量鉄骨造の戸建住宅がある。地域の戸建住宅の総額水準の観点からは特段の問題はないものとして、この不動産の①新築後10年とした場合の積算価格と、②新築後30年とした場合の積算価格を求めよ。

再調達原価	180,000円/㎡と査定
延床面積	100㎡（1階50㎡・2階50㎡）
躯体・仕上・設備の割合	40%・40%・20%と査定
躯体・仕上・設備の耐用年数	40年・25年・15年と査定
土地価格	30,000,000円（土地の有効利用の程度は問題なし）
観察減価率	20%と査定
耐用年数満了後の残価率	5%と査定

A.

①新築後10年とした場合の積算価格

180,000円/㎡×100㎡=18,000,000円……再調達原価

よって、

18,000,000円×40%×(40年−10年)÷40年×(1−20%)=4,320,000円〔躯体部分〕

18,000,000円×40%×(25年−10年)÷25年×(1−20%)=3,456,000円〔仕上部分〕

18,000,000円×20%×(15年−10年)÷15年×(1−20%)=960,000円〔設備部分〕

4,320,000円+3,456,000円+960,000円+30,000,000円=**38,736,000円**

②新築後30年とした場合の積算価格

18,000,000円×40%×(40年−30年)÷40年×(1−20%)=1,440,000円〔躯体部分〕

18,000,000円×40%×5%=360,000円〔仕上部分〕

18,000,000円×20%×5%=180,000円〔設備部分〕

1,440,000円+360,000円+180,000円+30,000,000円=**31,980,000円**

●ここで重要なのは、単に「土地価格+建物価格」を算定した段階で結論と決めつけずに、地域の同様の不動産の取引総額の水準との均衡が得られているかも勘案すべき点である。特に住宅の場合は、地域の戸建住宅の総額水準を著しく逸脱する価格が得られた場合は、原因（土地が広い、建物の再調達原価を必要以上に高く査定している等）を探った上でその点に注意し、意思決定の参考とすべきである。

巻末付録❸ 立退料を求めてみよう

Q.

ある不動産の営業補償を別とした純粋な立退料を求めたい。下記の前提条件で、3手法それぞれの立退料の試算価格を求めよ

前提条件

- 現行家賃は年額600万円
- 近隣の賃貸事例等に基づくその不動産と同様の不動産に期待される適正水準たる公正新規家賃は年額900万円
- 土地部分の価値は1億円で建物部分の積算価格は5,000万円とし、この合計額をもって「自用の不動産であったとした場合の価値」とみなす
- 査定した借地権割合は70%
- 査定した借家権割合は30%
- 立退きがない場合に期待される賃貸借期間やその不動産のリスク・不確実性等に基づく複利年金現価率は7.72（賃貸借期間10年・割引率5%）と査定された
- 現行家賃等に基づく収益価格は、査定した還元利回り等や、経費を考慮した現行家賃に基づく「その不動産の賃貸に伴う純粋な稼ぎ（純収益）」に基づき1.1億円と査定された
- 更新料等の一時金の収受は予測されないものとして、差額は「公正新規家賃−現行家賃」のみとする
- 敷金等の収受はないものとする

A.

割合法

1億円×70%×30%+5,000万円×30% → 3,600万円

賃料差額還元法

(900万円−600万円)×7.72 → 2,316万円

控除法

(1億円+5,000万円)−1.1億円 → 4,000万円

実際の鑑定評価の局面では、上記の試算結果を踏まえ、各試算結果の説得力・精度をも勘案し、立退料である借家権の限定価格を鑑定評価額と決定することとなる。

各手法のイメージ

割合法

建物部分5,000万円

土地部分1億円

割合を考慮する

× 借家権割合30%
➡1,500万円

× 借地権割合70% × 借家権割合30%
➡2,100万円

合計1.5億円

合計（割合法による試算結果）3,600万円

賃料差額還元法

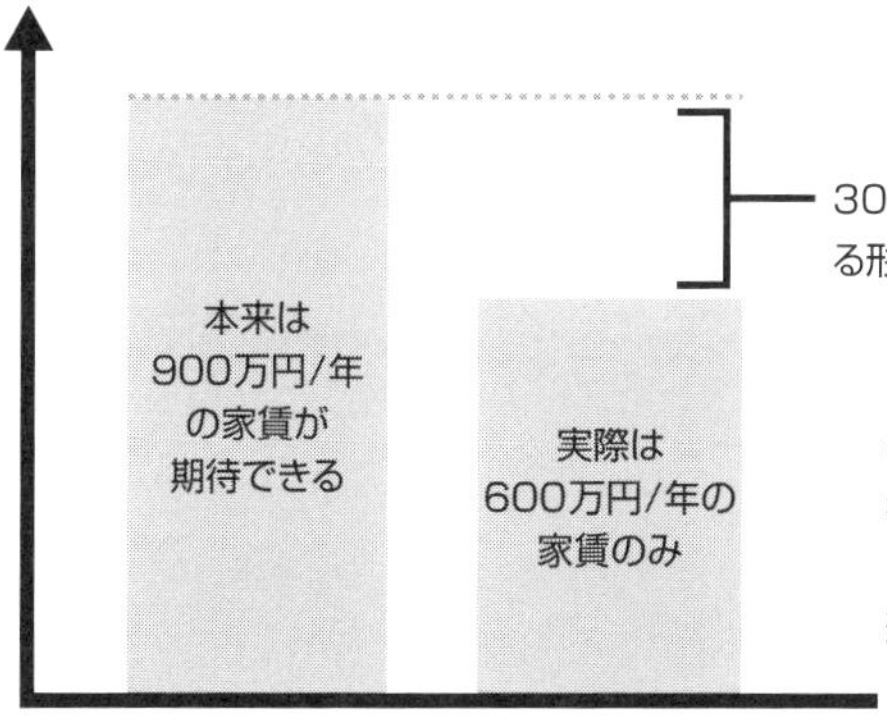

300万円/年が毎年、実質的に賃借人としては得している形となっている

300万円/年を建物が継続すると期待される10年間分の価値（複利年金現価率は7.72）に補正した、300万円/年×7.72→2,316万円が賃料差額還元法による試算結果となる

控除法

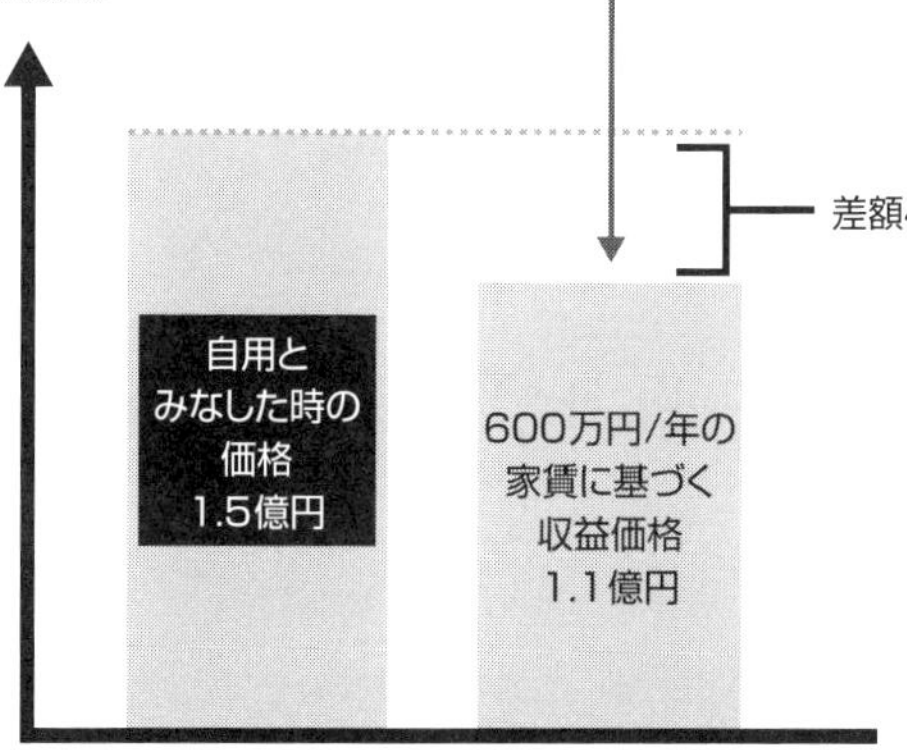

差額4,000万円が控除法による試算結果となる

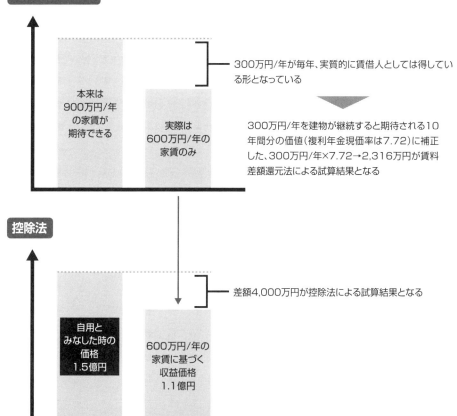

巻末付録❹ 不動産調査シート

不動産調査シート

Ⅰ　対象不動産の概要				
所在・地番				
最寄駅		線　駅　m		
Ⅱ　対象不動産の役所調査			サイトまたは図面の入手	部署名担当者名
都市計画	線引	市街化区域　・市街化調整区域　・非線引都市計画区域 都市計画区域外・準都市計画区域		（都市計画関連部署）
	用途地域	1低専　2低専　1中専　2中専　1住居　2住居　田園住居 準住居　近商　商業　準工　工業　工専 用途地域定めなし	有・無	課 氏
		※用途境界等がある場合の境界の位置等	有・無	
	建蔽容積	指定建蔽率　%　指定容積率　% 指定建蔽率　%　指定容積率　%		
	防火等	防火　準防火　22条区域　特になし 防火　準防火　22条区域　特になし		
	高度地区	第　種高度地区 第　種高度地区	有・無	
	地区計画	該当有　地区　該当無	有・無	
	駐車場整備地区	該当有　該当無	有・無	
	文教地区	第　種文教地区　該当無 第　種文教地区	有・無	
	宅造法	宅地造成工事規制区域　該当有　該当無	有・無	
	都計道	該当無　計画決定段階　事業認可段階 計画決定決定年月日　年　月　日 事業年月日　年　月　日	有・無	
		都市計画道路の範囲		
	日影規制	時間－　時間、測定面の高さ　m 時間－　時間、測定面の高さ　m		
	その他特記事項（航空法、電波法関連等）			
建築指導・道路	前面道路	側道路　道　線　幅員　m	有・無	（建築指導関連部署）
		建基法42条　項　号道路	有・無	課
		側道路　道　線　幅員　m	有・無	氏
		建基法42条　項　号道路	有・無	（道路関連部署）
		側道路　道　線　幅員　m	有・無	課
		建基法42条　項　号道路	有・無	氏
		側道路　道　線　幅員　m	有・無	
		建基法42条　項　号道路	有・無	
	道路後退	後退該当有　後退該当無	有・無	
		※後退する場合は後退面積等（中心振分か等も）		
	角地緩和	該当有　該当無		
		角地緩和の要件		
	建蔽容積	基準建蔽率　%　基準容積率　% 基準建蔽率　%　基準容積率　%		

不動産鑑定士・公認会計士・税理士　冨田 建　作成

※拡大コピーをして実際の不動産調査にご活用ください。

建築指導・道路	斜線制限	道路斜線制限の内容	有・無	
		隣地斜線制限の内容	有・無	
		北側斜線制限の内容	有・無	
	建築確認	建築確認　年　月　日　号 ※新築時	有・無	
		建築確認　年　月　日　号 ※増築等のある場合	有・無	
		検査済証 交付有　年　月　日　号　交付無	有・無	
		その他、必要事項		
	官民確定	官民境界確定済　官民境界未画定	有・無	
		官民境界についての特記事項		
	冬季除雪	該当有　該当無	有・無	
開発指導	開発行為	㎡以上の　が該当	有・無	(開発関係部署)
		開発許可の要件		課 氏
埋蔵文化財		埋蔵文化財包蔵地該当　該当有　該当しないが近接　該当無	有・無	(文化財関係部署)
		該当する場合の遺跡名称　遺跡		課
		※該当する場合、試掘は公費負担か　公費負担　事業者負担		氏
		※本調査時の負担者は		
		※本調査時の負担額の実績等に基づく目安　～　円/㎡		
		※対象地の埋蔵文化財調査履歴の有無 敷地全般にあり　建物建築部分のみあり　未調査		
		※その他特記事項(遺跡の深さや時代等)		
環境・土壌関連		土壌汚染対策法関連　該当有　該当無	有・無	(環境関係部署)
		水質汚濁防止法の特定処理施設関連　該当有　該当無		課
		下水道法の特定事業所関連　該当有　該当無		氏
		東京都環境確保条例の工場・指定作業場関連(東京都内の場合のみ)　該当有　該当無		(上水道担当)
		その他、記載事項(過去住宅地図の状況、宿泊施設の場合の宿泊届出人数、風営法許可関係等)	有・無	課 氏 (下水道担当) 課
上下ガス		上水道　前面道路の管径　mm　供給地域外	有・無	氏
		下水道　前面道路の管径　mm　供給地域外	有・無	(都市ガス会社)
		都市ガス　前面道路の管径　mm　供給地域外	有・無	ガス
災害関連		ハザードマップの内容／土砂災害警戒区域、土砂災害特別警戒区域の該当の有無		
その他		自然公園関係　公園　地域　該当無	有・無	(調査部署)
		河川法関係　河川区域・河川保全区域該当　該当無	有・無	課
		砂防指定地関係　砂防指定地該当　該当無		氏
		農地法関連(農地の場合のみ)　農業振興地域該当　農用地指定有　該当無	有・無	
		森林法関連(林地の場合のみ)　保安林該当　地域森林計画該当　該当無	有・無	課
		相続税路線価　円/㎡　借地権割合　%		氏
		固定資産税路線価・標準宅地(農地・林地)　円/㎡		
		固定資産税税率　%　都市計画税税率　%		課
		標準宅地の場合の地点の位置		氏
		規範性を有する公示地等の位置　公・基　－　令和　年　円/㎡		
		備考		
調査日		年　月　日　(調査担当者)		

巻末付録⑤　新築戸建住宅(マイホーム)の相場の計算

新築戸建住宅(マイホーム)の購入の検討をする場合、地域の新築戸建住宅取引総額の相場を知ることが必要です。「地域の戸建住宅の総額水準の相場の把握」(2章8項)の内容も参考にしながら、マイホーム選びに際しての適切な価格目線の把握に役立ててください。

①近くの公示価格等の鑑定評価書による新築戸建住宅の総額水準の目安

➡2人の不動産鑑定士による近くの住宅地の公示地等の鑑定評価書の「市場の特性」欄で、新築戸建住宅の総額水準の目安を見る。

※近隣に住宅地の公示地等が2ケ所以上ある時は、できれば相続税路線価がお調べの土地と近い水準の公示地等を選ぶとよいでしょう。
なお、一部大手不動産業者(宅建業者)による分譲の場合は、ブランド価値相当分が割高になっている場合もありますが、「そのブランド価値は、果たして高めの対価を払うに値するか」を慎重に検討すべきでしょう。

	低位な総額水準		高位な総額水準
公示地等の鑑定評価書の「市場の特性」欄記載の 新築戸建住宅の総額水準のレンジ(不動産鑑定士A)	円	～	円
公示地等の鑑定評価書の「市場の特性」欄記載の 新築戸建住宅の総額水準のレンジ(不動産鑑定士B)	円	～	円

	低位な総額水準		高位な総額水準
②不動産取引価格情報での近隣の新築戸建住宅の 実際の成約事例の総額水準	円	～	円

③相続税路線価の水準等に基づく「土地+建物」の価格の目線

※相続税路線価の設定がない過疎地の場合は、「最新の路線価÷0.8」の部分につき「固定資産税路線価ないしは近くの固定資産税標準宅地価格÷0.7」とするか、近くの公示価格等で代用して土地価格を査定する

最新の路線価		土地面積		地域に応じた調整		業者による分譲戸建の場合		土地価格
円/㎡	÷0.8 ×	㎡	×		×		=	円

建物の㎡あたり単価		延床面積		建物価格
円/㎡	×	円/㎡	×	円

建物価格		土地価格		土地価格+建物価格
円	+	円	=	円

地域に応じた調整 地価水準の高い土地なら、必要に応じて1～2程度を乗じる
※例えば、世田谷区、目黒区あたりなら1.2～1.5、渋谷区あたりなら1.5～2.0程度を乗じる。
逆に地方の過疎地であれば、1を下回る0.8とかを乗じる場合もなくはない。

業者による分譲戸建の場合 分譲業者の利潤を考慮して、1.1～1.2程度を乗じる　※分譲業者が売主ではない場合は考慮不要。

建物の㎡あたり単価 通常のシンプルな新築戸建住宅(木造ないし軽量鉄骨造)ならば120,000～180,000円/㎡程度

土地価格+建物価格 ※地域に応じた調整や分譲の利潤の係数、建物の再調達原価の単価を変えてみる事で、上限と下限を査定してみるとよいでしょう。

●上記の①～③を総合的に勘案して、ご自身が購入するか検討中の地域の新築戸建住宅の総額水準の目線(公正価値概算額)を把握するとよいでしょう。あくまでもシンプルな一般論に基づく話ですので、極端な不整形等、何らかの特殊性がある不動産の場合は該当しません。また、中古不動産の場合の経年減価等は考慮していないため、中古不動産の査定には活用できない点もご留意ください。

●なお、業として(報酬を得て)不動産の公正価値を決定することは、「不動産の鑑定評価に関する法律」によって不動産鑑定士の独占業務とされています。このため、不動産鑑定士以外の者がこれを行ったら法令違反となります。上記はあくまでも「ご自身の新築戸建住宅(マイホーム)の公正価値概算額」の簡単な把握程度にご活用ください。

※なお、本書は令和3年7月1日現在の各種法令・税制・規定等に基づき執筆しております。また、一部に筆者の個人的見解や判断を述べているところがある他、例外的なレアケースを考慮外として一般的なケースを念頭に説明をしています。個別の案件に照らして考えた場合、法改正や見解の相違、例外的なケースである等の理由で、本書の内容と実際の判断等が異なる可能性及び、その結果として損害が生じたとしても著者は一切の損害を負わない(本書の活用に際してはその点のご承諾を頂いたものと見なします)点、ご留意ください。

※本文に一部実例が含まれていますが、守秘義務に配慮して、趣旨を損なわない範囲で実際の話から一部に加工を施しています。

著者略歴

冨田 建（とみた けん）

不動産鑑定士・公認会計士・税理士
慶應義塾中等部・高校・大学卒業。大学在学中に不動産鑑定士2次試験（現在の不動産鑑定士試験に相当）合格、卒業後に公認会計士2次試験合格。大手監査法人・不動産鑑定業者を経て、独立。「会計・税務分野に強い」「地方案件に強い」不動産鑑定士として強みを発揮している。
全国43都道府県で不動産鑑定業務を経験する傍ら、雑誌やネット記事の寄稿や講演等を行う。著書に『弁護士・公認会計士・税理士のための 不動産の法令・評価の実務Q&A』（税務経理協会）がある。
令和3年1月現在、公認会計士世田谷会幹事、国土交通省地価公示鑑定評価員、東京国税局相続税路線価鑑定評価員・土地評価精通者、その他、公職にある。特技は12年学んだエレクトーンで、平成29年の公認会計士東京会音楽祭では優勝を収めた。

【お問い合わせ】
冨田会計・不動産鑑定株式会社
http://tomitacparea.co.jp/

ビジネス図解
不動産評価のしくみがわかる本

2021年8月16日　初版発行

著　者 ―― 冨田　建
発行者 ―― 中島　治久

発行所 ―― 同文舘出版株式会社

東京都千代田区神田神保町1-41　〒101-0051
電話　営業03（3294）1801　編集03（3294）1802
振替00100-8-42935　http://www.dobunkan.co.jp

 ISBN978-4-495-54087-6
印刷／製本：萩原印刷　Printed in Japan 2021